VIII 149 e

wk

STUDIEN
zur Poetik und Geschichte der Literatur

Herausgegeben von
Hans Fromm, Hugo Kuhn,
Walter Müller-Seidel und Friedrich Sengle

BAND 35

Titelblatt der Handschrift A

ANKE EHLERS

Des Teufels Netz

Untersuchung zum Gattungsproblem

VERLAG W. KOHLHAMMER
STUTTGART BERLIN KÖLN MAINZ

Meinen Eltern
Erna und Karl Ehlers

Alle Rechte vorbehalten
© 1973 Verlag W. Kohlhammer GmbH
Stuttgart Berlin Köln Mainz
Verlagsort: Stuttgart
Gesamtherstellung: W. Kohlhammer GmbH
Grafischer Großbetrieb Stuttgart
Printed in Germany
ISBN 3-17-001377-7

Vorwort

Die vorliegende Arbeit wurde im Juli 1972 von der Philosophischen Fakultät der Universität München als Dissertation akzeptiert. Sie ging aus einer zunächst nur auf die illustrierten Handschriften von »Des Teufels Netz« gerichteten, vergleichenden Untersuchung hervor, die ich 1969 als Magisterarbeit und zum Staatsexamen einreichte. In dieser ersten Fassung angeregt und bis in letzte Stadien betreut wurde die Arbeit von Hella Frühmorgen-Voss, mit der ich bis zu ihrem frühen Tod in dankbarer Freundschaft verbunden war.

Mein besonderer Dank gilt auch Hugo Kuhn, meinem akademischen Lehrer. Er war während meiner Studienzeit, vor allem während der Anfertigung dieser Dissertation, jederzeit zu Gesprächen bereit. Danken möchte ich an dieser Stelle auch Michael Curschmann, den ich als immer hilfs- und auskunftsbereiten Teufelsnetz-Kenner schätzen gelernt habe.

Ohne die technische Hilfe und sachkundige Unterstützung von Ute Dürr, Harriet und Max Hasenclever, Ingeborg Glier, Traudl Pflumm, Marga Reis und Burghart Wachinger wäre diese Arbeit nicht zustande gekommen.

Tübingen, im November 1972 *Anke Ehlers*

Inhalt

Einleitung: Das Gattungsproblem als Aufgabe der Teufelsnetz-
Forschung 9

Teil I: Überlieferungsgegebenheiten und -zusammenhänge 16

1. Die Handschriften A, B, C, D (nebst Fragment E) 16
   1.1 Allgemeines zum Typ der Handschriften 16
   1.2 Entstehungs- und Gebrauchsraum der Handschriften 19
   1.3 Über die Sammelhandschrift C 21
   1.4 Über die ›Sammelhandschrift‹ D 23

2. Vergleich der Fassungen von »Des Teufels Netz« in A, B, C, D 25
   2.1 Inhalt und Gliederung (Tabelle) 25
   2.2 Beschreibung und Vergleich der beiden illustrierten Fassungen
       (in A und D) 32
       22.1 Bilder und Bildlücken in Handschrift A 32
       22.2 Bilder und Bildlücken in Handschrift D 37
       22.3 Vergleich der Illustrationsprogramme in A und D . . . 53
   2.3 Zur Frage nach dem Handschriftenverhältnis (A, B, C, D) . . . 55
       23.1 Quantitative Verhältnisse, Kapitelfolge, Lesarten – Über
            die relative Selbständigkeit der Fassungen 55
       23.2 Thesen der bisherigen Teufelsnetz-Forschung
            zum Handschriftenverhältnis 66
       23.3 Über den Erkenntniswert stemmatischer Rekonstruktion
            im Falle von »Des Teufels Netz« 69

3. Grundgegebenheiten und Gebrauch von »Des Teufels Netz«
   im Spiegel seiner Überlieferung 70
   3.1 Konstanten des Inhalts, der Struktur und der Darbietungsform . . 71
   3.2 Inhaltliche Differenzen zwischen ›Minimalbestand‹ (B) und
       Erweiterungen (A, C, D) als intentionale Unterschiede? 72
   3.3 Unterschiede zwischen den erhaltenen Fassungen
       als graduell differierende Gebrauchsmerkmale 75
       33.1 Die Heterogenität des Werks und Ansätze zur
            Vereinheitlichung auf der Ebene der Darbietungsform . . . 75

33.2	Äußere Merkmale der Handschriften als Zeugen unterschiedlicher Gebrauchsakzente	80

4. Resümee und Ausblick 81

Teil II: »Des Teufels Netz« in der Literatursituation
des Spätmittelalters – Versuch einer Gattungsbestimmung 83

Vorbemerkung 83

1. ›Verschiedene Richtungen der mittelalterlichen Didaxe‹ im Einsiedler-Teufel-Dialog 84

  1.1 Dialog – dramatische Form? 84
      11.1 Die Rahmenerzählung 85
      11.2 Form und Entwicklung des Dialogs 87
  1.2 Sünden- und Dekalogteil in ihrem Verhältnis
zum katechetischen Schrifttum 89
      12.1 Sündenkommentare 91
      12.2 Dekalogkommentare 100
      12.3 Zusammenfassung: Sünden- und Dekalogteil
in werk- und typspezifischer Funktion 106
  1.3 Typologische Rückbindungen des Ständeteils 110
      13.1 Beziehungen zur Ständesatire in den Teufelsszenen
mittelalterlicher Osterspiele? 110
      13.2 Die Ständereihe als Gliederungsprinzip –
Beziehungen zu den Totentänzen? 115
      13.3 Konrads von Ammenhausen »Schachzabelbuch«
als Quelle für »Des Teufels Netz«? 116
      13.4 Das »Buch der Rügen« und der Ständeteil . . . 120
      13.5 Der Stellenwert des Ständeteils in »Des Teufels Netz« –
Das Werkganze eine ›gattungsreine‹ Ständedichtung? . . . 124

2. Der Christus-Teufel-Dialog im Schlußteil 125

3. Form und Funktion der Allegorie in »Des Teufels Netz« 133

  3.1 Seelenfang, Teufelsknechte, Teufelsnetz –
Beziehungen zu den Teufelsszenen mittelalterlicher Osterspiele? . . 133
  3.2 Homiletische Parallelen 136
  3.3 Allegorie und Werkstruktur – »Des Teufels Netz« unter dem
Aspekt seiner Titelmetapher 142

4. Schlußbemerkung zur Gattungsstellung von »Des Teufels Netz« . . . 146

Literaturverzeichnis 153

Einleitung
Das Gattungsproblem als Aufgabe der Teufelsnetz-Forschung

»Des Teufels Netz« (TN)[1] ist heute in vier Handschriften in jeweils voneinander abweichenden, untereinander unabhängigen Fassungen bekannt. Dazu wurde vor kurzem noch ein 95-Zeilen-Fragment, ein Stück aus einer fünften, ebenfalls selbständigen Fassung, gefunden. Keine der erhaltenen Überlieferungen ist als Original anzusehen. Der Verfasser des Werks ist unbekannt. TN dürfte um die Wende vom 14. zum 15. Jahrhundert im seealemannischen Raum entstanden sein.

Nach einhelliger Forschungsmeinung ist TN ein Werk »ohne alle künstlerische behandlung und daher seinem dichterischen werthe nach ohne bedeutung«[2]. Im 19. Jahrhundert wurde es daher – nicht zuletzt auch, weil es als dezidiert didaktisches Werk den Tatbestand der künstlerischen ›Autonomie‹ nicht erfüllte – einer literaturwissenschaftlichen Diskussion kaum für würdig erachtet. Man schrieb ihm bestenfalls einen gewissen Wert für den »culturhistoriker«[2] zu, wobei man vornehmlich denjenigen Teilkomplex im Auge hatte, der eine »nachdrückliche geiselung der laster und der torheiten aller stände dieser welt«[2] enthält. Dieser Ständeteil wurde als direkt realitätsbezogene »schilderung des lebens und der sitten im beginnenden 15. jahrhunderte«[2] begriffen. Auch noch in jüngerer Zeit wurde in gleicher Einseitigkeit betont, »die Bedeutung des Werks« liege vornehmlich »in der Zeitschilderung«[3].

Die isolierte Betrachtung des Ständeteils von TN, wie sie sich unter kulturhistorischem Aspekt ergab, hat ihre Entsprechung auch in der eher literaturwissenschaftlichen Auseinandersetzung mit diesem Werk: Einer Reihe von Interpretationen, gegebenenfalls typologischen Einordnungsversuchen des Gesamtwerks wurde dieser zwar umfangreichste, aber keineswegs einzig wichtige Teilkomplex *allein* zugrundegelegt. TN erscheint daher in monographischen Studien ebenso wie in vergleichenden Untersuchungen und in den Literaturgeschichten gewöhnlich als ein Werk der ›gattungsreinen‹ Ständedichtung des Spätmittelalters[4]. Die den Ständeteil umlagernden anderen Stücke – ein Abschnitt über die sieben Hauptsünden und andere Sünden, eine Abhandlung über den Dekalog und ein Schlußteil, in dem u. a. Christus und der Teufel als Gesprächspartner beim Weltgericht gezeigt sind – werden dabei mit

---

1 Des Teufels Netz. Hrsg. von K. A. Barack. Stuttgart 1863 (StLV 70). Unv. Nachdr.: Amsterdam 1968.
2 Barack, S. 440.
3 H. Thiel: Des Teufels Netz – Beobachtungen zur spätmittelalterlichen geistlichen Didaktik. Diss. (masch.) München 1953. S. 171.
4 Expressis verbis in die Gruppe von »›gattungsreinen‹ Stände- und Standesdichtungen« des Spätmittelalters aufgenommen ist TN bei W. Heinemann: Zur Ständedidaxe in der deutschen Literatur des 13.–15. Jahrhunderts. PBB(ost) 89, 1967, S. 290; zu TN besonders S. 332–342. Zu anderen Stellennachweisen und zur Kritik an dieser Zuordnung vgl. Teil II, Kap. 1.3 (vor allem 13.5) der vorliegenden Arbeit.

den für sie typischen Merkmalen kaum berücksichtigt, geschweige denn in ihrer werkkonstitutiven und zugleich ›gattungsprägenden‹ Funktion für das Ganze in Rechnung gestellt.

Adäquatere Beurteilungen des Werks liegen in Ansätzen da vor, wo sich die Forschung bemüht hat, den literarhistorischen bzw. -typologischen Ort von TN auf der Basis seiner vielfältigen, auch die als ›Rahmenstücke‹ geltenden Teile des Gedichts betreffenden Parallelen mit anderen Werken und Werkgruppen der zeitgenössischen Literatur zu beschreiben. Literaturtypologische und -historische Fragestellung gingen dabei ineinander über: Die ermittelten Entsprechungen formaler, struktureller, inhaltlicher, motivlicher und allegorischer Art dienten der Konstruktion unmittelbarer genetischer und typologischer Zusammenhänge zugleich; in der literarhistorischen Einordnung des Werk schien die -typologische bereits mitgeleistet. In diesem Sinne wurde TN erstens mit den Schachallegorien in der Nachfolge des Jacobus de Cessolis, namentlich mit dem »Schachzabelbuch« Konrads von Ammenhausen[5] in Verbindung gebracht, zweitens auch mit den Teufelsszenen mittelalterlicher Osterspiele[6]. Zudem wurden Parallelen zum »geistlichen Schrifttum, besonders (...) zur) Predigtliteratur«[7], zum mystischen Bereich[8], zur »Reihenform der Totentänze«[9], zur »Teufelliteratur«[10] und zu den vielen Tugend- und Lasterlehren des ausgehenden Mittelalters[11] festgestellt. Ganz allgemein wurde das Werk als »Moralsatire«[12], als »Ständesatire«[13] und als »pessimistisch gefärbte(s), aber welt- und menschenkundige(s) rügenbuch«[14] bezeichnet.

---

5 Der erste Vertreter dieser bis heute in der Teufelsnetz-Forschung beinahe kritiklos wiederholten These war F. Vetter: Das Schachzabelbuch Kunrats von Ammenhausen. Nebst den Schachbüchern des Jacob von Cessole und des Jakob Mennel. Hrsg. von F. Vetter. Frauenfeld 1892 (Bibliothek älterer Schriftwerke der deutschen Schweiz. Ergänzungsbd. Serie 2). S. XXII. Vgl. zu dieser These die Kritik in Teil II, Kap. 13.3 der vorliegenden Untersuchung.

6 Diese These, zunächst noch sehr vorsichtig formuliert, vertrat als erster K. A. Barack (vgl. S. 445 f.). Von hieraus setzte sie sich als aus Gründen der Form und des Inhalts angeblich nicht zu bezweifelndes Faktum in der Teufelsnetz-Forschung bis heute fast unkritisch fort. Vgl. aber dazu diese Arbeit Teil II, Kap. 1.1; 13.1; 3.1.

7 E. Perjus: ›Des Teufels Netz‹. VL 4. Sp. 402–411; hierzu Sp. 406.

8 Eine enge inhaltliche – wenn auch keine typologische – Verwandtschaft zu dem mystischen Gedicht »Christus und die minnende Seele« wollte R. Banz sehen, der darüber hinaus auch aufgrund wörtlicher Entsprechungen die These vertreten zu können glaubte, daß die Verfasserin des mystischen Werks auch TN gedichtet habe. Vgl. R. Banz: Christus und die minnende Seele. Breslau 1908. Die Unhaltbarkeit der Annahme einer solchen Identität der Verfasser wurde von Strauch und Rosenfeld bereits nachgewiesen. Vgl. Ph. Strauch: Über R. Banz, Christus und die minnende Seele (Rez.). AfdA 34, 1910, S. 255–261. H. Rosenfeld: ›Christus und die minnende Seele‹. VL 5. Sp. 142 f.

9 H. Rupprich: Die deutsche Literatur vom späten Mittelalter bis zum Barock, Teil I. München 1970 (Geschichte der deutschen Literatur IV, 1. Hrsg. von H. de Boor und R. Newald). S. 305.

10 M. Osborn: Die Teufelliteratur des 16. Jahrhunderts. Acta Germanica III, 3. Berlin 1893.

11 G. Franz: Tugenden und Laster der Stände in der didaktischen Literatur des späten Mittelalters. Diss. (masch.) Bonn 1957.

12 G. Müller beschreibt TN als »bedeutendstes Erzeugnis« der spätmittelalterlichen »Moralsatire«. Vgl. G. Müller: Deutsche Dichtung von der Renaissance bis zum Ausgang des Barock. 1927 (Handbuch der Literaturwissenschaft. Hrsg. von O. Walzel). S. 58 f.

Ungeachtet der negativen Vorzeichen dieser Zuordnungsversuche – sie dienten häufig als Nachweis der gänzlichen Unoriginalität von TN bzw. seiner ›künstlerischen Wertlosigkeit‹ – sind sie die einzigen Ergebnisse der bisherigen Forschung, die als zumindest implizite Typ- bzw. Gattungsbestimmungen gelten können. Für ihre Vielfalt, ja Widersprüchlichkeit, läßt sich dabei zum einen die zweifellos vorhandene Heterogenität des Werks verantwortlich machen – zum größeren Teil gründet sie jedoch in der Unzulänglichkeit der ›Typ‹ und ›Gattung‹ betreffenden Konzeption. Diese wird im folgenden an einigen Details zu illustrieren sein, – direkt und explizit als Position greifen läßt sie sich jedoch nicht: Wie bereits angedeutet, wurde die Frage nach der Gattungszugehörigkeit von TN von der bisherigen Forschung weder expressis verbis gestellt noch als unabhängiges Sonderproblem behandelt, geschweige denn methodisch problematisiert.

Sämtlichen impliziten Gattungsbestimmungen der bisherigen Forschung für TN ist gemeinsam, daß sie *Einzel*aspekte – ob inhaltlicher, motivlicher, formaler oder struktureller Art, ob durchgängig oder nur Teilabschnitte betreffend – isolierten und für die typologische Einordnung des *gesamten* Werks verabsolutierten. So gab z. B. die in TN durchgängige Darbietungsform des Dialogs Anlaß zum Postulat einer unmittelbaren Verwandtschaft mit dem mittelalterlichen Drama; das Gliederungsprinzip des Ständeteils – die Ständereihe – galt als schlüssiger Verweis auf den Bereich der Schachallegorien, aber auch als stützendes Argument für einander ausschließende Zuordnungen zu Totentänzen, Osterspielen (Teufelsszenen), Predigtschriften. Die *Heterogenität* des Werks hingegen spielte keinerlei Rolle: Weder per se noch in der für TN spezifischen Ausprägung galt sie als gattungsrelevantes, geschweige denn gattungskonstitutives Faktum; indem man sie literarisch unbedarften Kompilatoren anlastete, wurde sie selbst als das Problem, das sie für jede verabsolutierende Gattungshypothese zweifellos hätte darstellen müssen, zugunsten der Wertfrage von vornherein aus der Frage nach der Gattungsstellung von TN verdrängt. Beide Mängel bisheriger typologischer Einordnungsversuche von TN kommen nicht von ungefähr: Sie sind vielmehr Folge einer Gattungskonzeption, die Gattungen als die einzigen typologischen Ganzheiten und zugleich als ahistorisch-universale Größen faßt. Diese Akzidentien des traditionellen Gattungsbegriffs[15] lassen für die Heterogenität von TN keinen Platz, ebensowenig für die ›Versatzstückhaftigkeit‹ seiner Einzelteile, die sich nicht zuletzt in der Varianz der Handschriftenfassungen bezeugt. Hält man an diesen Akzidentien fest, ist den genannten Eigenarten der Werkgestalt tatsächlich nicht anders als durch gattungsmäßige Verabsolutierung von Einzelmerkmalen zu begegnen; literarische (Ab-)Wertung, ja selbst das vielfache Bemühen um ein ›Original‹ von TN, erweisen sich von daher – unbeschadet des möglichen Eigenrechts genetischer und wertender Fragestellungen –

---

13 H. Rosenfeld bezeichnet TN als den »Höhepunkt« der spätmittelalterlichen »Ständesatire«. Vgl. H. Rosenfeld: Die Entwicklung der Ständesatire im Mittelalter. ZfdPh 71/72, 1951/52, S. 196–207; besonders S. 200.
14 Strauch, S. 257.
15 Zur kritischen Absetzung neuerer Gattungsforschung vom traditionellen Gattungsbegriff vgl. J. Hermand: Probleme der heutigen Gattungsgeschichte. JfiG 2, 1970, S. 85–94.
Als konstitutive Eigenheiten dieses Gattungsbegriffs alter Schule müssen die *Dreiheit* der Gattungen (Lyrik, Epik, Dramatik) wie ihre Bestimmungen als *Naturformen* gelten; Ahistorizität, Universalität und Ganzheitlichkeit von Gattungen folgen daraus notwendig und unmittelbar und sind in diesem Sinne als ›Akzidentien‹ zu begreifen.

als Gehilfen des herkömmlichen Gattungsbegriffs; Auswege, um dem Faktum der Heterogenität *außerhalb* der Gattungsfrage Herr zu werden.

Im Gegensatz dazu geht die vorliegende Arbeit davon aus, daß die Heterogenität von TN ein gattungsrelevantes Faktum darstellt und somit *innerhalb* der Gattungsfrage – vielleicht sogar gleichbedeutend mit dieser – bewältigt werden muß. Voraussetzung dazu ist eine Abkehr von dem (die bisherige Teufelsnetz-Forschung bestimmenden) früheren Gattungsbegriff. Es genügt dabei nicht, diesen aus seiner Überzeitlichkeit zu befreien; zentraler für das Problem von Heterogenität und Versatzstückhaftigkeit ist der Übergang von der *einen* typologischen Grundeinheit ›Gattung‹ zu einer dualistischen Konzeption, die ›Gattung‹ und ›typologisches (Einzel-)Merkmal‹ bzw. ›Konventionsform‹ [16] als gleichberechtigte typologische Größen einbeschließt. Gattungen selbst erscheinen dann nicht mehr als für sich stehende Ganzheiten, sondern als komplexe Bündel konventioneller typologischer Merkmale mit je spezifischer hierarchischer Organisation und Struktur.

Dieser Ansatz einer typologischen Doppelheit von ›Merkmal‹ und ›Gattung‹, beide durch vielfache Nachahmung und Wiederkehr beglaubigt als frei verfügbare, konventionalisierte Größen einer spezifischen Literatursituation, ist gattungstheoretisch nicht neu. In seiner Anerkennung treffen sich, bei aller sonstigen Verschiedenheit, sämtliche modernen Gattungskonzeptionen, die sich im Zusammenhang mit Bemühungen um einen komplexeren, historisch relativierbaren Literaturbegriff entwickelt haben. So ist, um bei speziell mit dem Mittelalter befaßten Ansätzen zu bleiben, für Lämmert das Begriffspaar ›Konventionsform‹-›Gattung‹ typologisch konstitutiv, seine zeitspezifische Ausprägung und Organisation das eigentliche literaturhistorisch-typologische Problem [17]; aber auch Jauss thematisiert es in seiner Konzeption von »Gattung« als »Ensemble von formalen wie inhaltlichen Merkmalen« [18], in seiner Rede von »Grundmustern« und »Modalitäten« eines universalen literarischen Kommunikationssystems [19]; Kuhns Rekonstruktion »geschlossener« und »offener Literatursituationen«, von Gattungskontinuität und -wandel vom Früh- zum Spätmittelalter [20] setzt das Begriffspaar ebenfalls explizit [21] und impli-

---

16 Der Begriff ›Konventionsform‹ ist übernommen von E. Lämmert: Reimsprecherkunst im Spätmittelalter. Eine Untersuchung der Teichnerreden. Stuttgart 1970. Vgl. vor allem S. 202 ff.
17 Vgl. Lämmert, Einleitung (S. 1 ff.) und Kapitel III, 2 (S. 195 ff.).
18 Ich beziehe mich hier auf H. R. Jauss: Theorie der Gattungen und Literatur des Mittelalters; die erweiterte Fassung des bereits in französischer Sprache im Druck erschienenen Aufsatzes: Littérature médiévale et théorie des genres. Poétique I, 1970. S. 79–101. In deutscher Sprache wird diese Abhandlung bald im Bd. I des GRLMA erscheinen. Ich zitiere im folgenden nach dem mir zugänglichen Fahnenexemplar und gebe die gliedernden Textparagraphen an. Zu obigem Zitat vgl. § 3; ähnlich § 6; § 10. Das Moment der zeitspezifischen Konventionalisiertheit von ›Gattung‹ und ›Merkmal‹ wie auch der inneren Strukturiertheit des ›Merkmal-Ensembles‹ ist an denselben Stellen belegbar.
19 Jauss, Theorie der Gattungen, § 3.
20 H. Kuhn: Versuch einer Literaturtypologie des deutschen 14. Jahrhunderts. Typologia Litterarum. Festschrift für M. Wehrli. Hrsg. v. St. Sonderegger, A. M. Haas, H. Burger. Freiburg 1969. S. 261–280.
21 Vgl. H. Kuhn, Literaturtypologie, S. 263–269, wo die ausführliche Behandlung von Typkriterien stofflicher, formaler, soziologischer und wertender Art in eine Feststellung mündet, welche ›Typ‹ und ›Merkmal‹ als typologisch bedeutsame Kategorien explizit herausstellt und dabei ›Typ‹ als durch ›Merkmale‹ konstituiert begreift: »Ko-

zit[22] voraus. Ein solcher Gattungsbegriff, weitgehend im Hinblick auf das *Spätmittelalter* erarbeitet, erweist auch dort vor allem seine Berechtigung: Nur wo ›Gattung‹ (Typ) und ›Konventionsform‹ (Merkmal, Typkriterium) als dualistische und aufeinander bezogene Konzepte existieren, ist es möglich, neben der literarhistorischen Kontinuität von Gattungssystemen auch deren fortschreitende Zersetzung und Neukonstitution zu begreifen. Letzteres ist charakteristisch für die Literatursituation vom 14. bis ins 16. Jahrhundert hinein, einer Zeit, in der literarische Formen »viel-verwendbare Hohlformen«[23] geworden sind, eine »Omnipräsenz von allem und jedem Stoff in jeder Verbindung«[23] sich beobachten läßt, soziologische zu stofflichen und formalen Kriterien querstehen, Koinzidenz aller Kriterien zu eindeutigen Typen sich nicht ergibt, bestenfalls »Dominanzen«[24] und »Wirkungslinien«[25] sich erkennen lassen. Für die typologische Erfassung der spätmittelalterlichen Literatur erweist sich also ›Konventionsform‹ gegenüber ›Gattung‹ als Ordnungsbegriff überlegen. ›Gattungsmischung‹, ›Heterogenität‹ verwandeln sich dabei von traditionell negativen zu typologisch produktiven Kategorien[26].

Von daher erscheint auch die Heterogenität eines Einzelwerks wie TN in einem neuen Licht: Bei den für die postulierten Verwandtschaftsverhältnisse zwischen TN und anderen Textgruppen angeführten Entsprechungen inhaltlicher, motivlicher, formaler und struktureller Art handelt es sich zum größten Teil um ›Konventionsformen‹ der spätmittelalterlichen Literatur. Das gilt z. B. sowohl für die Ständeaufzählung, die, wie bereits angedeutet, in Schachallegorien, Totentänzen, Spiel und Predigt vorkommt[27], als auch für den Dialog, der u. a. in Drama, Didaxe und als Sonderform mystischer Literatur vielfach wiederkehrt, als auch für das allegorische Motiv vom Teufel, der seine Knechte (= personifizierte Sünden) zum Seelenfang ausschickt, das Teufelsszenen der Spiele und Predigtliteratur gemeinsam ist, usw. Solche ›Konventionsformen‹ stiften zwar »zeitweilig eigene Gattungen (...), aber eine noch weiterreichende Bedeutung besitzen sie als gattungsverbindende Medien«[28]. Insofern kann – und dies hat die bisherige Teufelsnetz-Forschung verkannt – die Verwendung derselben literarischen Muster und Modelle, wo die Übereinstimmungen punktuell bleiben, nicht ohne weiteres als Indiz für typologische oder gattungsmäßige Zugehörigkeit genommen werden.

---

inzidenz alle(r) Kriterien zu eindeutigen Typen ist (...) höchst unwahrscheinlich. Wir werden uns mit Koinzidenzen nur einiger Punkte und mit der Erkenntnis von Dominanzen begnügen müssen, die doch ein Zusammenschließen zu Typen ebenso wie die unscharfen Grenzen und Übergänge im lebendigen Gebrauch in den Blick bringen mögen« (S. 269).

22 Vgl. bei H. Kuhn, Literaturtypologie, die wechselnde Zuordnung gereimter religiöser Literatur in frühmhd., mhd. und spätmhd. Zeit unter jeweils verschiedenen Dominanten (S. 278 f.). Dies beinhaltet eine historisch relativierte Literaturtypologie und setzt damit implizit einen aus ›Konventionsformen‹ zusammengesetzten, nach dominierenden und untergeordneten Merkmalen strukturierten Typbegriff voraus.
23 H. Kuhn, Literaturtypologie, S. 266.
24 H. Kuhn, Literaturtypologie, S. 269.
25 H. Kuhn, Literaturtypologie, S. 279.
26 Vgl. dazu auch H. R. Jauss, Theorie der Gattungen, § 2.
27 Vgl. zu dieser ›Konventionsform‹ die Aufzählung bei E. Lämmert, S. 198, der die bisherigen gattungsmäßigen Zuordnungen von TN (soweit sie auf der Ständereihe basieren) nahezu Punkt für Punkt entsprechen.
28 Lämmert, S. 200.

Nur wo ein Werk die spezifische Auswahl, Bündelung und Organisation seiner *dominanten* Konventions- und andern Formen mit bestimmten Textgruppen gemeinsam hat, ist eine gültige gattungsmäßige Parallelisierung (Einordnung) möglich.

In diesem Sinne ist die Gattungsfrage für TN neu aufzurollen. Im ersten Teil der vorliegenden Arbeit soll dabei der Gattungsraum des Werks gewissermaßen von innen – durch die von Überlieferung, Textvarianz, Illustrationen gelieferten Indizien – abgesteckt, im zweiten Teil dann durch typologische Vergleiche von TN mit anderen Werken der spätmittelalterlichen Literatur seine genaue Gattungsstelle von außen her bestimmt werden. In beiden Teilen werden die bisherigen Untersuchungen auch rein materialmäßig zu ergänzen sein: So wird in dieser Untersuchung erstmals u. a. das Illustrationsprogramm in den Handschriften A und D genauer beschrieben und verwertet und der häufig pauschal erwähnten Affinität von TN zur spätmittelalterlichen katechetischen Literatur hier zum ersten Mal im einzelnen nachgegangen. In der Hauptsache wird es sich jedoch darum handeln, materialiter bereits vorhandene Ergebnisse der bisherigen Forschung gattungsmäßig zu erschließen bzw. sie unter dem dualistischen Aspekt des oben gekennzeichneten Gattungsbegriffs neu und anders einzuordnen. Die große Rolle, die das Konzept der ›Konventionsform‹ dabei notwendig, wenn auch oft nicht explizit gemacht, spielt, kommt aber nicht nur der Kritik an bisherigen Gattungshypothesen zugute, sondern auch einer neuen Gattungsbestimmung: Nicht nur inhaltliche Gesichtspunkte und überlieferungstypische Gegebenheiten, sondern auch die spezifische Verbindung systemprägender dominanter Merkmale verweisen darauf, daß TN als eine Art ›Sünden-‹ oder ›Beichtspiegel‹ in erbaulich-allegorischer Ausprägung zu gelten hat und im Zusammenhang spätmittelalterlicher katechetischer Unterweisungsliteratur auch seine nächsten Entsprechungen findet [29].

Das Gattungsproblem hat innerhalb der modernen literaturtheoretischen Richtung, auf die sich die vorliegende Arbeit beruft, keine isolierte Stellung. Vielmehr sind seine Formulierung wie auch die entsprechenden Lösungsvorschläge – bis hinein in den hier besonders wichtigen dualistischen Ansatz von ›typologischem Merkmal‹ und darauf bezogener, komplex strukturierter ›Gattung‹ – abhängig vom Bemühen um einen historisch-relativierten, dabei Autor, Publikum, Funktion und Wirkung, das heißt, die ›Gesamtsituation‹ eines Werks einbegreifenden Literaturbegriff [30]. Dieser Zusammenhang, der bei sogenannter ›hoher Literatur‹ die Gattungsfrage zur Frage der Reflektiertheit von »Form als ästhetischem Mittel« [31], »der Interaktion von Autor und Gesellschaft, Publikumserwartung und literari-

---

29 Vgl. Teil II, vor allem Kap. 4 der vorliegenden Arbeit, wo die hier cum grano salis zu nehmende Charakterisierung von TN begründet und differenziert wird.
30 Vgl. H. R. Jauss, Theorie der Gattungen. § 5; ebenso ders.: Literaturgeschichte als Provokation. Frankfurt 1970 (edition suhrkamp 418). S. 173–77. Spezieller fürs Mittelalter vgl. H. Kuhn, Literaturtypologie, vor allem S. 278 ff.; und ders.: Aspekte des 13. Jahrhunderts in der deutschen Literatur. München 1968. Beide Male wagt Kuhn – über die theoretische Einbettung der Gattungsfrage in den größeren historisch-literarischen Kontext hinaus – den Versuch einer Skizze spezifischer mittelalterlicher Literatursituationen.
31 Jauss, Theorie der Gattungen, § 9.

schem Ereignis«[32] hin öffnet, ergibt sich bei einem Werk wie TN durch die katechetisch-didaktische Zweckbindung einfacher, mehr unmittelbar: Obwohl TN durch die Gemeinsamkeit von Konventionsformen auch im Feld der innerliterarischen Bezugsgrößen seiner Zeit steht und sich insoweit auch literarisch ›autonom‹ definiert, ist diese Gebrauchsfunktion dominantes Merkmal. Insoweit sie die Werkgestalt bestimmt, deren Variabilität und Heterogenität vorrangig verantwortet[33], scheinen für TN Gattungs-, Funktions- und Wirkungsfrage weitgehend ineinander überzugehen.

In diesem hier aufgezeigten Sinne ist das Gattungsproblem eine wichtige, vielleicht die wichtigste Aufgabe der Teufelsnetz-Forschung. Die vorliegende Untersuchung versucht der Lösung dieses Problems um einige Schritte näherzukommen. Sie versteht sich somit in einem unmittelbar konkreten Sinn als Beitrag zur typologischen Einordnung von TN, allgemeiner gefaßt als Beitrag zur Gattungsforschung im Bereich spätmittelalterlicher Lehrdichtung, wo die Vielfalt der Formen und oft heterogenen Mischtypen sich einer »ordnenden und wertenden Sichtung«[34] ganz besonders hartnäckig entgegenstellt, gerade deshalb aber die Berechtigung des hier zugrundegelegten neuen Gattungsbegriffs sinnfällig machen kann. Die unter beiden Aspekten zu erzielenden Teil- und Gesamtergebnisse stehen jedoch nicht für sich: Wie oben angedeutet, verweisen sie, obwohl in bezug auf literarische Größen gewonnen, über die Literaturimmanenz hinaus auf Gebrauch, Intention und Wirkung des Werks. In diesem allgemeinsten Sinn trägt die vorliegende Untersuchung bei – wenngleich in einer vorläufigen und nur ausschnitthaft-deskriptiven Weise – zur Erhellung der ›literarischen Situation‹ wie der ›Situation der Literatur‹ im ausgehenden Mittelalter.

---

32 Jauss, Theorie der Gattungen, § 5.
33 Vgl. dazu u. a. auch Lämmert, S. 202–204.
34 K. Berg: Der tugenden būch. Untersuchungen zu mittelhochdeutschen Prosatexten nach Werken des Thomas von Aquin. München 1964 (MTU 7). S. 173.

I. Überlieferungsgegebenheiten und -zusammenhänge

1. Die Handschriften A, B, C, D (nebst Fragment E)

Die folgende Beschreibung der Codices, in denen »Des Teufels Netz« (TN)[1] überliefert ist, beschränkt sich auf die für das im zweiten Teil der vorliegenden Untersuchung behandelte Gattungsproblem wichtigsten Punkte. Dabei werden die früheren, ausführlichen Handschriftenbeschreibungen von H. Werner[2] und G. Friebertshäuser[3] im wesentlichen vorausgesetzt. Sie haben als solche – obwohl die aus ihnen abgeleiteten, die stemmatischen Verhältnisse und das ›Original‹ von TN betreffenden Resultate zu kritisieren sind[4] – bis heute nichts an Gültigkeit verloren und sollen hier in den für die angestrebte Gattungsbestimmung relevanten Ergebnissen resümierend wiedergegeben werden. In einigen Punkten sind sie jedoch zu ergänzen: vor allem bezüglich solcher Überlieferungsgegebenheiten, die über die Texte von TN selbst hinausgehen. Dies bezieht sich zum einen auf die mitüberlieferten Fassungen anderer didaktischer Werke in den Handschriften C und D; zum anderen auf die Illustrationsprogramme zu TN in den Codices A und D. Diese sind in der bisherigen Forschung noch an keiner Stelle ausführlicher beschrieben[5], geschweige denn auf ihren Aussagewert für den Gebrauch und die spezifischen Anlagen des Werks hin überprüft worden. Eine eingehende Deskription dieser Illustrationszyklen bzw. -programme soll hier nachgeholt werden; nicht zuletzt auch, weil sie für die Gattungsfrage wichtige Schlußfolgerungen erlaubt.

1.1 Allgemeines zum Typ der Handschriften

Handschrift A: Fürstlich Fürstenbergische Hofbibliothek zu Donaueschingen (Cod. 113 – L. 139)[6]

---

[1] Des Teufels Netz. Hrsg. von K. A. Barack. Stuttgart 1863 (StLV 70). Unv. Nachdr.: Amsterdam 1968.
[2] Heinrich Werner: Des Teufels Netz. Überlieferung und Handschriftenverhältnisse. Diss. Halle (Saale) 1911. S. 5–11.
[3] Gudrun Friebertshäuser: Untersuchungen zu ›Des Tüfels Segi‹. Diss. Freiburg (Breisgau) 1966. S. 18–53.
[4] Vgl. dazu Teil I, Kapitel 2.3 der vorliegenden Untersuchung.
[5] Die einzige längere Bemerkung zu den illustrierten Fassungen in A und D findet sich bei G. Friebertshäuser, S. 31 f. Diese ist jedoch so pauschal, daß von einer eigentlichen Beschreibung der Illustrationsprogramme nicht gesprochen werden kann.
[6] Beschrieben bei: K. A. Barack, S. 437 f.; H. Werner, S. 5 f., G. Friebertshäuser, S. 9 ff. und S. 18 ff.

Papier/ein Schreiber
189 Folioblätter (mit Titelblatt)
datiert: 1441
Mundart: alemannisch
Inhalt: ausschließlich TN (13 657 Verse)
Die Handschrift weist eine kolorierte Federzeichnung auf dem Titelblatt, Zeichnungen auf der ersten Textseite und 106 Bildlücken auf.

Handschrift B: Kirchenbibliothek zu Neustadt/Aisch (Gruppe I B LMS Fol. 93, lfd. Nr. 49; Standortnummer MS 30)[7]
Papier/ein Schreiber
150 Quartblätter
undatiert (vermutlich 2. Hälfte 15. Jahrhundert)[8]
Mundart: alemannisch
Inhalt: ausschließlich TN (7100 Verse)

Handschrift C: Fürstlich-Oettingen-Wallersteinsche Bibliothek auf Schloß Harburg (ehemals Maihingen; Cod. I, 3 fol. 3)[9]
Papier/ein Schreiber
275 Folioblätter
datiert: 1449
Mundart: schwäbisch
Inhalt: fol. 1- 98 Ulrich Boners »Edelstein«[10]
fol. 100–263 TN (9979 Verse)
fol. 264–275 *»Sibilla weyssagung«*[11]
Die Handschrift enthält über 100 kolorierte Federzeichnungen zum »Edelstein«.

Handschrift D: Bibliothèque Nationale et Universitaire de Strasbourg (Cod. 2333; All. 358)[12]
Papier/ein Schreiber
112 Folioblätter

---

7 Beschrieben bei: K. A. Barack, S. 438 f.; H. Werner, S. 6 f.; G. Friebertshäuser, S. 10 ff. und S. 23 ff.
8 Der Schrifttypus, eine leicht kursive Bastarda, verweist in eine Entstehungszeit nach 1450. Das Wasserzeichen deutet in dieselbe Zeit. Vgl. die ausführlichen Bemerkungen dazu bei G. Friebertshäuser, S. 24 oben und Anm. 3; ebenso S. 12. H. Rosenfeld hält den Codex für einen des 14. Jahrhunderts. Vgl. H. Rosenfeld: Die Entwicklung der Ständesatire im Mittelalter. ZfdPh 71/72, 1951/52, S. 196 ff. (besonders S. 200).
9 Beschrieben bei: K. A. Barack, S. 439 f.; H. Werner, S. 8 f.; G. Friebertshäuser, S. 11 ff. und S. 25 ff.
10 In Reihenfolge und Anordnung der Fabeln entspricht diese Fassung von Boners »Edelstein« folgender Ausgabe: Fabeln aus den Zeiten der Minnesänger. Hrsg. von Bodmer und Breitinger. Zürich 1757.
11 Vgl. dazu F. Vogt: Über Sibyllen Weissagung. PBB 4, 1877, S. 48–100.
12 Diese Handschrift war Barack noch nicht bekannt. Beschrieben bei: H. Werner, S. 8 f.; G. Friebertshäuser, S. 11 ff. und 29 ff.

datiert: 1472
Mundart: südwest-alemannisch
Inhalt: fol.   1– 99 TN (8900 Verse)
       fol. 99–107 »Rittertreue« [13]
       fol. 107–110 »Spruch von der Treue« [14]
Die Handschrift enthält 62 kolorierte Federzeichnungen und an 22 Stellen Bildlücken zu TN.

Fragment E: Stadtarchiv zu St. Pölten (Signatur H 3) [15]
ein Doppelblatt Papier, das aus einem Buchdeckel herausgelöst wurde
die Schrift weist ins 15. Jahrhundert
Mundart: alemannisch
95 Zeilen aus TN (entsprechend 2515–2623 in Baracks Ausgabe)

TN ist demnach ausschließlich in Papierhandschriften des 15. Jahrhunderts überliefert. Drei von ihnen sind mit kolorierten Federzeichnungen geschmückt. Sie unterscheiden sich als solche von dem Typ kostbarer, oft mit wertvollen Miniaturen geschmückter Pergamenthandschriften. Als Codices, die unter Verwendung billiger Schreibstoffe und unter Anwendung einfachster Illustrationsmethoden hergestellt wurden, haben sie keinerlei ›Repräsentationswert‹. Auftraggeber sind – außer im Falle der Handschrift C [16] – für diese Codices nicht bekannt. Sie zählen insgesamt zum Typ der ›Gebrauchshandschriften‹, wie er für die Überlieferung didaktischer Großwerke des Spätmittelalters der gängige war.

Alle Handschriften enthalten ausschließlich didaktische Werke. A und B gehören als Einzelüberlieferungen von TN zusammen und stehen als solche den Sammelhandschriften C und D gegenüber. Letztere unterscheiden sich aber insofern, als in C drei umfangreiche didaktische Werke planvoll nebeneinandergestellt wurden, in D dagegen TN den meisten Raum einnimmt und die kleineren

---

13 Rittertreue. Hrsg. von H. Thoma. Heidelberg 1923. Vgl. dazu L. Pfandmüller: Die Straßburger Handschrift der Rittertreue. PBB 40, 1915, S. 381–395.

14 Bei diesem in der Teufelsnetz-Forschung bisher nicht identifizierten Spruch handelt es sich um einen in den Bereich der Minnereden gehörenden Text, den Tilo Brandis bereits verzeichnet hat. T. Brandis: Mittelhochdeutsche, mittelniederdeutsche und mittelniederländische Minnereden. München 1968 (MTU 25). S. 173; Nr. 447.

13 Rittertreue. Hrsg. von H. Thoma. Heidelberg 1923. Vgl. dazu L. Pfannmüller: Die als ein Stück aus TN identifizierte, hat es in ZfdA 100, 1971, S. 445–450 veröffentlicht. Daraus geht hervor, daß dieses aus dem Dekalogteil (9. Gebot) stammende Stückchen nicht Teil einer der bereits bekannten Handschriften ist. Zwar fehlt in Handschrift B der gesamte Dekalogabschnitt (vgl. die Tabelle in Teil I, Kap. 2.1 der vorliegenden Untersuchung), aber schon ein Schriftvergleich spricht gegen die Annahme, daß das Fragment aus B stammen könnte. Zudem ist auch erwiesen, daß in B der Dekalogabschnitt nicht verlorengegangen, sondern von Anfang an weggelassen worden ist. Das Fragment ist Teil einer fünften Bearbeitung von TN, die sich nach Michael Curschmanns Untersuchungen zu keiner der anderen eindeutig gruppieren läßt. Dieses kurze Stückchen aus TN bleibt im folgenden weitestgehend unberücksichtigt, weil sich aus den 95 erhaltenen Zeilen keine für das Gattungsproblem relevanten Aussagen ableiten lassen. Michael Curschmann möchte ich an dieser Stelle noch einmal sehr herzlich für seine bereitwillig erteilten Auskünfte und für klärende Gespräche danken.

16 Vgl. dazu Teil I, Kap. 1.3 der vorliegenden Untersuchung.

Stücke (»Rittertreue« und »Treuespruch«) wie Füllsel auf noch leergebliebenen Seiten wirken. Man kann daraus schließen, daß Handschrift D ursprünglich nicht als Sammelhandschrift konzipiert war. Die Codices A, C und D bilden eine Gruppe als illustrierte Handschriften, in der freilich C eine Sonderstellung einnimmt, da hier lediglich Boners »Edelstein«, nicht aber TN, mit Federzeichnungen geschmückt ist. In A und D sind dagegen illustrierte Fassungen von TN erhalten.

1.2 Entstehungs- und Gebrauchsraum der Handschriften

Die sprachlichen Kennzeichen der Handschriften bieten die Möglichkeit, ihren Entstehungs- und mutmaßlichen Gebrauchsraum geographisch auf das alemannisch-schwäbische Mundartgebiet festzulegen:[17] Übereinstimmend enthalten alle Codices typische Merkmale der »alemannische(n) Mundart (im weiteren Sinne)«[18]. Im einzelnen unterscheiden sie sich geringfügig nach Lautstand und Spuren mundartlicher Gewohnheiten der Schreiber. So überwiegen in C Charakteristika des Schwäbischen[19]; D unterscheidet sich von den übrigen Codices durch konstant auftretende südwest-alemannische Kennzeichen[20]; usw. Insgesamt weisen aber alle Handschriften schwäbisch-alemannische Mischformen auf, so daß für sie selbst bzw. für ihre Vorlagen eine Entstehung im Bodenseegebiet angenommen werden kann, in dem diese Mundartmischung möglich war[21].

Schwieriger als die geographische Einkreisung ist die Beantwortung der Frage, von welchen sozialen Gruppen, von welchen Personenkreisen diese Codices in Auftrag gegeben, hergestellt und benutzt wurden. Über die Auftraggeber und Schreiber liegen keine gesicherten Informationen vor. Aber es ist einiges über die Geschichte der Handschriften bekannt. Von daher wird deutlich, daß ihr Gebrauch – mit Ausnahme wohl der Handschrift C – zumindest zeitweilig an klösterliche Umgebungen gebunden war (über das Fragment lassen sich dabei freilich keinerlei Aussagen machen)[22].

Handschrift A gelangte an ihren jetzigen Aufbewahrungsort aus dem Besitz des Freiherrn von Laßberg. Dieser hatte sie von einem Herrn Franz Joseph von Weizenegger, Beichtvater der Dominikanerinnen zu Thalbach-Bregenz, käuflich erworben. Die Dominikanerinnen waren 1796 in das vorher von Franziskanerinnen bewohnte Kloster gezogen. Über dieses – auch darüber, warum es von den

---

17 Vgl. dazu G. Friebertshäuser, S. 49 ff.
18 G. Friebertshäuser, S. 49.
19 »Die im Schwäbischen schon im 15. Jahrhundert auf dem ganzen Gebiet durchgeführte Diphthongierung von i zu ei, u zu au, iu zu eu (ew) findet sich nur in Handschrift C.« (G. Friebertshäuser, S. 51). »Im Konsonantismus ist für das Schwäbische anlautend p charakteristisch (...) in Handschrift C« (G. Friebertshäuser, S. 52 f).
20 Vor allem »intervokalisches –ch– statt mhd. –h–« spricht für »südalemannische Einflüsse« (G. Friebertshäuser, S. 53).
21 Vgl. dazu auch unten Anm. 29.
22 Die folgenden Beschreibungen der Geschichte der Handschriften resümieren die Ergebnisse von H. Werner und G. Friebertshäuser. Trotz eigener Nachforschungen konnten diese noch recht vagen Resultate von mir nur in einigen wenigen Punkten überholt werden. Nur in solchen Fällen werden die Thesen von Werner und Friebertshäuser im folgenden mit Stellennachweisen zitiert, wo sie voneinander abweichen oder auch von mir in Zweifel gezogen bzw. ergänzt werden.

Franziskanerinnen verlassen wurde – fehlen jegliche Nachrichten. Es ist daher nicht mit Bestimmtheit auszuschließen, daß die Dominikanerinnen, und mit ihnen Herr von Weizenegger, von ihren Vorgängerinnen eine Bibliothek übernahmen, die auch den Codex A enthielt. Daß die neuen Bewohnerinnen ihn aus der früheren Bibliothek ihres alten Klosters Hirschthal mitgebracht hätten, ist unwahrscheinlich, weil sie dieses nach einem Totalbrand fluchtartig verlassen mußten. Gudrun Friebertshäuser nimmt an, daß der Codex früher in die Bibliothek auf Schloß Hohenems gehört habe, denn er weise denselben weißen Schafsledereinband auf wie alle Bände dieser Sammlung[23]. Ob dies – bei der Spärlichkeit beweisender Indizien – als richtig anzusehen ist, oder wie, wenn dies zutrifft, die Handschrift von Schloß Hohenems aus in den Besitz des Herrn von Weizenegger gekommen sein soll, ist nicht mehr zu eruieren.

Handschrift B ist schon seit dem 16. Jahrhundert im Besitz der Kirchenbibliothek zu Neustadt. Dieser wurde sie wahrscheinlich überantwortet, als die Franziskanermönche von St. Wolfgang, einem nahe bei Neustadt gelegenen Kloster, im Jahre 1525 vor aufrührerischen Bauern, die alle Schlösser und Klöster der Gegend verwüsteten, fliehen mußten und ihre gesamte Habe der Kirche St. Leonhardt in Neustadt übergaben. Im Turm dieser Kirche überstand die Handschrift B – zusammen mit den übrigen Bänden der Bibliothek – den von bundesständischer Seite im Jahre 1553 verursachten, fast ganz Neustadt in Schutt und Asche legenden Stadtbrand. Ob der Codex von einem aus dem Bodenseegebiet stammenden Mönch in St. Wolfgang selbst geschrieben wurde, läßt sich nicht mehr mit Sicherheit feststellen. Seine selbst noch im Vergleich zu den anderen, ihrerseits recht einfachen Handschriften auffallend schmucklose Anlage und wenig sorgfältige Schrift legen die Vermutung nahe, daß der Codex für den klösterlichen Gebrauch von einem für die Herstellung von Handschriften nicht speziell ausgebildeten Mönch angefertigt worden sein könnte.

Handschrift C ist nach Ausweis eines Besitzereintrags (der nach Renovierung der Handschrift auf die Innenseite des neuen Einbanddeckels geklebt wurde, der Schrift nach aber ins 15. Jahrhundert verweist) schon seit ihrer Entstehung im Besitz des Oettingenschen Geschlechts. Der Eintrag, *Grauff Wilhalm von Oettingen*, wird sich auf den Grafen dieses Namens beziehen, der in der Zeit von 1425–1467 gelebt und u. a. ein Bibliotheksverzeichnis angefertigt hat, in dem auch diese Handschrift erwähnt ist[24]. H. Werner vermutet, daß der Codex aus einem Kloster stamme, vielleicht aus »dem Cisterzienserinnenkloster Kirchheim bei Bopfingen im württembergischen Jagstkreis«, das zu diesem Oettingenschen Geschlecht engere, auch verwandtschaftliche Beziehungen hatte: »So waren mehrere Töchter aus dem Oettingischen Hause Äbtissinnen in Kirchheim, darunter auch eine Schwester des Grafen Wilhelm, Adelheid von Öttingen«[25]. Dagegen sagt Gudrun Friebertshäuser: »Warum Werner diese Handschrift aus einem Kloster stammen lassen will, ist nicht erklärlich. Was liegt näher, als in dieser gestochen geschriebenen Handschrift, die drei Stücke von gleicher Hand enthält, (...) eine für den Fürsten Graf Wilhelm von

---

23 G. Friebertshäuser, S. 22.
24 Das Original dieses Bibliothekskatalogs befindet sich heute ebenfalls auf Schloß Harburg (Cod. VI 6 fol. 1). Vgl. auch: Mittelalterliche Bibliothekskataloge. Hrsg. von der Bayerischen Akademie der Wissenschaften in München. Bd. III, 1. Bearb. von Paul Ruf. München 1932. S. 161, Zeile 11 f. Siehe auch H. Werner, S. 8 f.; G. Friebertshäuser, S. 28.
25 H. Werner, S. 9.

Oettingen angefertigte Abschrift für seine umfangreiche Bibliothek zu sehen«[26]. Beiden ist entgegenzuhalten, daß sich Graf Wilhelm von Oettingen nachgewiesenermaßen Bücher, die er bereits besaß, von Kaisheimer Mönchen abschreiben ließ[27]. Für die Handschrift C ist dies zwar nicht belegt, dennoch aber anzunehmen, daß auch sie in einer klösterlichen Schreibstube angefertigt wurde.

Handschrift D wurde von Jakob Baechtold der Straßburger Bibliothek, wo sie noch heute aufbewahrt wird, geschenkt. Baechtold hatte sie aus dem Luzerner Zisterzienserkloster St. Urban bekommen. Ihre Geschichte läßt sich nicht weiter zurückverfolgen. Immerhin steht fest, daß auch dieser Codex einmal in der Bibliothek eines Klosters seinen Platz gehabt hat. Die sprachlichen, in das heutige Gebiet der Schweiz verweisenden Merkmale lassen die Vermutung zu, daß die Handschrift in dem Luzerner Kloster selbst ursprünglich angefertigt wurde. Doch ist auch für diese Handschrift aufgrund schwäbisch-alemannischer Mischformen eine der Bodenseegegend entstammende Vorlage anzunehmen.

Daß die Handschriften – mit Ausnahme von C – nachweislich in klösterlicher Umgebung benutzt, vermutlich auch angefertigt wurden, ist nicht verwunderlich. Zum einen ist wohl für den überwiegenden Teil der spätmittelalterlichen Gebrauchshandschriften vergleichbaren Inhalts ein ähnlicher Entstehungs- und Gebrauchsumkreis geltend zu machen. Zum anderen und spezieller ist zu diesen Codices, die TN entweder als einzigen oder doch als wichtigsten (D!) Text enthalten, zu sagen, daß sie als solche für die Benutzung durch Zisterzienser, Franziskaner, Dominikaner, etc. bestens geeignet waren. TN konnte für die Verpflichtungen der Bettelorden, namentlich für deren seelsorgerische Tätigkeit, eine Fülle von Anregungen bieten[28].

1.3 Über die Sammelhandschrift C

Handschrift C nimmt, auch wenn sie wahrscheinlich wie die anderen in einem Kloster angefertigt wurde, als mutmaßliche Auftragsarbeit für einen Fürsten den Codices A, B, D gegenüber eine Sonderstellung ein. Schon sprachlich – durch eher schwäbische Charakteristika – von den übrigen Handschriften unterschieden, setzt sie sich von diesen auch durch eine insgesamt sorgfältigere Anlage und vor allem dadurch ab, daß hier drei Texte planvoll nebeneinandergestellt wurden: Auf Fol. 1^r–98^v steht ohne Überschrift Boners »Edelstein«.

Incipit: Ains mals kam ein aff gerandt,
            Da er viel guter nusse vandt...

Explicit: Also hat diß bůch ain ende
            Got vns von sunden wende
            Vnd helff vns in der frewden tron
            Da dienent im die engel schon.

Auf Fol. 100^r–263^v folgt TN unter der Überschrift: *Diß půch haisset des tůfels segi*[29]

---

26 G. Friebertshäuser, S. 28.
27 Vgl.: Mittelalterliche Bibliothekskataloge. Hrsg. von der Bayer. Akad. d. Wiss. in München. Bd. III, 1, S. 157.
28 Vgl. dazu Teil II, vor allem Kap. 13.4 und 4.
29 Alem. *segi*, allg. mhd. *sege*, *segene* ist als Dialektwort noch heute unter Fischern am

Incipit: Hort, hort arm vnd reich,
Jung vnd alt alle geleich,
Es sey weib oder man,
Ez gang mengklich an ...
Explicit: Wol recht her mein siben gesellen,
Ziehend mirs her in die hellen!
Vnd mit meiner segen
Tûnds all ein her kegen.

        Got behûet mich durch sein hailigs
        layden vnd durch sein groß barm-
        hertzikait vor der segin.

Auf Fol. 264ʳ–275ʳ steht ein Stück aus »*Sibilla weyssagung*«.

Incipit: Got waz ye vnd ist ymer
Vnd zergat sein wesen nimer ...
Explicit: Hie hat Sibillen weyssagung ain end,
Got vns seinen segen send, vnd ist auß ge-
schriben worden an dem nechsten Sampstag nach
der beschneidung vnsers heren
    Anno XXXXVIIIJ [30].

Bei aller gebotenen Vorsicht können Vermutungen darüber angestellt werden, warum Graf Wilhelm von Oettingen gerade diese drei Werke in einem Sammelband zusammenstellen ließ. Ihrem Inhalt nach ergänzen sie sich als für die verschiedenen spätmittelalterlichen Denk- und Glaubenserfahrungen zeittypisch zu nennende Lehrdichtungen: Die Sammlung enthält alles von eher diesseitsbezogenen Lebens- und Klugheitsregeln (»Edelstein«) über moralisch-katechetische Unterweisungen (TN) bis hin zu den eschatologischen Ausführungen der geschichtsprophetischen »weyssagung« – das heißt, eine Summe alles dessen, was dem Spätmittelalter wissens- und beherzigenswert erschien. Zum ›Durchlesen‹ war dieser Codex aber sicher nicht gedacht. Eher hat er den Charakter eines ›Nachschlagewerks‹: Alle in ihm enthaltenen Werke zeichnen sich durch eine lockere Gefügtheit aus (für die Aneinanderreihung einzelner Fabeln im »Edelstein« sofort einsichtig, für TN später noch genauer zu erläutern [31] und auch für die »weyssagung« zumindest in begrenztem Maße geltend zu machen [32]), so daß man dieses Buch, je nach Bedarf und Fragestel-

---

Bodensee gebräuchlich und bedeutet: großes Zugnetz. Das Wort wird in allen Fassungen von TN verwendet. Dies hat nicht zuletzt den Anstoß zu einer Lokalisierung des ›Originals‹ von TN im see-alemannischen Raum gegeben. Vgl. G. Friebertshäuser, S. 9 ff. und Anm. 1.
30 Vgl. dazu auch G. Friebertshäuser, S. 28 f.
31 Vgl. dazu die verstreuten Bemerkungen in Teil I, Kapitel 2 und 3 der vorliegenden Untersuchung.
32 Die einzelnen Prophezeiungen werden hier relativ unverbunden nebeneinandergestellt, nicht nennenswert erzählerisch verknüpft: »Je weiter die prophezeiungen fortschreiten, um so mehr scheint der dichter die situation aus den augen zu verlieren. Salomos zwischenfragen hören ganz auf (...). Von Sibilla ist nicht weiter die rede, weil sie für den zweck des verfassers nicht weiter in betracht kommt; es war ihm eben nur um den inhalt der prophezeiung zu tun.« (F. Vogt, S. 54).

lung und ohne sich in jedem Falle erst mühsam epische Kontexte vergegenwärtigen zu müssen, an beliebiger Stelle aufschlagen konnte, um das, was man gerade suchte, nachzulesen und Teilpassagen als Einzellehren in sich aufzunehmen[33]. Es ist also anzunehmen – wenn auch nicht zu beweisen –, daß nicht nur inhaltliche, sondern auch strukturelle Gesichtspunkte zur Zusammenfügung dieser Texte in einem Sammelband geführt haben.

Für die Einschätzung von TN in seiner Zeit ist es dabei interessant, daß es in dieser Sammelhandschrift zwischen zwei Werken steht, die sich im Spätmittelalter größter Beliebtheit erfreut haben müssen: Boners »Edelstein«, schon in vielen Handschriften überliefert, erschien als eines der ersten Bücher »bald nach Erfindung der Buchdruckerkunst im Jahre 1461 durch Albrecht Pfister zu Bamberg« im Druck, »was gewiß ein triftiger Beweis für die Beliebtheit des Buches ist, da (...) die Wahl der ersten Drucke, wenn auch nicht immer auf die besten, doch sicherlich auf die gangbarsten Bücher fiel«[34]. Ähnliches gilt auch für »Sibilla weyssagung«, ein Werk, dessen »überaus weite verbreitung in handschriften und drucken schon allein dafür bürgt, daß eine lebendige und beachtenswerte strömung der zeit darin ihren ausdruck fand«[35], weshalb es im Spätmittelalter in einer mit dem »Edelstein« vergleichbaren Weise populär gewesen zu sein scheint. Wenn TN für wert erachtet wurde, in dieser Sammelhandschrift die Mittelstellung zwischen »Edelstein« und »weyssagung« einzunehmen, so ist daraus zu schließen, daß zumindest der Auftraggeber des Codex den Text für genauso wichtig und lesenswert wie diese beiden, zu den bekanntesten Werken der Zeit gehörenden Dichtungen hielt.

1.4 Über die ›Sammelhandschrift‹ D

Auch die Handschrift D enthält neben TN zwei weitere lehrhafte Dichtungen. Sie scheint jedoch nicht in einem mit C vergleichbaren Sinne von allem Anfang an als ›Sammelhandschrift‹ konzipiert gewesen zu sein:

Auf Fol. 1ʳ-99ᵛ steht TN, das hier, da die ersten Blätter der Handschrift verlorengegangen sind, erst mit der Barack 1314 ff. entsprechenden Passage beginnt.

Incipit: Daß sy tůgint verschulden,
Vnd verlieret gotteß hulden...
Explicit: Vnd wirst her an in gerochen
Hant sy ie wider dich getan ald gesprochen.
Explicit 72 jar.

---

33 In diesem Zusammenhang könnte man den schönen kolorierten Federzeichnungen zu Boners »Edelstein« eine Art ›Lesezeichenfunktion‹ zuschreiben. Sie bilden jeweils das ›Personal‹ der einzelnen Fabeln ab – bei deren Stoff handelt es sich freilich zumeist um Motive aus der Tierwelt – und erleichtern dem Benutzer der Handschrift damit das Auffinden bestimmter Erzählungen des Werks. – Warum TN, das in zwei anderen Handschriften illustriert überliefert ist, in C nicht mit Bildern geschmückt wurde, entzieht sich unserer Kenntnis. Zu vermuten steht, daß dem Kopisten keine illustrierte Vorlage gegeben war; andernfalls wäre ja offensichtlich ein guter Illustrator zur Hand gewesen, der TN mit ähnlichen Federzeichnungen hätte schmücken können wie den »Edelstein«.
34 Der Edelstein von Ulrich Boner. Hrsg. von F. Pfeiffer. Leipzig 1844. S. VII.
35 F. Vogt, S. 49.

Auf Fol. 99ᵛ–107ᵛ folgt *gar ain schöne red von ainem ritter, den ain wirt in sinen stal oder mist begraben hett*. Es ist dies das der Forschung als (Straßburger) »Rittertreue«[36] bekannte Werk.

Incipit: Ich wil den heren rauten daß
Daß sy nit sigint an tugenden laß
Vnd ir triuwe haltent wol ...
Explicit: Dz wir niemer ersterben
Wir müssent e gotteß huld erwerben
Deß sond wir alle wesen vro
Vnd sprechent alle kryeleyso.

Auf Fol. 107ᵛ–110ʳ folgt ein kleiner Text unter der Überschrift: *Hie nauch merk ain schönen spruch von der trw*. Daß es sich bei diesem um eine der germanistischen Mediävistik bereits bekannte Minnerede handelt, wurde von der Teufelsnetz-Forschung bisher außer acht gelassen[37].

Incipit: Ich truwe klag min ellent
Vnd muß winden nun die hent
Von großem laide daß ich han ...
Explicit: Wan nieman mag eß geschaffen wol
Der zwain heren dienen sol.
Explicit trw[38].

Inhaltliche Entsprechungen liegen zwischen TN und den beiden kleineren Stücken – trotz der gemeinsamen didaktischen Ausrichtung – nicht vor: Die »Rittertreue« ist wohl »noch aus ritterlichem Denken hervorgegangen«[39]. Ihr Dichter ist unbekannt; man hat ihn in die Tradition Hartmanns, Flecks oder Strickers gestellt[40]. Der Text handelt von dem Ritter Willekin von Montabaur, der in mehrfacher Hinsicht Treue gegenüber seinem Stand beweist. Auch wenn hier der Ritterstand vom Kaufmannsstand abgesetzt und bürgerliches mit ritterlichem Denken bzw. Verhalten konfrontiert wird, kann darin nicht die Beziehung zu TN, etwa zu dessen breit angelegtem Ständeteil, in dem u. a. auch Ritter und Kaufleute zur Sprache kommen, gesehen werden. Die beiden Werke haben miteinander nichts zu tun. Bestenfalls der Umstand, daß sie beide in Reimpaarversen abgefaßt, beide auch didaktisch ausgerichtet sind, könnte zur Erklärung dieser Verbindung einer höfischen Novelle mit TN in ein und derselben Handschrift angeführt werden.

Vom Thema ›Treue‹ her mag sich die Anfügung des »Treuespruchs« an die »Rittertreue« ergeben haben. Als ein Gedicht, in dem die *triuwe, staete* und *minne* als Personifikationen auftreten und über die Verderbnis der Zeit klagen bzw. über tugendhaftes Verhalten reflektieren, hat diese Minnerede mit TN genauso wenig – ebenfalls nur die Reimpaare und die lehrhafte Tendenz – gemeinsam wie die »Rittertreue«.

Die beiden Texte wirken wie mehr oder weniger willkürlich ausgewählte Nachträge auf noch leergebliebenen Seiten der Handschrift. Wahrscheinlich zu machen

---

36 Vgl. oben Anm. 13.
37 Vgl. oben Anm. 14.
38 Vgl. dazu auch G. Friebertshäuser, S. 29 f.
39 H. de Boor, R. Newald: Geschichte der deutschen Literatur, III, 1. München 1962. S. 258.
40 Vgl. dazu H. Thoma, S. VI.

ist, daß Handschrift D zunächst nur als eine mit A und B vergleichbare Einzelüberlieferung von TN geplant war: Die vom Schreiber selbst eingetragene Jahreszahl der Fertigstellung erscheint bereits am Schluß von TN (auf Fol. 99ᵛ).

2. Vergleich der Fassungen von »Des Teufels Netz« in den Handschriften A, B, C und D

Der allgemeinen Beschreibung der Handschriften soll hier eine detaillierte Untersuchung der überlieferten Fassungen von TN folgen. Die an den Anfang gestellte Inhaltsangabe bezieht sich auf die umfangreichste Bearbeitung des Gedichts in Handschrift A. Die daran angeschlossene Tabelle gibt Auskunft über Unterschiede und Gemeinsamkeiten, die sich im Vergleich aller Überlieferungen ergeben. Erst im Anschluß daran ist die angekündigte Beschreibung der beiden illustrierten Fassungen (in A und D) sinnvoll.

2.1 Inhalt und Gliederung

In einer kurzen Vorrede, die ein weder alters- noch standesmäßig begrenztes Publikum direkt apostrophiert[41], wird das folgende Gedicht als *lere* (15)[42] und als *warnung* (78) bezeichnet und damit sogleich als ein didaktisches Werk charakterisiert. Dem Prolog angeschlossen ist eine knappe Erzählung von einem in fromme Meditationen versunkenen Einsiedler, der, während er über die Erlösungstat Christi und die daraus zu folgernde hohe Würde des Menschen nachdenkt, plötzlich vom Teufel überrascht wird. Dieser knüpft geschickt an die vorausgegangenen Meditationen an, um seine eigene Macht vor dem Einsiedler zu preisen und um diesen zu verführen. Durch Anrufung Gottes und der Dreifaltigkeit kann der Eremit jedoch den Teufel unschädlich machen und ihn für den Augenblick dazu zwingen, ihm Rede und Antwort zu stehen.

Von nun an gibt sich das Gedicht als Dialog. Mit seinen insistierenden Fragen liefert der Einsiedler, der hier als erzählendes Ich erscheint, jeweils das Stichwort für die langen Reden des Teufels. Erzählende Passagen treten dabei hinter den wörtlichen Reden beider Gesprächspartner fast gänzlich zurück. Sie beschränken sich auf nurmehr formelhafte Ein- und Überleitungen wie: *Ich sprach* bzw. *der tüfel sprach* oder *-antwurt*. Durch den Einsiedler zur ›Beichte‹ gezwungen, erzählt der Teufel, er habe ein Netz gemacht, das er von seinen Knechten durch die Welt ziehen lasse, um darin sündige Menschen einzufangen. Zunächst nennt und charakterisiert er kurz seine *gesellen*, deren erste sechs je den Namen einer Hauptsünde tragen: 1) Hoffart, 2) Neid und Haß, 3) Geiz, 4) Gefräßigkeit, 5) Zorn, 6) Unkeuschheit. Es folgt als siebter Knecht der Mord. Ihm schließt sich die Gruppe 1) *Beslüsz das herz*, 2) *Beslüsz den mund* und 3) *Beslüsz den sekel* an[43]. Als elfter

---

[41] *Arm, rich, jung, alt, wip, man, gaistlich, weltlich, herren und frowen* werden angesprochen und zum Zuhören aufgefordert.
[42] Die Zahlenangaben in Klammern beziehen sich hier und im folgenden auf Baracks Ausgabe.
[43] Über diese Sündentrias besteht in der Teufelsnetz-Forschung bisher keine Klarheit. G.

und letzter Knecht wird noch die Hauptsünde Trägheit angeführt, die dem Teufel als allerwichtigster Helfershelfer gilt: Die Trägheit hält den Menschen davon ab, Gottesdienste zu besuchen und Christenpflichten anderer Art zu erfüllen, und sie ist daher am ehesten geeignet, Sünder fürs Teufelsnetz bereitzustellen.

Diese Vorstellung der Teufelsknechte, wie überhaupt die durch die Personifikationen gegebenen allegorischen Bezüge, bilden nur den ›Aufhänger‹ für eine systematisch gegliederte Abhandlung über die durch die teuflischen Gesellen verkörperten Sünden – für einen Sündenkommentar, der sich, wie später noch genauer zu zeigen sein wird, mit entsprechenden Stücken aus dem katechetischen Schrifttum durchaus vergleichen läßt. Freilich sind durch den Teufel als Sprecher die Wertsetzungen zum Teil verdreht: Sündhaftigkeit wird als positiv, Vermeidung der Laster dagegen als negativ dargestellt, nämlich als beständiges Ärgernis für den auf reiche Sünderbeute ausgehenden Teufel.

Auf die Frage des Einsiedlers, wie es denn komme, daß die Menschen in so großer Zahl den Teufelsknechten verfallen und damit dem Teufel ins Netz gehen, antwortet dieser, weil niemand bereit sei zu kompromißloser Befolgung der göttlichen Gebote. Der Teufel erklärt dann, wie die einzelnen Gebote, die der Einsiedler nacheinander aufzählt, von den Menschen gebrochen werden. Eine in sich abgerundete Dialogabhandlung schließt sich damit dem am Anfang stehenden Sündenkommentar an.

Den Übergang zum umfangreichsten Teilkomplex des Gedichts, zum Ständeteil, bildet die Frage des Einsiedlers, wem es in der Hölle am schlechtesten gehen werde. Der Teufel antwortet, es würden zwar alle Menschen für ihre im Leben begangenen Sünden gebührend bestraft, aber den geistlichen bzw. den weltlichen Herrschern, die allesamt den anderen Ständen mit guten Beispielen vorangehen sollten, drohten die grausamsten Strafen:

2838   Ie grœsser das houpt uf ertrich ist
        Ie wirser und pinlicher im beschicht,
        Er si gaistlich oder weltlich.

Im Anschluß an diese allgemeine Einführung will der Einsiedler in detaillierter Form wissen, warum die Teufelsknechte *alle die welt* (239; 2881; u.ö.) ins Netz bringen können. Die allgemeine Antwort des Teufels lautet: *es halt nieman sin rechten orden* (2888). Dies nimmt der Einsiedler zum Anlaß, nach jedem *orden* gesondert zu fragen: Zunächst wird das Konzil genannt (eine Besonderheit der Handschrift A!); im Anschluß daran werden die geistlichen Stände vom Papst bis zum Bettelmönch und dann die weltlichen vom Kaiser bis zur niedrigsten Dirne aufgezählt. Der Teufel nimmt zu jedem Stand Stellung, rügt einen jeden für seine Sünden und speziell für seine Standeslaster. Einzig die Beginen, Begharden und

---

Franz hält sie für eine »Umkehrung der Formel Reue, Beichte, Buße (...), indem aber bei der Buße hauptsächlich auf die Werke des Almosenspendens angespielt wird.« Vgl. G. Franz: Tugenden und Laster der Stände in der didaktischen Literatur des späten Mittelalters. Diss. (masch.) Bonn 1957. Anm. 1863. – M. Osborn bezeichnet die drei Sünden als »Repräsentanten der Hartherzigkeit«. Vgl. M. Osborn: Die Teufelliteratur des 16. Jahrhunderts. Berlin 1893. Reprografischer Abdruck: Hildesheim 1965. S. 15. – Beide Thesen schließen sich nicht aus. Diese Sündentrias dürfte in Anlehnung an das bekannte System der *peccata cordis, oris et operis* entstanden sein, wie sie in mittelalterlichen Beichtspiegeln häufiger als Einteilungsprinzip benutzt wurden. Vgl. dazu auch Teil II, Kap. 1.2 dieser Arbeit.

Einsiedler bleiben ungetadelt. Allen Menschen wird zugleich – vom Teufel selbst! – Reue, Beichte und Buße zur Besserung empfohlen, so daß jedes einzelne Ständekapitel wie eine Art Bußpredigt wirkt.

Mit den ersten Abschnitten des Gedichts ist dieser Ständeteil vor allem durch die konstante Erwähnung des Teufelsnetzes am Schluß eines jeden Ständekapitels und durch den wiederholten Hinweis darauf verbunden, daß die beschriebenen Standes- bzw. Berufsvergehen Konsequenzen des Wirkens der Teufelsknechte in der Welt sind. Die teuflischen Gesellen treten also nicht nur als ›Menschenfischer‹ auf; sie erscheinen zugleich auch als Verführer zur Sünde.

An den Ständeteil schließt sich eine – nur in Handschrift D als solche bezeichnete – Schlußrede an, die eigentlich als Vorrede zum Schlußteil zu gelten hat und im folgenden, kontrastiv zum Prolog I (1 ff.), der das Gesamtwerk einleitet, als Prolog II bezeichnet wird. In diesem wird auf eine Begegnung zwischen Christus und dem Teufel hingewiesen, damit also etwas angekündigt, wovon im Einsiedler-Teufel-Dialog an keiner Stelle die Rede war. Dann wird aber doch noch einmal auf das erste Gespräch bezuggenommen: Das Teufelsnetz und die Knechte erfahren allegorische Ausdeutungen, und es wird erneut – nun in komprimierter Form – über die Machenschaften des Teufels und seiner Gesellen in der Welt gesprochen. Es schließt sich eine längere Rede des Teufels an, in der dieser betont, er habe es vor allem darauf abgesehen, die Menschen dazu zu verleiten, göttliche Gebote zu brechen. Damit wird der letzte, in sich geschlossene Abschnitt des Gedichts eingeleitet: der im Prolog II angekündigte Dialog zwischen Christus und dem Teufel, in dem dieser jenen bittet, die bösen Seelen für sich beanspruchen zu dürfen. Es ist dies eine Darstellung des Weltgerichts. Die Rechtsansprüche werden zwischen Christus und dem Teufel geklärt: Dieser darf die Sünder mit sich in die Hölle abführen; den guten Seelen wird von Christus das Himmelreich versprochen. Zum Schluß befiehlt Christus dem Teufel, selbst zurück in die Hölle zu fahren.

Bereits aus dieser Inhaltsangabe wird deutlich, daß sich TN aus mehreren Einzelstücken zusammensetzt, die zumindest vordergründig nicht viel miteinander zu tun zu haben scheinen. Auch bestehen zwischen ihnen keine nennenswerten, erzählerischen Überleitungen, die einen logischen oder Kausalzusammenhang verdeutlichen würden. Eine durch und durch lockere Gefügtheit von Einzelteilen und kleineren Abschnitten ist für dieses Werk charakteristisch. Die folgende Tabelle soll verdeutlichen, daß und in welcher Weise in den vier überlieferten Fassungen (das Fragment fällt hierfür kaum ins Gewicht) mit den einzelnen Teilkomplexen, speziell mit den Kapiteln im Ständeteil, recht unterschiedlich verfahren wurde[44].

---

44 Auch diese Tabelle stützt sich zum Teil auf die Untersuchungen von H. Werner und G. Friebertshäuser. Vgl. H. Werner, Beilage zu S. 22. G. Friebertshäuser, S. 123–138. Eigene Handschriftenvergleiche führten aber zu einer Reihe von Korrekturen, die hier jedoch nicht im einzelnen vermerkt werden können. – Die in jüngerer Zeit von W. Heinemann erstellte Tabelle war für diese Untersuchung unbrauchbar: Sie bezieht sich allein auf den Ständeteil und enthält keine Angaben zum Umfang der Einzelabschnitte. Vgl. W. Heinemann: Zur Ständedidaxe in der deutschen Literatur des 13.–15. Jahrhunderts. PBB (ost) 89, 1967, S. 392–399. *Zum Gebrauch der folgenden Tabelle:* In der Spalte ›Inhalt‹ sind alle Einzelabschnitte des Werks gesondert – abgesehen von kleineren Ein- und Überleitungen – angeführt. Die Zahlen in den Spalten unter A, B, C, D weisen auf Vorhandensein und Versumfang der Abschnitte in den Codices hin. Wo ein

Inhalt		A	B	C	D
Vorrede (PROLOG I)		78 V.	–	79 V.	–
Meditationen des Einsiedlers – Auftritt des Teufels – Überleitung zum Sündenteil		182 V.	176 V.	170 V.	–
Sündenkapitel	Hoffart	100 V.	19 V.	81 V.	–
	Neid + Haß	55 V.	15 V.	41 V.	–
	Geiz	175 V.	35 V.	137 V.	–
	Zorn	42 V.	42 V.	39 V.	–
	Unkeuschheit	128 V.	104 V.	126 V.	–
	Mord	125 V.	120 V.	122 V.	–
	Beschließ das Herz, -den Mund, -den Säckel	191 V.	174 V.	185 V.	–
	Trägheit	157 V.	148 V.	159 V.	–
Überleitung zum Dekalogteil		37 V.	–	35 V.	38 V.
Dekalogkapitel	1. Gebot	113 V.	–	48 V.	109 V.
	2. Gebot	55 V.	–	51 V.	52 V.
	3. Gebot	116 V.	–	97 V.	97 V.
	wie die Geistlichen das 3. Gebot brechen	133 V.	–	124 V.	88 V.
	4. Gebot	114 V.	–	85 V.	92 V.
	5. Gebot	156 V.	–	104 V.	100 V.
	6. Gebot	101 V.	–	69 V.	75 V.
	7. Gebot	270 V.	–	258 V.	258 V.
	8. Gebot	92 V.	–	68 V.	68 V.
	9. Gebot	191 V.	–	193 V.	195 V.
	10. Gebot	131 V.	–	80 V.	84 V.
Überleitung zum Ständeteil		61 V.	20 V.	58 V.	49 V.
Über vier listige Knechte des Teufels		–	–	–	95 V.

Querstrich erscheint, fehlt der betreffende Abschnitt. Im Ständeteil finden sich unter A, B, C, D jeweils zwei Spalten: Die linke gibt, wie oben beschrieben, Vorhandensein und Versumfang der Einzelkapitel an; die rechte zeigt, an wievielter Stelle der jeweilige Stand in den Codices behandelt ist. Zwei Zahlen bedeuten, daß derselbe Stand zweimal behandelt ist.

	Inhalt	A		B		C		D	
Ständeteil	Konzil	119 V.	1	–	–	–	–	–	–
	Päpste	98 V.	2	67 V.	1	69 V.	1	73 V.	1
	Kardinäle	117 V.	3	51 V.	2	56 V.	2	63 V.	2
	Bischöfe	166 V.	4	99 V.	3	95 V.	3	94 V.	3
	Prälaten	111 V.	5	–	–	–	–	–	–
	Geistl. Richter	149 V.	6	96 V.	4	116 V.	4	115 V.	8
	Advokaten + Schreiber	195 V.	7	–	–	–	–	–	–
	Chorherren	258 V.	8	222 V.	5	224 V.	5	240 V.	4
	Pfarrer	137 V.	9	107 V.	6	106 V.	6	104 V.	5
	Helfer	186 V.	10	59 V.	7	111 V.	7	118 V.	6
	Evangelier	132 V.	11	111 V.	8	146 V.	8	155 V.	7
	Mazner + Kolner	44 V.	12	20 V.	9	–	–	–	–
	Äbte + Mönche	367 V.	13	128 V.	10	222 V.	9	241 V.	9
	Äbtissinnen + Nonnen	231 V.	14	109 V.	11	116 V.	10	123 V.	11
	Bettelorden	316 V.	15	252 V.	12	243 V.	11	277 V.	10
	Waldbrüder	151 V.	16	72 V.	13	77 V.	12	71 V.	12
	Einsiedler	140 V.	17	92 V.	14	92 V.	13	100 V.	13
	Waldschwestern	151 V.	18	54 V.	15	55 V.	14	88 V.	14
	Beginen	74 V.	19	49 V.	16	46 V.	15	45 V.	15
	Regelnonnen	69 V.	20	61 V.	17	48 V.	16	29 V.	16
	Begharden (Willig-Armut)	198 V.	21	174 V.	18	192 V.	17	197 V.	17
	Bettler	154 V.	22	52/13 V.	19/72	53 V.	18	56 V.	18
	Klausnerinnen	161 V.	23	99 V.	80	92 V.	19	100 V.	19
	Vorklausnerinnen	17 V.	24	27 V.	81	18 V.	20	–	–
	Weltl. Frauen + Jungfrauen	147 V.	26	65 V.	21	4 V. / 61 V.	22 / 23	68 V.	21
	Witwen	110 V.	27	30 V.	22	33 V.	24	30 V.	23
	Verheiratete Frauen	107 V.	28	41 V.	23	41 V.	25	33 V.	22
	Verheiratete Männer	42 V.	29	–	–	–	–	–	–
	Kaiser	206 V.	30	231 V.	24	237 V.	26	233 V.	24
	Könige	206 V.	31	51 V.	25	55 V.	27	62 V.	25
	Kurfürsten	87 V.	32	–	–	–	–	–	–
	Herzöge	132 V.	33	53 V.	26	105 V.	28	104 V.	26
	Grafen	149 V.	34	85 V.	27	86 V.	29	87 V.	27
	Freiherren	237 V.	35	98 V.	28	92 V.	30	109 V.	28
	Ritter	121 V.	36	98 V.	29	65 V.	31	78 V.	29
	Edelknechte	69 V.	37	45 V.	30	65 V.	32	39 V.	30
	Schützen + Söldner	195 V.	38	70 V.	31	73 V.	33	65 V.	31
	Köche + Kellermeister	100 V.	39	24 V.	32	53 V.	34	53 V.	32
	Schreiber + Amtmänner	101 V.	40	59 V.	33	81 V.	35	70 V.	33
	Schreiber	110 V.	41	47 V.	34	67 V.	36	62 V.	39
	Jäger	29 V.	42	16 V.	35	17 V.	37	16 V.	36
	Torhüter	33 V.	43	19 V.	36	18 V.	38	15 V.	37
	Küchenjungen	28 V.	44	12 V.	37	13 V.	39	24 V.	33
	Truchsessen	25 V.	45	16 V.	38	13 V.	40	–	–
	Stubenheizer	34 V.	46	9 V.	39	12 V.	41	9 V.	34
	Wächter	30 V.	47	28 V.	40	27 V.	42	27 V.	35
	Bürgermeister	145 V.	48	116 V.	46	142 V.	43	140 V.	40
	Kaufleute	124 V.	49	143 V.	47	144 V.	44	143 V.	44
	Gewandschneider	135 V.	50	68 V.	48	71 V.	45	69 V.	45

Inhalt	A		B		C		D	
Bäcker	94 V.	51	80 V.	49	83 V.	46	87 V.	50
Müller	90 V.	52	51 V.	50	54 V.	47	55 V.	51
Metzger	135 V.	53	77 V.	51	89 V.	48	88 V.	49
Fischer	93 V.	54	14/52 V.	41/52	72 V.	49	70 V.	53
Kleinhändler	77 V.	55	66 V.	53	64 V.	50	62 V.	52
Krämer	162 V.	56	37 V.	54	118 V.	51	112 V.	46
Apotheker u. Ärzte	179 V.	57	183 V.	55	175 V.	52	167 V.	41
Bader u. Aderlasser	117 V.	58	58 V.	56	65 V.	53	61 V.	42
Kupplerinnen	189 V.	59	151 V.	57	162 V.	54	168 V.	43
Schneider	59 V.	60	33 V.	58	35 V.	55	37 V.	67
Weber	45 V.	61	35 V.	60	35 V.	57	28 V.	72
Ledergerber	35 V.	62	47 V.	61	47 V.	58	21 V.	73
Schuster	55 V.	63					19 V.	74
Maurer u. Zimmerleute	93 V.	64	74 V.	62	75 V.	59	75 V.	55
Schmiede + Wagenmacher	73 V.	65	53 V.	63	57 V.	60	51 V.	56
Kupferschmiede	48 V.	66	43 V.	64	39 V.	61	35 V.	57
Goldschmiede	35 V.	67	25 V.	65	27 V.	62	23 V.	47
Sensenschmiede	38 V.	68	27 V.	66	40 V.	63	39 V.	58
Hufschmiede	32 V.	69	23 V.	67	23 V.	64	22 V.	59
Maler	45 V.	70	34 V.	62	46 V.	65	47 V.	48
Kürschner	64 V.	71	60 V.	83	48 V.	66	41 V.	60
Faßbinder	41 V.	72	50 V.	87	16 V.	67	9 V.	75
Töpfer	4 V.	73	–	–	4 V.	68	–	–
Ziegelbrenner	20 V.	74	–	–	26 V.	69	–	–
Schreiner	2 V.	75	–	–	–	–	–	–
Träger	8 V.	76	–	–	–	–	–	–
Sattler	37 V.	77	41 V.	88	40 V.	70	–	–
Schwertfeger	37 V.	78	14 V.	89	23 V.	71	22 V.	77
Wannenmacher + Korbflechter	20 V.	79	23 V.	90	24 V.	72	23 V.	78
Armbrustmacher	71 V.	80	69 V.	93	69 V.	73	72 V.	76
Winzer, Winzerknechte, Mistträger, Weinbeschneiderinnen	179 V.	81	29 V.	42	123 V.	74	161 V.	86
			34 V.	94	–	–		
			–	–	–	–		
			32 V.	95	13 V.	75		
					20 V.	76		
Schiffsleute	86 V.	82	57 V.	96	63 V.	77	63 V.	85
Wagenknechte	67 V.	83	48 V.	43	52 V.	78	43 V.	79
Narren	44 V.	84	45 V.	44	43 V.	79	37 V.	82
Schulmeister	98 V.	85	63 V.	68	48 V.	80	43 V.	81
Kirchenpfleger	32 V.	86	23 V.	86	19 V.	81	19 V.	83
Küster	38 V.	87	26 V.	85	24 V.	82	22 V.	84
Pfaffenweiber	107 V.	88	69 V.	69	67 V.	83	84 V.	68
Spielleute	30 V.	89	14 V.	70	13 V.	84	17 V.	80
Näherinnen u. Stickerinnen (Klug-Gesind)	67 V.	90	39 V.	71	35 V.	85	35 V.	64
Edle Frauen	118 V.	91	36 V.	73	72 V.	86	74 V.	61
Edle Jungfrauen	36 V.	92	34 V.	74	37 V.	87	35 V.	62
Dirnen	25 V.	93	27 V.	75	28 V.	88	26 V.	63
(Heb-)Ammen	36 V.	94	19 V.	76	18 V.	89	17 V.	65
Bäuerinnen	40 V.	95	19 V.	77	16 V.	90	17 V.	66
Bauern	98 V.	96	45 V.	78	58 V.	91	56 V.	87
Flurhüter	24 V.	97	13 V.	79	24 V.	92	23 V.	89
Waldschützen	59 V.	98	–	–	61 V.	93	42 V.	88

Ständeteil

	Inhalt	A		B		C		D	
Ständeteil	Hirten	113 V.	99	95 V.	45	95 V.	94	92 V.	90
	Niedere Handwerker	–	–	30 V.	84	33 V.	95	–	–
	Kuppler, Huren Spieler + Spitzbuben	68 V.	100	52 V.	91	52 V.	99	50 V.	69
	Mörder + Räuber	60 V.	101	61 V.	92	113 V.	100	65 V.	70
	Wirte	163 V.	102	127 V.	97	113 V.	96	124 V.	54
	Schankwirte	–	–	–	–	25 V.	97	–	–
	Färber	243 V.	103	157 V.	98	198 V.	98	143 V.	91
	Schlußrede (PROLOG II) und Rede des Teufels	346 V.		–		302 V.		352 V.	
	Dialog zw. Christus u. Teufel	165 V.		–		187 V.		168 V.	

2.2 Beschreibung und Vergleich der beiden illustrierten Fassungen von »Des Teufels Netz« (in A und D)

22.1 Bilder und Bildlücken in Handschrift A

Ein ganzseitiges *Titelbild* (fol. 1ᵛ) ist in diesem Codex dem Text von TN vorangestellt. Die Bildüberschrift lautet *Ain sege wie d'tůfel all ståt an sich zůht die ziehend die tůfel*. Darunter befindet sich eine kolorierte Federzeichnung. Dargestellt sind sieben grotesk-tierische Gestalten. Wahrscheinlich sind die ersten sieben Knechte des Teufels, die personifizierten Hauptsünden, gemeint. Vier von ihnen ziehen ein Netz, in dem sich 12 Menschen, Vertreter verschiedener Stände, befinden. Drei andere Teufelsknechte – zwei auf einer Bank sitzend, der dritte links daneben stehend – spielen auf Blas- bzw. Schlaginstrumenten. Alle sieben sind durchaus in szenischer Bewegung gezeigt. Jeder erscheint, je nach Tätigkeit und durch groteske Körperformen oder fratzenhaft-unterschiedliche Gesichtsausdrücke, individualisiert. Dagegen sind die Menschen im Netz zu einer bewegungslosen Gruppe zusammengefaßt. Man könnte darin eine Ausdeutung des Textes sehen, in dem immer wieder betont wird, wie wenig aktiv sich die Menschen den Machenschaften des Teufels und seiner Knechte – d. h. also dem Teufelsnetz – widersetzen. Die 12 Gestalten sind durch Gewänder und Attribute als Vertreter verschiedener sozialer Gruppen zu identifizieren: In der vorderen Reihe sieht man einen Herzog, eine edle Frau, einen Papst, einen Kaiser und einen Grafen; dahinter einen Bischof, einen Mönch, einen Bauern, einen Bürger mit Gugel- und einen mit Zaddelhaube. Zwei weitere Figuren sind zu wenig deutlich gezeichnet, als daß man sie als Vertreter bestimmter Stände erkennen könnte.

Die Zeichnung ist in zarten Tönen (braun, blau, grün und rot) koloriert. Man kann sich vorstellen, daß bei der recht differenzierten Strichführung zunächst nur auf graphische Schwarz-Weiß-Wirkung abgezielt war. Aber die Farben tun ihren Teil zur Belebung des Bildes und vor allem zur Differenzierung der Figuren hinzu. Von den Ständevertretern im Netz sind farblich besonders hervorgehoben: der Papst (roter Mantel), die edle Frau (grünes Kleid), der Kaiser (blauer Mantel) und der Herzog (roter Umhang und grüne Kopfbedeckung).

Der Stil dieses Titelbildes erlaubt die Annahme, daß die Zeichnung in derselben – oder in einer nahegelegenen – Werkstatt entstanden ist wie die in diesem Codex enthaltene Abschrift von TN: Die kurz-gestrichelten Schraffuren, die bei den Teufeln Fellstruktur andeuten, ferner auch die locker gezeichneten Konturen und die zu ihnen parallel laufenden Gewandfalten bei den Ständevertretern im Netz sind als Charakteristika eines schwäbischen, eventuell see-schwäbischen Zeichenstils des 15. Jahrhunderts zu nehmen [45]. Dies stimmt mit dem Schrifttypus und der Sprache der Handschrift überein: Die Schrift, eine Bastarda, die bei b, d, h und l voll geschwungene Oberlängen und bei ſ und f Unterlängen in erst anschwellender und

---

[45] Zur schwäbischen Buchillustration der Zeit vgl. H. Lehmann-Haupt: Schwäbische Federzeichnungen. Studien zur Buchillustration Augsburgs im XV. Jahrhundert. Berlin/Leipzig 1929. Dort heißt es u. a.: In der schwäbischen Buchillustration des 15. Jahrhunderts habe sich »die aus dem 14. Jahrhundert stammende Zeichenmanier, durch lange, den Konturen parallele Vertikalstriche die Oberfläche zu gliedern«, lange gehalten (S. 30).

dann spitz zulaufender, zum Teil in die nächsten Zeilen übergreifender Form (auch in der Überschrift des Titelbildes) aufweist, ist die für den oberrheinisch-schwäbischen Raum des 15. Jahrhunderts charakteristische.[46] Und auch die sprachlichen Kennzeichen verweisen, wie bereits erwähnt,[47] in den Bodenseeraum. Das Titelbild dürfte demnach von einem Illustrator hergestellt worden sein, der entweder mit dem Kopisten von TN eng zusammenarbeitete oder doch wenigstens aus derselben Gegend stammte wie dieser.

Stilistisch ganz anders sind die *Zeichnungen auf der ersten Textseite* (fol. 2ʳ): ein Wappen rechts oben und am unteren Blattrand eine Architektur. Das Wappen, über das sich H. Werner so gar nicht im klaren war,[48] ist kein anderes als das des Freiherrn von Laßberg[49]. Es wurde von diesem als Bibliothekszeichen benutzt und befindet sich in vielen, aus Laßbergs Besitz stammenden Bänden der Donaueschinger Hofbibliothek. Mehr Aufmerksamkeit verdient die Zeichnung am unteren Blattrand, die in der bisherigen Teufelsnetz-Forschung Anlaß zu vielen Spekulationen gegeben hat. Dargestellt ist ein dreiteiliges Fachwerkgebäude auf einem Felsen. Laßberg hielt dies für eine Abbildung des ehemals oberen Stadttores von Bregenz[50]. Er leitete daraus die Vermutung ab, die Handschrift sei in dieser Stadt angefertigt worden. Werner sagte einschränkend, man könne nicht ganz sicher sein, ob hier »das Tor der oberen Stadt Bregenz und nicht etwa nur eine Eremitage«[51] – also ein der Rahmenerzählung von TN entsprechendes Motiv – dargestellt sei. Dazu trug Friebertshäuser sehr richtig bei, es sei gewagt, die Zeichnung »mit dem oberen Tor der Stadt Bregenz zu identifizieren«,[52] weil sie mit der entsprechenden zeitgenössischen Abbildung »in der ›Chronik Tschachtlan‹ (von 1470...) keine Ähnlichkeit«[52] aufweise. Zusätzlich stellt sie fest, die Illustration habe sicher »ursprünglich nicht der Handschrift angehört«, denn sie sei »in ihrer Art ganz anders als das Bild auf der Titelseite«.[52] Soweit hier stilistische Unterschiede angesprochen sind, ist Friebertshäusers Behauptung nicht zu bestreiten: Auf braunem, rot schraffiertem Felsen, der mit dicker Konturlinie umrändert ist, steht eine ebenso scharf konturierte Architektur, deren Fachwerk und Dächer mit roter und deren Fenster und Türöffnungen mit brauner Tinte ausgemalt sind. Weder in der Farbgebung noch in der Strichführung ist diese Zeichnung also mit dem Titelbild, das sich durch zarte Kolorierung und lockere Konturenlinien auszeichnet, vergleichbar. Dieser deutlich andere Stil bedeutet aber *nicht*, daß diese Zeichnung der Handschrift *später* als das Titelbild eingefügt wurde.

Das Gegenteil scheint der Fall zu sein: Auf den Blättern 1–8 befindet sich jeweils am unteren Rand ein Fleck von gleichbleibender Form. Diese deckt sich mit der des Felsens. Farblich wird der Fleck zum Innern der Handschrift hin immer schwächer

---

46 Vgl. dazu J. Kirchner: Germanistische Handschriftenpraxis. Ein Lehrbuch für die Studierenden der deutschen Philologie. München 1950. S. 21 ff.
47 Vgl. oben Teil I, Kap. 1.2 der vorliegenden Untersuchung.
48 Vgl. dazu H. Werner, S. 5 f.
49 Vgl. G. Friebertshäuser S. 19 oben und Anm. 3.
50 In einem Brief des Freiherrn von Laßberg an F. Pfeiffer heißt es mit Hinweis auf Handschrift A: »Die am Fuße des ersten Blattes *recto* befindliche Zeichnung stellet das Tor der oberen Stadt zu Bregenz vor, wo das Buch, wo nicht gemacht, doch gewiß geschrieben worden.« Vgl. Briefwechsel zwischen Jos. Freiherrn von Laßberg und Ludwig Uhland. Hrsg. von F. Pfeiffer. Wien 1780. Anhang S. 290.
51 H. Werner, S. 6.
52 G. Friebertshäuser, S. 19.

und verliert sich ab Blatt 9 ganz. Seine braune Farbe läßt vermuten, daß es sich um einen Tintenfleck handelt, der auf der ersten Seite ›passierte‹ und bis Blatt 8 durchfeuchtete. Vielleicht wurde er auf dem ersten Textblatt für so störend empfunden, daß man ihn mit Konturen versah und ihn schraffierte, damit also zu einem Felsen umdeutete, der als Untergrund für ein Gebäude dienen konnte. Es ist nicht ausgeschlossen, daß dies bereits der Schreiber getan hat: Die gleiche braune Tinte in Zeichnung und Text und die Unbeholfenheit der Zeichenweise legen den Gedanken nahe, daß hier nicht eigens ein Illustrator herangezogen wurde. Die Zeichnung wäre demnach eine ›Verlegenheitslösung‹ eines sparsamen Kopisten, der, statt ein durch einen Tintenfleck verunstaltetes Blatt zu vernichten, ein einfaches Bildchen anfertigte, um den häßlichen Fleck – wenigstens auf der ersten Seite seines Textes – zu überdecken. Er mag dabei an eine Eremitage gedacht haben, wie es vom Text her nahelag. Daß das Bildchen nicht zum ursprünglichen Illustrationsprogramm gehört hat, geht schon daraus hervor, daß es sich am unteren Rand der Seite, also *unter* der Textkolumne befindet, während alle im Illustrationsprogramm vorgesehenen Bilder ihren Platz *innerhalb* der Textspalten gehabt hätten. Trotzdem muß nach den oben gemachten Beobachtungen G. Friebertshäuser entgegengehalten werden, daß die Zeichnung, weil mutmaßlich vom Schreiber selbst angefertigt, sehr wohl zum ursprünglichen Bestand der Handschrift gehört haben wird.

    Im weiteren enthält der Codex an 106 Stellen *freie Bildräume*. Warum es nicht zur Ausführung der vorgesehenen Bilder kam, läßt sich heute nicht mehr feststellen. Wir können also nur noch die programmatische Anordnung der Bildlücken beschreiben und daraus unsere Schlüsse ziehen. An 104 Stellen sind die Bildlücken aus dem Schriftspiegel ausgespart und nehmen von diesem je ein Drittel (10–12 Zeilen) ein. An zwei Stellen (fol. 156^v und fol. 176^r) ist rechts am Rand ein Quadrat mit dünnen Federstrichen umrissen, das wohl jeweils mit einer Zeichnung ausgefüllt werden sollte. Vermutlich hatte der Schreiber die hierher gehörenden Bilder bzw. Lücken seiner Vorlage zunächst übersehen und vergessen, in seiner Abschrift freie Räume für sie zu lassen. Er hat sie dann in der Form von umrissenen Bildfeldern am Rand nachgetragen. – Meistens gehört zu den Bildlücken eine Beischrift, die zugleich auch das folgende Textkapitel (jedoch nicht immer korrespondierend mit dessen roter Anfangsinitiale) bezeichnet. An einigen Stellen, besonders am Anfang, sind diese Überschriften so flüchtig hingeworfen, daß man annehmen kann, es handele sich bei ihnen um bloße (allerdings nicht vom Schreiber gesetzte!) Vermerke für den Illustrator. Später erscheint öfter eine humanistische Schrift: Nachträge von Bild- bzw. Kapitelüberschriften, die vermutlich erst von einem Benutzer der Handschrift aus dem 16. Jahrhundert stammen. Schließlich findet sich ein Überschrifttypus – vor allem im Ständeteil von TN – der von der Hand des Schreibers kaum abweicht: Leichte Unterschiede erklären sich durch Federwechsel (der Text ist mit dunkelbrauner, die Überschriften mit roter Tinte geschrieben!), so daß angenommen werden kann, daß diese letztgenannten Titel nicht eigens von einem Rubrikator, sondern vom Schreiber selbst gesetzt wurden.

Die Bildlücken und ihre Stellung zum Text

1)	fol.	2ʳ	Überschrift: *Wie ain ainsidel vnd ain engel bi ainander wärend*	(danach 1)
2)	fol.	3ʳ	Überschrift: *Ain ainsidel wie er den tüfel zwang*	(danach 79)
3)	fol.	6ᵛ	Überschrift: *Der ander tüfel nid vnd hasz*	(danach 363)
4)	fol.	7ʳ	Überschrift: *Der tritt tüfel gitikait*	(danach 408)
5)	fol.	9ᵛ	Überschrift: *Der ain tüfel fraskait*	(danach 583)
6)	fol.	11ʳ	Überschrift: *Der ander tüfel ist zorn*	(danach 695)
7)	fol.	11ᵛ	Überschrift: *Der ain tüfel unkünschait*	(danach 747)
8)	fol.	14ʳ	Überschrift: *Du manslacht tüfel*	(danach 938)
9)	fol.	14ᵛ	Überschrift: *Du manslacht tüfel*	(danach 938)
10)	fol.	14ᵛ	Überschrift: *Ain tüfel*	(danach 976)
11)	fol.	17ʳ	Überschrift: *Trakait und ain tüfel*	(danach 1169)
12)	fol.	19ʳ	Überschrift: *Ain ainsidel und der tüfel*	(danach 1323)
13)	fol.	19ᵛ	Überschrift: *Der ainsidel und der tüfel*	(danach 1360)
14)	fol.	20ᵛ	Überschrift: *Ain ainsidel und der tüfel*	(danach 1410)
15)	fol.	21ᵛ	Überschrift: *Der ainsidel zů dem tüfel*	(danach 1479)
16)	fol.	22ᵛ	Überschrift: *Dz(!) ainsidel zů dem tüfel*	(danach 1528)
17)	fol.	24ʳ	ohne Überschrift	(danach 1644)
18)	fol.	25ᵛ	Überschrift: *Der ainsidel*	(danach 1777)
19)	fol.	27ʳ	Überschrift: *Der ainsidel*	(danach 1890)
20)	fol.	29ʳ	ohne Überschrift	(danach 2046)
21)	fol.	30ᵛ	ohne Überschrift	(danach 2147)
22)	fol.	34ʳ	ohne Überschrift	(danach 2416)
23)	fol.	35ʳ	ohne Überschrift	(danach 2508)
24)	fol.	37ʳ	ohne Überschrift	(danach 2701)
25)	fol.	39ᵛ	ohne Überschrift	(danach 2832)
26)	fol.	41ʳ	Überschrift: *Dz concilium vnd der tüfel*	(danach 2956)
27)	fol.	42ʳ	Überschrift: *Von den Päbst*	(danach 3041)
28)	fol.	43ᵛ	Überschrift: *Ain kardinal*	(danach 3137)
29)	fol.	45ʳ	Überschrift: *Ertzbischoff*	(danach 3254)
30)	fol.	47ʳ	Überschrift: *Von den prelaten*	(danach 3420)
31)	fol.	48ᵛ	Überschrift: *Gaistlich richter advokaten*	(danach 3531)
32)	fol.	51ᵛ	ohne Überschrift (Advokatenkapitel)	(danach 3681)
33)	fol.	52ʳ	ohne Überschrift (Advokaten- u. Schreiberkapitel)	(danach 3818)
34)	fol.	53ʳ	Überschrift: *Korherr*	(danach 3875)
35)	fol.	56ʳ	Überschrift: *Pfarher*	(danach 4133)
36)	fol.	57ᵛ	Überschrift: *Helfer*	(danach 4270)
37)	fol.	60ʳ	Überschrift: *Evangelier*	(danach 4456)
38)	fol.	62ᵛ	Überschrift: *Apt vnd münch*	(danach 4643)
39)	fol.	66ᵛ	Überschrift: *Aeptissin und nunnen*	(danach 5001)
40)	fol.	69ᵛ	Überschrift: *Bettel orden*	(danach 5236)
41)	fol.	73ᵛ	Überschrift: *Waldbrüder*	(danach 5548)
42)	fol.	75ᵛ	Überschrift: *Ainsidel*	(danach 5699)
43)	fol.	77ʳ	Überschrift: *Waldschwester*	(danach 5839)
44)	fol.	78ᵛ	Überschrift: *Baginen*	(danach 5938)
45)	fol.	79ᵛ	Überschrift: *Regelnunnen*	(danach 6013)
46)	fol.	80ᵛ	Überschrift: *Willig arm*	(danach 6081)

47) fol. 83ʳ	Überschrift: *Betler*	(danach 6279)
48) fol. 85ʳ	Überschrift: *Klosneren*	(danach 6433)
49) fol. 87ʳ	Überschrift: *Kind*	(danach 6611)
50) fol. 89ʳ	Überschrift: *Frowen*	(danach 6763)
51) fol. 91ʳ	Überschrift: *Witwen*	(danach 6899)
52) fol. 92ᵛ	Überschrift: *Ewib*	(danach 7008)
53) fol. 94ᵛ	Überschrift: *Kayser*	(danach 7157)
54) fol. 97ʳ	Überschrift: *Kůnig*	(danach 7363)
55) fol. 98ᵛ	Überschrift: *Kůrfürst*	(danach 7484)
56) fol. 99ᵛ	Überschrift: *Herzogen*	(danach 7571)
57) fol. 101ʳ	ohne Überschrift	(danach 7703)
58) fol. 103ʳ	Überschrift: *Freyher*	(danach 7852)
59) fol. 106ʳ	ohne Überschrift	(danach 8089)
60) fol. 107ᵛ	Überschrift: *Edelknecht*	(danach 8209)
61) fol. 108ᵛ	Überschrift: *Schůzen*	(danach 8277)
62) fol. 110ʳ	Überschrift: *Vom keller vnd vom koch*	(danach 8372)
63) fol. 111ᵛ	Überschrift: *Schriber vnd Amman*	(danach 8480)
64) fol. 113ʳ	Überschrift: *Von den Schribern*	(danach 8581)
65) fol. 114ᵛ	Überschrift: *Von den jagern*	(danach 8691)
66) fol. 115ʳ	Überschrift: *Von den torwarten*	(danach 8720)
67) fol. 115ᵛ	Überschrift: *Kuchiknab*	(danach 8753)
68) fol. 116ʳ	Überschrift: *Von den ufftragern*	(danach 8781)
69) fol. 116ᵛ	Überschrift: *Von den stubenhaizern*	(danach 8806)
70) fol. 117ʳ	Überschrift: *Von den wachtern*	(danach 8840)
71) fol. 117ᵛ	Überschrift: *Burgermaister*	(danach 8870)
72) fol. 119ᵛ	Überschrift: *Kouffmann*	(danach 9015)
73) fol. 121ʳ	Überschrift: *Von den gewandschnidern*	(danach 9139)
74) fol. 123ʳ	Überschrift: *Von den brotbecken*	(danach 9274)
75) fol. 124ᵛ	Überschrift: *Von müllern*	(danach 9368)
76) fol. 125ᵛ	Überschrift: *Von den mezgern*	(danach 9458)
77) fol. 127ᵛ	Überschrift: *Von den fischern*	(danach 9593)
78) fol. 129ʳ	Überschrift: *Von den mertzlern*	(danach 9686)
79) fol. 130ʳ	Überschrift: *Von den kramern*	(danach 9763)
80) fol. 132ᵛ	Überschrift: *Von den appeteger vnd artzat*	(danach 9925)
81) fol. 134ᵛ	Überschrift: *Von wundartzat*	(danach 10104)
82) fol. 135ᵛ	ohne Überschrift	(danach 10175)
83) fol. 136ʳ	die dazugehörige Überschrift: *Bader, läsler*	
83) fol. 137ᵛ	Überschrift: *Kuplerin*	(danach 10291)
84) fol. 140ʳ	Überschrift: *Von den schnidern*	(danach 10480)
85) fol. 141ᵛ	ohne Überschrift	(danach 10586)
fol. 142ʳ	die dazugehörige Überschrift: *Von ledergärwen*	
86) fol. 143ʳ	Überschrift: *Von murern und zimmerlüt*	(danach 10677)
87) fol. 144ᵛ	Überschrift: *Schmid Wagner*	(danach 10770)
88) fol. 145ᵛ	Überschrift: *Von den kupfferschmiden*	(danach 10843)
89) fol. 146ʳ	Überschrift: *Von den goldschmiden*	(danach 10892)
90) fol. 146ᵛ	Überschrift: *Von den segenschmiden*	(danach 10927)
91) fol. 147ʳ	Überschrift: *Von den hůbschmiden*	(danach 10965)
92) fol. 147ᵛ	ohne Überschrift	(danach 10997)
fol. 148ʳ	die dazugehörige Überschrift: *Maler*	

93) fol. 148ᵛ Überschrift: *Kursner* (danach 11042)
94) fol. 149ᵛ Überschrift: *Binder* (danach 11106)
95) fol. 150ᵛ Überschrift: *Sattler* (danach 11181)
96) fol. 151ʳ Überschrift: *Von den swertsůben* (danach 11219)
97) fol. 151ᵛ Überschrift: *Von wannenmacher vnd zainler* (danach 11239)
98) fol. 151ᵛ Überschrift der zweiten Lücke fehlt (danach 11258)
    fol. 152ʳ die dazugehörige Überschrift: *Von den armbroster*
99) fol. 152ᵛ Überschrift: *Rebman* (danach 11329)
100) fol. 155ʳ Überschrift: *Scheffman* (danach 11508)
101) fol. 156ᵛ (umrahmtes Quadrat am Rand) zugehörig zu dem
    Kapitel: *Von den wagenknechten* (11594)
102) fol. 171ᵛ ohne Überschrift (danach 12639)
    weiter oben auf demselben Blatt:
    Von Rivion vnd hůran.
103) fol. 172ᵛ Überschrift: *Mordar, Röbar* (danach 12684)
104) fol. 173ᵛ Überschrift: *Von den wirten* (danach 12743)
105) fol. 176ʳ (umrahmtes Quadrat am Rand) zugehörig zu dem
    Kapitel: *Von den värwern* (12907)
106) fol. 179ᵛ ohne Überschrift (danach 13155)

22.2 *Bilder und Bildlücken in Handschrift D*

Die erste Lage dieser Handschrift ist verlorengegangen. Es kann daher nicht mehr festgestellt werden, ob sie ein mit Codex A vergleichbares Titelbild gehabt hat. Innerhalb des noch erhaltenen Teils (beginnend mit TN: entsprechend Barack 1314 ff.) finden sich 62 kolorierte Federzeichnungen, die in die Schriftkolumnen eingefügt sind. Der Text ist zweispaltig geschrieben. Sofern die Bilder über beide Spalten reichen, nehmen sie etwa die Hälfte des gesamten Schriftspiegels (13–15 Zeilen) ein. Wo sie nur in eine Textkolumne eingelassen sind und dann an deren oberem oder unterem Ende erscheinen, nehmen sie ebenfalls etwa die Hälfte ein. Häufiger sind sie aber auch in die Mitte der Textkolumnen eingefügt und machen dann ca. ein Drittel einer Spalte aus (9–11 Zeilen). Oft greifen die Zeichnungen seitlich über die Textkolumnen hinaus oder (mit Gewandfalten, Sitzgelegenheiten, Füßen, Attributen der dargestellten Figuren) auch in die Textspalten hinein. Die Illustrationen beziehen sich ausschließlich auf den Ständeteil in TN. Das heißt: Weder die anderen Stücke des Gedichts noch die mitüberlieferten Texte – »Rittertreue« und »Treuespruch« – sollten illustriert werden. Neben den 62 Bildern zum Ständeteil sind in diesen auch noch 22 freigebliebene Bildlücken eingefügt.

Es folgt hier eine bisher in der Teufelsnetz-Forschung fehlende Beschreibung der einzelnen Bilder und der Bildlücken. Für die im folgenden angestrebte Gattungsbestimmung von TN ist vor allem die programmatische Anordnung der Bilder und Lücken wichtig. Für den Typ der Handschrift dürfte aber auch die Art der Bildgestaltung aufschlußreich sein.

Der Ständeteil von TN ist in dieser Handschrift in folgender Weise überschrieben: *Hie nauch vacht an der bos gaist zu sagen von allen stäten der welt und von jeglichem stant besinder und vacht an dem gaistlichen stant an von erst beim babst und allen prelaten darnach am kayser und kungen und fürsten und allen hantwerken.* (fol. 15ʳ⁻ᵇ)

37

Kurze Beschreibung der einzelnen Bilder:

1) fol. 15^d (obere Hälfte der Textspalte)

Von den Bäpsten

Sitzender Papst, der seine rechte Hand erhoben hat und in der linken eine Weltkugel hält. Seine mit gold-gelben Verzierungen geschmückte Krone ist nicht ganz zu sehen, da vom oberen Blattrand abgeschnitten. Sein rosa Mantel mit gelber Borte fällt in runden und eckigen Falten locker bis auf den ›Boden‹ (= oberste Textzeile). Als Sitzgelegenheit dient ihm ein gelb getöntes quaderförmiges Gebilde. Kein Hintergrund.

2) fol. 18^b (obere Hälfte der Textspalte)

Von den korheren

Zwei stehende Gestalten: links ein Chorherr mit einem Schulterumhang und einem einfachen, in parallelen Vertikalfalten verlaufenden Gewand. – Ihm steht auf der rechten Bildfläche eine edle Frau gegenüber, die mit der Linken ihren Oberrock rafft, welcher in einer faltenreichen Schleppe rechts neben den ersten Textzeilen am Rand ausläuft. Ein Fuß der Frau ist bis in die oberste Textzeile hineingezeichnet. Ihr aufgestecktes, mit einem Netz überspanntes Haar wird teilweise von einem faltenreichen Tuch überdeckt. Die Haare beider Gestalten, die Borte am Rocksaum der Frau und der Gegenstand in der Rechten des Chorherrn sind gelb, Gesichter und Hände rosa getönt. Kein Hintergrund.

3) fol. 20^d (obere Hälfte der Textspalte)

Von den Pfarrern

Ein Geistlicher (rechts) neben einem perspektivisch verzeichneten und maßstäblich zu großen Weihwasserbecken. Der Pfarrer hält in seiner Rechten einen Weihwedel, in der Linken eine Schale. Über dem dreiteiligen Gewand trägt er einen rotgestreiften Schal. Sparsame Kolorierung (Haar und Stiel des Wedels gelb, Gesicht, Hände und Weihwasserbecken rosa getönt). Kein Hintergrund und keine Andeutung von Innenraum.

4) fol. 24^{cd} (obere Hälfte beider Textspalten)

Von dem official

Vier Gestalten: Links (mehr als die linke Bildhälfte einnehmend) ein auf einem gelb getönten Podest sitzender Richter in einem scharf konturierten, faltenreichen und schraffierten Gewand. Seine Linke ist mit gespreizten Fingern auf den linken Oberschenkel gestützt, die Rechte (in seltsamer Verdrehung) zu sprechender Geste erhoben. Der faltige Saum seines Talars greift bis in die ersten Textzeilen hinein. Dem Richter gegenüber sitzt ein Mann auf einem stark verzeichneten, mit Armlehnen versehenen Sessel. Offenbar handelt es sich bei diesem Mann um einen Procurator, der in seiner Rechten ein Buch hält und mit der Linken frei gestikuliert. Er scheint mit dem Richter zu verhandeln. Die beiden stehenden Gestalten hinter dem Procurator (am rechten Blattrand) sind wohl die Klienten, für die verhandelt wird. Sparsame Kolorierung (nur Haare und Sitzgelegenheit gelb getönt). Kein Hintergrund.

5) fol. 26^{ab} (untere Hälfte beider Textspalten)

Von den apten und prelaten

Sechs stehende Gestalten. In der Mitte ein Bischof in rosa getöntem Mantel, dem der schwarz gekleidete Geistliche links neben ihm den Krummstab überreicht. Ganz rechts zwei Geistliche mit schwarzen Schulterumhängen und weißen, parallel gefalteten Gewändern. Ganz links (nicht mehr ganzfigurig zu sehen) zwei Geistliche in der Türöffnung eines perspektivisch verzeichneten und maßstäblich zu kleinen Gebäudes mit zwei Rundbogenfenstern und einem rosa gefärbten Dach. Kein Hintergrund, kein Bodenstück (das hier auch nicht durch die Textzeilen gebildet werden kann, da das Bild unter den Textkolumnen steht).

6) fol. 28^{cd} (obere Hälfte beider Textspalten)

Von den bettel orden bredier Augustiner und barfüßen

Sieben stehende Gestalten: Vertreter verschiedener Bettelorden. Links drei Personen in brauner Kutte mit schwarzer Kapuze und schwarzen Schuhen. In der Mitte zwei barfüßige Mönche in grauen Kutten, rechts zwei barhäuptige Mönche in schwarzen Gewändern. Kein Hintergrund. Die Gestalten stehen auf den obersten Textzeilen.

7) fol. 33^a (obere Hälfte der Textspalte)

Von den waldbrüdern

Ein auf seinen Stock gestützter Mann mit Bart. Er trägt einen gegürteten Kapuzenmantel und über seiner Schulter an einem Riemen einen Beutel.
Sein linker Fuß ist bis in die oberste Textzeile hineingezeichnet, der rechte auf das D-Initial des dazugehörigen Kapitels gestützt. Beutel und Schuhe schwarz, sonst keine Kolorierung. Kein Hintergrund.

8) fol. 33^d (obere Hälfte der Textspalte)

Von den ainsideln

Ein Einsiedler mit einem Kapuzenumhang, unter dem ein einfaches, parallel gefaltetes Gewand sichtbar wird. In der Linken hält er einen gelb getönten Stock, die Rechte hat er erhoben. Er steht auf der obersten Textzeile. Seine Kapuze wird vom oberen Blattrand abgeschnitten. Die Vorzeichnung mit Silberstift ist noch sichtbar. Danach war die Gestalt des Einsiedlers ursprünglich kleiner geplant. Da sie aber jetzt bis zum oberen Blattrand reicht, läuft die Überschrift, die in diesem Falle wohl schon vor Fertigstellung der Zeichnung vorhanden war (sie schließt mit der obersten Zeile der linken Textspalte eine Linie), über Kinn und Hals des Einsiedlers. Kein Hintergrund.

9) fol. 34^d (obere Hälfte der Textspalte)

Von den waldschwestern

Weibliche Gestalt mit Kopftuch. Über der Schulter trägt sie an einem Riemen ein Trinkgefäß, am Gürtel ein Messer und in der linken Hand einen Rosenkranz. Im Hintergrund flüchtig angedeutete Bäume.
Schuhe und Messer schwarz, Trinkgefäß und Baumstümpfe gelb getönt.

10) fol. 35^d (obere Hälfte der Textspalte)

Zwei weibliche Gestalten mit Kapuzenmänteln. Kann entweder als zweites Bild zum Kapitel über die *waldschwestern* oder als Illustration zum Abschnitt *Von den baginen* gemeint sein. Kein Hintergrund. Nicht koloriert.

11) fol. 36^c (obere Hälfte der Textspalte)

Von den regelnunnen

Stehende Nonne (weißes Gewand, schwarze Haube, schwarze Schuhe) vor maßstäblich zu kleiner und perspektivisch verzeichneter Architektur. Links ein Kirchengebäude, davor Andeutungen von Pflanzen. Im Hintergrund eine Mauer mit Turm.

12) fol. 37^a (obere Hälfte der Textspalte)

Willig Armuot

(sehr ähnlich dem Bild vom Einsiedler; Nr. 8)
Bärtiger, langhaariger Mann, der sich auf einen Stock stützt. Er trägt einen Mantel mit langgezogener, spitzer Kapuze. (Parallele Falten, leicht schraffiert). Sein linker Fuß geht in das D-Initial der ersten Textzeile hinein. Kein Hintergrund. Haare, Bart und Stock gelb.

13) fol. 39^a (in der Mitte der Textspalte)

Von den Bettlern

Zwei Bettler. Vorn einer mit Bettelstab und Schultertasche, weiten Hosen und einem einfachen Umhang. Dahinter einer mit Krücken. Ziemlich flüchtiges und verzeichnetes Bild ohne Hintergrund und Kolorierung.

14) fol. 39ᵈ (obere Hälfte der Textspalte)

Von den Klosnerinen

Weibliche Gestalt in einem weiten, gegürteten Gewand vor einer Waldkapelle, in der ein Heiligenbild hängt. Vor der Kapelle Felsen und Andeutungen von Pflanzen; daneben Bäume. Baumstümpfe und Felsen bräunlich getönt. Kein Hintergrund.

15) fol. 40ᵈ (etwa in der Mitte der Textspalte)

Von den kinden by VII jaren

Unbekleidetes Kind (grob gezeichnet) mit langen Haaren. Es spielt mit Pfeil und Bogen. Kein Hintergrund. Haare, Pfeil und Bogen gelb getönt.

16) fol. 41ᵇ (obere Hälfte der Textspalte)

Von den kinden by XV jaren

Junge mit einem losen, an den Seiten geschlitzten Kurzhemd. In der Rechten und Linken hält er je einen Stab. Rechts unten ein Hündchen. Kein Hintergrund. Stäbe und Haare gelb getönt. Die Vorzeichnung mit Silberstift ist noch deutlich sichtbar.

17) fol. 41ᶜ (obere Mitte der Textspalte)

Von jugend by XX jaren

Ein junger Mann mit einem kurzen, gegürteten Hemd und längeren Haaren zeigt auf ein gehörntes Tier, das unten neben ihm sitzt. Silberstift-Vorzeichnung sichtbar. Kein Hintergrund. Nur Haare des jungen Mannes und Hörner des Tieres gelb getönt.

18) fol. 42ᵇ (obere Hälfte der Textspalte)

Von weltlichen frouwen

Stehende Frau, die mit der Linken ihren Oberrock rafft. Ihr aufgestecktes Haar wird von einem Netz überspannt. Den rechten Arm hält sie angewinkelt. Die Schleppe ihres Rocks greift bis in die ersten Textzeilen hinein. Kein Hintergrund. Haar und das sichtbare Stück des Unterrocks gelb. Leicht eckig gebrochene Gewandfalten. Eine ziemlich qualitätvolle Zeichnung!

19) fol. 43ᵃ (obere Hälfte der Textspalte)

Von E frouwen

Zwei Gestalten. Links ein junger Mann (vergleichbar dem Bild von 20jährigen; Nr. 17), der die rechte Hand der ihm gegenüberstehenden Frau hält. Diese rafft mit der Linken ihren Oberrock, unter dem ein parallel gefaltetes Untergewand sichtbar wird. Gürtel und Unterkleid der Frau sowie die Haare beider Gestalten gelb. Kein Hintergrund.

20) fol. 43ᶜ (obere Hälfte der Textspalte)

Von den witwen

Stehende Frau mit einer Witwenhaube. Sie rafft mit der Linken ihren Oberrock, unter dem ein parallel gefaltetes Unterkleid sichtbar wird. Mit der Rechten berührt sie die rechts neben ihr stehende Spindel, an der ein Rosenkranz befestigt ist. Im Hintergrund eine Stadt. Davor Andeutungen von Gras und ein kleiner Baum. Spindel und Baumstumpf gelbbraun getönt.

21) fol. 44ᵃᵇ (obere Hälfte beider Textspalten)

Von den kaysern

Sitzender Kaiser. Als Sitzgelegenheit dient ihm ein quaderförmiges, gelb-braunes Gebilde. In seiner Rechten hält er ein Schwert, in der Linken einen Reichsapfel. Sein langer, scharf konturierter und in eckigen Falten gebrochener Mantel ist mit einer goldgelben Borte versehen und greift am unteren Bildrand (links) in die Textkolumne hinein. Kein Hintergrund. Haare und Bart des Kaisers sind minuziös gezeichnet.

22) fol. 46ᶜ (obere Hälfte beider Textspalten)

Von den kunigen

Sitzender König mit einem Spruchband in der Linken *(Nova rex, nova lex)* und einem Zepter in der Rechten. (Inhalt des Spruchbandes ist ungeklärt.) Der weite Mantel ist mit einer einfachen gold-gelben Borte versehen und fällt locker (in runden Falten) auf den Boden (= oberste Textspalte). Die mit Blätter- und Zackenverzierungen geschmückte Krone ist etwas zu groß geraten. Haare sind minuziös gezeichnet. Als Sitzgelegenheit dient ein gelb-braunes, quaderförmiges Gebilde. Kein Hintergrund.

23) fol. 47ᵇ (obere Hälfte der Textspalte)

Von Hertzogen und von fürsten

Stehender Mann, der in der rechten Hand ein Schwert hält und in der linken seinen Rockzipfel. Kein Hintergrund. Haare, Bart, Schwertgriff und Unterkleid des Mannes gelb getönt.

24) fol. 48ᵇ (obere Hälfte der Textspalte)

Von den Graufen

Stehender Graf, dessen gegürtetes Gewand am Rand der Halbärmel und am

Saum mit einer getupften Borte besetzt und in parallele Vertikalfalten gelegt ist. Haar und Gürtel gelb getönt. Kein Hintergrund.

25) fol. 49ᵇ (obere Hälfte der Textspalte)

Von fryen heren

Stehender Mann, dessen Schultertuch über den linken Arm gelegt ist. Strümpfe und Tuch rosa getönt. Das lose Hemd unter dem Tuch ist weiß gelassen und in parallele Vertikalfalten gelegt. Die Beine sind bis weit in die Textzeilen hineingezeichnet. Kein Hintergrund.

26) fol. 50ᶜ (obere Hälfte der Textspalte)

Von den rittern

Ein Ritter in einer Rüstung. Sein nur halb zu sehendes Pferd ist links an einen Baum gebunden. In der Linken hält der Ritter (mit merkwürdig verdrehter Handhaltung) eine Lanze, in der Rechten ein Schild. Baumstamm, Lanze, Pferdehalfter und Teile der Rüstung braun-gelb getönt. Kein Hintergrund. Die Füße des Ritters sind bis in den Text hineingezeichnet.

27) fol. 51ᵇ (obere Hälfte der Textspalte)

Von edlen knechten

Stehender junger Mann mit einer Kappe und langen Haaren. In der Linken hält er eine Lanze. Ein Schwert ist an seinem Gürtel befestigt. Andeutungen von Pflanzen am Boden. Schwert, Lanze, Haare des Edelknechts braun-gelb getönt. Silberstift-Vorzeichnung ist sichtbar (ein Tier, das aber nicht ausgeführt wurde, links im Bild). Kein Hintergrund.

28) fol. 51ᵈ (obere Hälfte der Textspalte)

Von soldner und schutzen

Drei Gestalten: links ein kniender, dahinter ein stehender Mann; beide mit Armbrüsten. Der stehende Mann trägt ein rosa gefärbtes Hemd. Rechts (dem Betrachter den Rücken zukehrend) ein Soldat in einer Rüstung. In seiner Linken hält er eine braun-gelb getönte Lanze. Kein Hintergrund.

29) fol. 52ᵉ (Mitte der Textspalte)

Von kochen und keller

Ein Koch läuft zu einer Feuerstelle, über der an einem Haken ein schwarzer Topf hängt. Umrahmung der Feuerstelle, in ihr das Holz, sowie die Haare des Kochs und der Löffel in dessen Hand sind gelb getönt. Kein Hintergrund.

30) fol. 53ᵇ (obere Hälfte der Textspalte)

Von kuchiknaben und von trucksässen

Stehende Gestalt, die mit ausgestrecktem Arm eine Schüssel hält. Über dem Arm und über den Schultern je ein Tuch. Kein Hintergrund. Haare und Gürtel des Mannes gelb getönt.

31) fol. 53ᶜ (Mitte der Textspalte)

Von stubenhaizern

Ein junger Mann kniet vor einem Kachelofen. Ofenöffnung dunkelbraun. Haare des Mannes und Holz gelb, Schuhe des Heizers schwarz getönt. Kein Hintergrund.

32) fol. 54ᵃ (obere Hälfte der Textspalte)

Von den jägern

Ein auf einem grauen Pferd sitzender Jäger hält in der Hand eine Lanze. Jagdhunde sind im Hintergrund rechts oben und im Vordergrund links unten zu sehen. Der Jäger ist, verglichen mit dem Pferd, zu groß geraten. Halsband des oberen Hundes, Lanze, Steigbügel und Halfter des Pferdes sowie die Haare des Jägers sind gelb getönt. Kein Hintergrund.

33) fol. 54ᶜᵈ (obere Hälfte beider Textspalten)

Von dem aman und sinem schriber

Zwei Gestalten: links sitzt auf einem braunen Podest der Amtmann (sehr ungeschickte Zeichnung der Sitzhaltung). Er hält in seiner Rechten einen Stab und umgreift mit der Linken den Gürtel, der sein schenkellanges Hemd in der Mitte zusammenhält. Haare und Bart des Amtmanns sowie der Stab und der Gürtel sind gelb. Auf der rechten Bildseite steht der Schreiber vor seinem (perspektivisch stark verzeichneten) Pult, auf dem ein beschriebenes Blatt liegt. In seiner Rechten hält er eine Feder. Pult braun. Kein Hintergrund.

34) fol. 56ᵃᵇ (obere Hälfte beider Textspalten)

Von den burgermaistern in den stetten und von den zunftmaistern und räten

Fünf sitzende Gestalten. In der Mitte wahrscheinlich ein Bürgermeister in langem Gewand, der in seiner Rechten einen Stab hält und die Linke zu einer sprechenden Geste erhoben hat. Rechts neben ihm ein Mann in einem gegürteten, an den Seiten geschlitzten Hemd (gelb getönt) und daneben einer in langem Gewand.

Links neben dem Bürgermeister zwei Männer, ebenfalls in langen Gewändern. Bei allen ist die Sitzhaltung ungeschickt wiedergegeben. Haare gelb, ebenso die Sitzgelegenheit, die nur rechts außen am Rand sichtbar wird. Kein Hintergrund.

35) fol. 57ᶜ (Mitte der Textspalte)

Von den arzaten und appoteg

Zwei stehende Gestalten, deren Füße nicht zu sehen sind. Rechts ein Mann, der in seiner Rechten ein Harnglas hält (Arzt). Er trägt unter einem weiten Umhang ein in parallelen Vertikalfalten herabhängendes, in der Mitte gegürtetes Gewand. Links ein Mann in einem ähnlichen, aber nicht mit Gürtel zusammengehaltenen Gewand. In seiner Linken hält dieser Mann ein Buch, in der Rechten einen Stab (Apotheker). Haare, Buch, Stab, Gürtel und Knöpfe sind gelb getönt. Kein Hintergrund.

36) fol. 59ᵇ (obere Hälfte der Textspalte)

Von den wundarzoten

Zwei Gestalten: Ein Kranker liegt in einem Bett mit kleinem Baldachin. Sein Kopf ruht auf einem karierten Kissen. Ein hinter dem Bett stehender Arzt ist damit beschäftigt, Pfeile aus Armen und Beinen des Kranken zu ziehen. Bett und Haare des Kranken, sowie die Pfeile sind gelb getönt. Kein Hintergrund.

37) fol. 64ᶜ (obere Hälfte der Textspalte)

Von den maulern

Ein junger Mann, der in der Linken eine Palette und in der Rechten einen Pinsel hält, malt an einem Bild, auf dem bereits ein Kruzifix zu sehen ist. Das Bild hängt an einer Wand. Daneben ist eine Madonnen-Plastik befestigt. Unter dem Bild steht ein Tisch mit allerlei Mal-Utensilien. Zu einer wirklichen Darstellung des Innenraumes ist es hier aber nicht gekommen. Kruzifix, Tisch, Pinsel und Palette sind gelb-braun getönt. Die Füße des Malers reichen bis in den Text hinein.

38) fol. 65ᵃ (obere Hälfte der Textspalte)

Von den mezgern

Zwei Gestalten; beide in kurzen, geschlitzten Hemden. Der rechte Mann hält ein Schlachttier bei den Hörnern, der andere, der hinter dem Tier steht, schwingt ein Beil. Haare der Männer, Fellteile des Tieres und das Beil sind gelb getönt. Kein Hintergrund.

39) fol. 67ᵃ (Mitte der Textspalte)

Von den müllern

Ein Müller in einem kurzen, gegürteten Hemd kommt aus der Tür seiner Mühle heraus, hält mit beiden Händen eine Axt, mit der er offenbar das vor ihm liegende Holz hacken will. Die Mühle ist perspektivisch verzeichnet und maßstäblich zu klein. Am rechten Bildrand läuft über ein großes Schaufelrad Wasser. Links neben der Mühle sind (andeutungsweise) Bäume zu sehen. Wasserrad, Holz und Beil sind gelb-braun getönt.

40) fol. 69^b (obere Hälfte der Textspalte)

Von den wirten

Fünf Gestalten (offenbar in einem Wirtshaus). Im Vordergrund zwei Männer in kurzen geschlitzten Hemden. Der linke (der Wirt) füllt aus einer Kanne ein Getränk in den Becher, den ihm der rechte Mann hinhält. Im Hintergrund ein alter und zwei jüngere Männer am Tisch sitzend. Auf dem Tisch ein Brot, eine Schale und ein Messer. Hemd des rechten Mannes im Vordergrund rosa, Haare aller Männer, Becher, Brot gelb getönt.

41) fol. 70^d (obere Hälfte der Textspalte)

Von zimerliuten und murer

Drei Gestalten. Rechts ein Mann mit geschlitztem, knöpfbarem und gegürtetem Hemd. Er hält mit beiden Händen einen Bohrer, mit dem er ein am Boden liegendes Holzstück bearbeitet. Links im Hintergrund ein ebenso gekleideter Mann mit einer Axt. Links im Vordergrund ein Mann mit Hammer und Meißel, der dabei ist, einen am Boden liegenden Stein zu bearbeiten. Dieser Mann kniet und hat Stulpenstiefel an. Die Ärmel seines kurzen Hemdes sind hochgekrempelt. Haare aller drei Männer sowie alle Holzteile gelb, Metall und Stein grau getönt. Kein Hintergrund.

42) fol. 74^a (obere Hälfte der Textspalte)

Von edlen frouwen

Eine stehende Frauengestalt mit einem in eckigen Falten gebrochenen, unterhalb der Brust gegürteten Gewand. Ihre aufgesteckten Haare sind mit einem Netz überspannt und zum Teil von einem bis auf die Schultern hinabreichenden Tuch verdeckt. Am oberen Blattrand ist dieses Tuch nicht mehr ganz zu sehen. Der faltenreiche Rock reicht über die obersten Textzeilen hinaus und verdeckt links ein Stück der S-Initiale. Haare sowie Gürtel und Borte des Kleides sind gelb getönt. Kein Hintergrund.

43) fol. 74^d (untere Hälfte der Textspalte)

Von edlen junckfrouwen

Sitzende Mädchengestalt mit langem, offenen Haar. In der linken Hand hält das Mädchen eine Bürste. Haare gelb-braun getönt. Kein Hintergrund.

44) fol. 75ᵇ (untere Mitte der Textspalte)

Von anderen Dirnen

Zwei sitzende Gestalten. Rechts eine runzelige Alte, links eine junge Frau, die offenbar von ihrer Gesprächspartnerin belehrt wird.
Haare und Gürtel der beiden Frauen gelb. Kein Hintergrund.

45) fol. 75ᵈ (obere Hälfte der Textspalte)

Von nägerinnen und zwikerinnen

Sitzende Näherin. Ein braunes, quaderförmiges Gebilde dient als Sitzgelegenheit. Die Frau hat auf dem Schoß ein Stück Stoff, an dem sie mit der rechten Hand näht oder stickt. Ihr faltenreiches Gewand ist, wie die ganze Darstellung, mit unsicherem Strich gezeichnet. Kein Hintergrund.

46) fol. 76ᵇ (obere Hälfte der Textspalte)

Von kintzamen

Eine sitzende Amme hält im rechten Arm einen Säugling, dem sie mit dem Zeigefinger der linken Hand etwas in den Mund schiebt. Als Sitzgelegenheit dient ein eckiges, braun-gelbes Gebilde. Die Sitzhaltung der Amme ist in ungeschickter Weise wiedergegeben.

47) fol. 76ᶜ (Mitte der Textspalte)

Von Burinen

Eine barfüßige Bäuerin, die einen weiten Umhang trägt, schneidet mit einer Sichel Gras, welches unten andeutungsweise zu sehen ist. Die Bäuerin hat ihre linke Hand hoch erhoben. Ihr Kopftuch und die Sichel sind gelb. Kein Hintergrund.

48) fol. 77ᵃᵇ (obere Hälfte beider Textspalten)

Von arzatinen und kupplerinen

Fünf Gestalten: Links eine junge Witwe (mit Haube) und eine Ärztin im Gespräch. Die alte Ärztin hält in der Linken ein Buch und hat die Rechte zu einer sprechenden Geste erhoben. Offenbar belehrt sie die vor ihr sitzende Witwe. Hinter diesen Gestalten auf einem Wandregal eine Kanne und eine Schale mit einem gerupften Federvieh. Rechts im Vordergrund sind eine alte Frau (wohl eine Kupplerin) und eine junge Frau (die in ihrer Linken einen Brief hält) im Gespräch. Die alte Frau deutet mit ihrer Linken auf einen Vorhang, hinter dem (ganz rechts im Bild) ein junger Mann hervorschaut. Im Hintergrund rechts hängt an einer Stange ein Paar Schuhe. Minuziös sind die häßlichen Runzeln der beiden Alten gezeichnet. Man kann bei diesem Bild von der Darstellung einer wirklichen Szene sprechen. Die belehrenden Alten und die ihnen ausgelieferten jungen Frauen sind sehr schön kontrastiert.

49) fol. 78^d (Mitte der Textspalte)

Von Pfaffinen

Eine Frau mit einem vornehmen Schulterumhang, einem faltenreichen Oberrock und einem parallel gefalteten Unterkleid. Um sie herum schweben vier Teufel in grotesk-tierischer Gestalt. Es ist dies ausnahmsweise eine wort-wörtliche Interpretation des Textes: Die Pfäffin wird von den Teufeln in Versuchung geführt. Als Zeichen ihrer unerlaubten Eitelkeit trägt sie den kostbaren Schulterumhang. Dieser sowie ihr Unterkleid und die Teufel sind grau, die Haare und der Oberrock gelb getönt.

50) fol. 80^{ab} (obere Hälfte beider Textspalten)

Von ryfion spieler hůren und bůben

Sechs Gestalten. Rechts drei Männer (Spieler) um einen Tisch, auf dem drei Würfel liegen. Der Mann ganz rechts ist dabei, sich sein Hemd aufzureißen. Die beiden hinter dem Tisch haben je eine Hand zum Wetten erhoben. Auf der linken Bildhälfte (ganz links) eine weibliche Gestalt, die von dem rechts neben ihr stehenden Mann (dieser mit dem Rücken zum Betrachter) umarmt wird. Rechts daneben, auf dem ›Boden‹ (= oberste Textzeile) sitzend, eine weibliche Gestalt, deren Rockfalten zwischen den beiden Textspalten zu sehen sind. Der zweite und der vierte Mann von links tragen rosa gefärbte Hemden. Die Haare aller Gestalten, sowie das Kleid der sitzenden Frauengestalt sind gelb getönt. Kein Hintergrund.

51) fol. 80^d (obere Hälfte der Textspalte)

Von rober und morder

Im Vordergrund ein Mörder, der dabei ist, mit einem Messer den Kopf seines Opfers (das er mit der Linken festhält) abzuhauen. Im Hintergrund ein Räuber mit einem gehörnten Tier über den Schultern. Ganz oben ein Teufel. Haare, Messer, Teufel gelb, das Tier und das Hemd des linken Mannes grau getönt.

52) fol. 82^d (Mitte der Textspalte)

Von den bindern

Ein Korbflechter, der gerade eine Rute biegt, steht neben einem fertigen Bienenkorb. Auf dem Boden liegen Handwerksgeräte des Korbflechters. Diese sowie der Korb und die Haare des Mannes sind gelb getönt. Kein Hintergrund.

53) fol. 84ᶜᵈ (obere Hälfte beider Textspalten)

Von Wagenknechten und Karrer

Hinter einem mit zwei Pferden bespannten Wagen ist ein peitschenschwingender Wagenknecht zu sehen. Es handelt sich hier um eine recht qualitätvolle Zeichnung. Die Pferde, wenn auch etwas zu klein geraten, sind ziemlich gut gelungen. Ebenso der Leiterwagen. Dieser sowie die Haare des Knechts sind gelb, das vordere Pferd grau, das Hemd des Knechts rosa gefärbt. Kein Hintergrund.

54) fol. 85ᵃ (untere Mitte der Textspalte)

Von Spilliuten

Drei Gestalten mit Blasinstrumenten. Rechts ein Mann mit Dudelsack, links zwei mit Flöten. Alle Instrumente sind gelb, das Hemd des Mannes ganz links rosa getönt. Kein Hintergrund.

55) fol. 85ᵈ (Mitte der Textspalte)

Von narren

Zwei Gestalten mit Narrenkappen. Beide haben lange Gewänder. Der linke Narr hält ein Blasinstrument in der Hand. Der rechte hat am Gürtel eine Tasche hängen.
Instrument und Gewand des linken, Gürtel des rechten Narren gelb. Kein Hintergrund.

56) fol. 86ᶜ (obere Hälfte der Textspalte)

Von den meßnern

Ein maßstäblich zu kleines Kirchengebäude (mit früh-gotischen Portal- und Fensterverzierungen). In der Turmöffnung steht ein Mann, der mit beiden Händen am Glockenstrang zieht. Die Glocke wird in einer oberen Turmöffnung sichtbar. Der Glöckner hat an dem Gürtel, der sein kurzes Hemd zusammenhält, zwei große Schlüssel hängen. Mauern der Kirche grau, Öffnungen im Turm dunkelbraun, Verzierungen am Portal und Glockenstrang gelb. Links reicht die Zeichnung bis an den Blattrand, also weit über den durch die Textspalte vorgezeichneten Bildraum hinaus.

57) fol. 86ᵈ (Mitte der Textspalte)

Von schiffliuten

Mehrere Gestalten in einem primitiven Segelschiff. Zwei (ganz rechts und ganz links) bedienen je ein Ruder. Unten ist mit Wellenlinien Wasser angedeutet. Segel weiß, Schiff, Mast und Quermast gelb. Kein Hintergrund.

58) fol. 87ᶜ (Mitte der Textspalte)

Von rebliuten oder winzurnen

Ein Mann und eine Frau bei der Weinernte. Der Mann (links) hält in seiner linken Hand einen Holzeimer, in den er mit der rechten eine Traube tut. Die Frau (rechts) ist dabei, eine Traube zu pflücken. Auffallend ist der sehr naturalistisch gezeichnete Weinstock. Alle Holzteile gelb getönt.

59) fol. 89ᵇ (obere Hälfte der Textspalte)

Von den geburen

Ein laufender Bauer, der in seiner Linken eine lange Stange hält. Silberstift-Vorzeichnung ist noch sichtbar. Der linke Fuß ist bis in die dritte Textzeile hineingezeichnet, der rechte scheint ein Stück der D-Initiale zu überdecken. Auffallend ist das sehr grob gezeichnete Gesicht. Kein Hintergrund. Stange gelb.

60) fol. 90ᵃ (obere Hälfte der Textspalte)

Von den banwarten

Ein auf ein Beil gestützter Mann, dessen linkes Bein bis in den Text hineingezeichnet ist und dessen rechter Fuß die N-Initiale überdeckt. Links hinten ein Baum mit gelb-braunem Stamm. Kein Hintergrund.

61) fol. 91ᵃ (obere Hälfte der Textspalte)

Von den hirten

Ein auf einen Knüppel gestützter Hirt. Über dessen Schulter eine Tasche. Links ein Schaf und ein springender Hund. Mund des Hirten, Schafsmaul und Hundeschnauze rot, Knüppel und Haare gelb getönt. Kein Hintergrund.

62) fol. 92ᵃᵇ (obere Hälfte beider Textspalten)

Von den ferwern

Rechts ein mit einem Holzlöffel in einem Kessel rührender Färber. Links hängen über einer Holzlatte zwei Tücher. Unter dem rechten Kessel brennt ein Feuer. Links daneben noch ein offenbar unbenutzter Kessel. Alle Holzteile gelb-braun gefärbt. Kein Hintergrund.

Zum Stil der Illustrationen

Eine stilistische Einordnung dieser Zeichnungen fällt bei deren meist dilettantischer Unbeholfenheit und Flüchtigkeit schwer. Gewisse Unterschiede in der Zeichenweise scheinen darauf hinzudeuten, daß hier mehrere Zeichner am Werk waren. So sind die Gewänder auf manchen Bildern in eckigen Falten gebrochen (z. B. Nr. 42), auf anderen dagegen überwiegen runde Faltenlinien, die zum Teil in Schleifen auslaufen (z. B. Nr. 11 und Nr. 46). Auf einigen Bildern verlaufen die Gewandfalten auch parallel zu den Konturen (z. B. Nr. 35), wobei dann die Darstellung von Faltenbrüchen ganz vermieden wurde. Mit Schraffierungen wird unterschiedlich sparsam umgegangen, und es entstehen nicht immer da die qualitätvolleren Bilder, wo mit Hilfe solcher Schraffuren Modellierungen von Körperformen erreicht werden sollen (Nr. 45 gehört als eine solche Zeichnung zu den unbeholfensten des gesamten Illustrationsprogrammes). Diese Unterschiede können aber wohl nicht primär als unterschiedliche ›Handschrift‹ *mehrerer* Zeichner verstanden werden. Vielmehr deuten die zugleich auch festzustellenden Übereinstimmungen in der Detailgestaltung eher darauf hin, daß hier nur *ein* Zeichner am Werk war, der freilich recht ungeübt für seine Aufgabe gewesen zu sein scheint, so daß ihm die einzelnen Bilder nicht immer gleich gut gelangen. Als übereinstimmende Merkmale sind die folgenden zu nennen: Die dargestellten Figuren haben immer dieselben langen Nasen, deren Rücken jeweils mit einer Augenbraue verbunden ist. Sie haben zudem alle dieselben runden Kopfformen, dieselben gestrichelten Augenbrauen und gleichbleibend mandelförmige Augen mit einer jeweils durch einen schwarzen Punkt angedeuteten Pupille. Alle Gestalten sind mit stark gezeichneten Konturen umrändert. Rahmen, Hintergründe, Innenraumgestaltungen und Bodenstücke sind fast überall vermieden worden. Landschaftsdarstellungen fehlen.

Der Zeichner muß eng mit dem Schreiber der Handschrift zusammengearbeitet haben: Es fällt auf, daß manche Initialen und die Überschriften, die wohl nicht von einem eigens hinzugezogenen Rubrikator, sondern vom Schreiber selbst gesetzt wurden, erst *nach* Fertigstellung der Bilder in diese hineinkomponiert bzw. um die dargestellten Figuren herumgeschrieben wurden (vgl. z. B. Nr. 25 und Nr. 59). Auch die Schrift im Spruchband des Königs (Nr. 22) scheint von der Hand des Schreibers zu stammen. Es ist daher anzunehmen, daß derselbe Kopist, der vorher die Bildlücken freigelassen hatte, nach Fertigstellung der Bilder noch einmal für alle Schrifterfordernisse zur Stelle war. – Die dilettantische Zeichenmanier läßt sogar die Vermutung zu, daß hier kein auf Buchillustration spezialisierter Zeichner am Werk war, sondern vielleicht der Schreiber selbst einfügte, was er sich von den Illustratoren seiner Zeit abgeschaut hatte, jedoch nur in einer unvollkommenen Weise wiederzugeben imstande war[53]. So würden sich auch die Qualitätsunterschiede zwischen den Zeichnungen erklären lassen: Wo dem Illustrator-Schreiber

---

53 Da, wie oben erwähnt (vgl. Teil I, Kap. 1.2 der vorliegenden Untersuchung), nicht auszuschließen ist, daß die Handschrift von einem im Kloster St. Urban bei Luzern lebenden Mönch angefertigt wurde, kann angenommen werden, daß derselbe Klosterbruder, der zwar schreiben konnte, aber als Zeichner wohl nicht speziell ausgebildet war, auch die Illustrationen herstellte. Der Stil der Bilder – soweit von einem solchen überhaupt gesprochen werden kann – würde der Vermutung, daß sie im heutigen Schweizer Gebiet entstanden sind, zumindest nicht widersprechen.

gängige Bildmotive vorgelegen haben könnten (Papst, Kaiser, edle Frauen, etc. wurden oft genug dargestellt), entstanden die geglückteren Bilder (z. B. Nr. 1; Nr. 21; Nr. 22; Nr. 42; usw.). Wo aber Zeichnungen erforderlich waren, für die Vorlagen wahrscheinlich rar waren (z. B. Nr. 45: Näherin), da war der Zeichner-Schreiber auf seine eigene Phantasie und seine nur unbeholfene Darstellungsfähigkeit angewiesen, und es entstanden dabei die weniger gelungenen Illustrationen. Danach steht zu vermuten, daß die Vorlage für diese Handschrift keine Bilder aufwies, denn sonst hätte der Zeichner-Schreiber Gelegenheit zum ›Abzeichnen‹ gehabt. Ob die Vorlage aber eine reine Textfassung von TN war oder ob sie Bildlücken enthielt, läßt sich freilich nicht mehr mit Sicherheit feststellen. Doch gibt der Umstand, daß sich in dieser Handschrift neben den 62 ausgeführten Bildern auch noch 22 Lücken für Illustrationen finden, Anlaß zu der Vermutung, daß diese – wie das Illustrationsprogramm insgesamt – aus einer Fassung von TN übernommen wurden, die ihrerseits bereits eine durchgehende Folge von Bildlücken zum Ständeteil aufwies.

Die Stellung der Bildlücken zum Text

Warum in dieser Handschrift einige Bildlücken unausgefüllt blieben, läßt sich heute nicht mehr eruieren. Im ganzen finden sich 23 freie Räume, von denen aber derjenige zwischen der »Rittertreue« und dem »Treuespruch« (fol. 107^d) wohl nicht als eine für eine Illustration vorgesehene Lücke zu begreifen ist. Die übrigen freien Bildräume gehören zu folgenden Abschnitten des Ständeteils in TN:

1) fol. 15^c (neben dem Bild vom Papst; geplant war hier wahrscheinlich eine über beide Textspalten reichende Zeichnung)
2) fol. 16^{cd} zum Kapitel: *Von den kardinälen*
3) fol. 21^d zum Kapitel: *Von den helffern*
4) fol. 23^b zum Kapitel: *Von den evangeliern*
5) fol. 31^{cd} zum Kapitel: *Von äptissinen und nunnen und von closter frouwen*
6) fol. 60^{ab} zum Kapitel: *Von scherer und bader*
7) fol. 60^d zum Kapitel: *Von Koffliuten*
8) fol. 62^a zum Kapitel: *Von gewand schnidern*
9) fol. 64^a zum Kapitel: *Von goldschmiden*
10) fol. 66^a zum Kapitel: *Von den brotbecken*
11) fol. 67^c zum Kapitel: *Von den merzlern*
12) fol. 68^b zum Kapitel: *Von den fischern*
13) fol. 69^{cd} zum Kapitel: *Von den wirten*
14) fol. 71^c zum Kapitel: *Von den wagner*
15) fol. 72^b zum Kapitel: *Von den kupfferschmiden*
16) fol. 73^a zum Kapitel: *Von den segenschmiden*
17) fol. 73^c zum Kapitel: *Von den kursenern*
18) fol. 81^c zum Kapitel: *Von den schnidern*
19) fol. 82^b zum Kapitel: *Von den ledergärwen*
20) fol. 83^a zum Kapitel: *Von den armbrustern*
21) fol. 83^d zum Kapitel: *Von den schwertfegen*
22) fol. 93^d Im Anschluß an den Ständeteil – vor Prolog II.

22.3 Vergleich der Illustrationsprogramme in A und D

In beiden Codices sind die Bilder bzw. die dafür vorgesehenen Bildlücken ohne Rahmen oder sonstige Hervorhebung in die Textspalten eingefügt und als Teile des gesamten Schriftspiegels eng mit dem Text verbunden. In der Regel sind sie in beiden Handschriften den Kapiteln, zu denen sie gehören, vorangestellt oder befinden sich, wo sie nicht genau mit den durch rote Initialen markierten Kapitelanfängen korrespondieren, mehr am Anfang als am Schluß der zugehörigen Abschnitte. Überschriften (in A von drei verschiedenen Händen, in D von der Hand des Schreibers) beziehen sich in beiden Codices meist zugleich auf die (geplanten) Illustrationen und die ihnen folgenden Kapitel.

Die schon äußerlich festzustellende Zusammengehörigkeit legt den Gedanken nahe, daß die (geplanten) Bilderzyklen Gesetzen folgen, die in dem Text von TN prinzipiell gegeben waren. Hypothetisch wird für die folgenden Untersuchungen angenommen, daß die Illustrationsprogramme als eine über den Text von TN hinausgehende Dimension des Gedichts angesehen werden können, die Aussagen über dessen typische Anlagen, gegebenenfalls auch über dessen Gebrauch erlaubt.

Sowohl in der Handschrift A als auch in D sollte der Ständeteil illustriert werden. Aber nur in D sind diese Illustrationen – wenigstens zum größten Teil – ausgeführt: Auf 62 Bildern sind Vertreter verschiedener Stände dargestellt. Wären nicht auch noch in den Überschriften je die in den einzelnen Kapiteln behandelten Stände und Berufsgruppen bezeichnet, so würden die bildlichen Darstellungen allein genügen, um dem Benutzer der Handschrift anzuzeigen, um welche sozialen Schichten es im jeweiligen Abschnitt geht. Die Bilder haben damit eine Art ›Motto‹-Funktion für die zugehörigen Kapitel.

Zu einer wort-wörtlichen Interpretation des Textes in den Illustrationen kommt es freilich in D nicht: Im Ständeteil wird das sittliche Verhalten aller Stände einseitig von ihren Vergehen her, also unter negativem Aspekt an vielen Einzelbeispielen dargestellt; bezüglich der Bilder kann aber im allgemeinen weder von einer satirischen Pointierung des Dargestellten noch von einer in erzählerische Details gehenden Nachzeichnung des Inhalts gesprochen werden. Dies ist wohl nicht nur auf die ungeübte Hand des Zeichners, der vielleicht identisch mit dem Schreiber war, zurückzuführen; vielmehr scheint der Plan verfolgt worden zu sein, die Ständevertreter mit den für sie charakteristischen Attributen ›objektiv‹ darzustellen: Die Bilder ergeben als solche eine revueartig vorgeführte Gesamtdarstellung aller sozialen Schichten, die an die Ständerevue in Totentanzdarstellungen erinnert[54]. Dem zum Teil satirisch gefärbten Text ist damit eine systematische Abbildung der Gesellschaft gegenübergestellt.

Im Ständeteil ist die Auffächerung nach sozialen Schichten und Berufsgruppen Gliederungsprinzip der Sittenlehre; sie ist dem didaktischen Zweck untergeordnet, möglichst alle Mitglieder eines Publikums direkt mit den lehrhaften Inhalten des Gedichts zu konfrontieren: Irgendwo – wenigstens in diesem einen Teil des Werks – mußte jeder Leser auf einen Abschnitt stoßen, in dem er sich ›standesgemäß‹ mitgemeint und daher direkt angesprochen fühlte. Das Illustrationsprogramm unterstreicht dieses Gliederungsprinzip und dessen Wirkungsabsicht: Jede Darstellung eines Ständevertreters wirkt wie eine Art ›Lesezeichen‹, mit dessen Hilfe Benutzer der Handschrift – auch solche, die nicht lesen konnten – ihren ›standes-

---

[54] Vergleichbar wären etwa die Abbildungen Tafel XVII, 2,3; Tafel XIX, 4; Tafel XXI, 1,2,3; usw. in St. Cosacchi: Makabertanz. Der Totentanz in Kunst, Poesie und Brauchtum des Mittelalters. Meisenheim (Glan) 1965.

gemäßen‹ Abschnitt bzw. denjenigen Stand, über den sie durch Lesen oder Vorlesen informiert werden wollten, bereits anhand der Bilder ausfindig machen konnten.

Wir wissen nicht, wie die Bilder in Handschrift A aussehen würden, wenn die 106 freien Bildräume ausgefüllt worden wären. Ihre mit D vergleichbare Stellung zum Text läßt vermuten, daß sie dieselbe ›Motto-‹ und ›Lesezeichen-Funktion‹ wie die in der Straßburger Handschrift haben sollten. Vom Titelbild ausgehend müssen wir aber annehmen, daß die Bilder in A wahrscheinlich eine nähere Beziehung auf den Inhalt des Textes gezeigt hätten: Das Titelbild ist mit den in szenischer Bewegung gezeigten Teufelsknechten und den macht- und bewegungslos im Netz verharrenden Ständevertretern als eine ›Gesamtinterpretation‹ des Einsiedler-Teufel-Gespräches, als bildliche Konkretisierung der in diesem enthaltenen Seelenfangallegorie anzusehen. Ähnlich direkte Textbezüge waren vielleicht auch im sonstigen Illustrationsprogramm dieses Codex geplant.

Der Vergleich von Handschrift A und D zeigt weiter, daß sich das Illustrationsprogramm in D – im Gegensatz zu A – einzig und allein auf den Ständeteil bezieht. So stellt sich der ständebezogene Teil, äußerlich durch Bilder und Lücken von den anderen abgehoben, für den Benutzer der Handschrift als Hauptstück dar, während die anderen Teile wie Umrahmungen wirken. In A dagegen sollte der gesamte Einsiedler-Teufel-Dialog gleichmäßig mit Bildern geschmückt werden (auf 3000 Zeilen etwa 25 Lücken). Sünden-, Dekalog- und Ständeteil sind damit in dieser Handschrift äußerlich durch das Illustrationsprogramm zu einem in seinen einzelnen Stücken gleichwertigen Teilganzen zusammengeschlossen, dem das Schlußgedicht (ab Prolog II) als reiner ›Textblock‹ gegenübersteht.

Es ist wohl keine bloße Spekulation, wenn gefolgert wird, daß sich die Illustrationsprogramme in den Handschriften auf diejenigen Teile beziehen, die von Rezipienten bzw. Reproduzenten von TN für speziell interessant oder hauptsächlich wichtig gehalten wurden. Die beiden Codices geben aber zu erkennen, daß der Akzent solcher Beurteilungen offenbar auf verschiedenen Stücken des Gedichts – auf nur einem oder auf mehreren zugleich – liegen konnte. Diese grundsätzliche Offenheit für freie Akzentsetzungen scheint sich aus der reihenden und agglomerierenden Struktur des Werks selbstverständlich zu ergeben: aus der lockeren Gefügtheit von TN, auf die oben bereits hingewiesen wurde, und die, wie die Tabelle (Kapitel 2.1) zeigt, auch Umstellungen, Auslassungen, Hinzufügungen bzw. Veränderungen ganzer Teilabschnitte möglich machte.

Ob die durch die Illustrationsprogramme in den Handschriften sichtbar werdenden, unterschiedlichen Akzentsetzungen von den Herstellern der Codices A und D herrühren oder aber von diesen schon aus Vorlagen übernommen wurden, ist freilich nicht mehr mit Sicherheit zu klären. Nur eines ist gesichert: Daß nämlich A und D – zumindest was ihre Illustrationsprogramme angeht – in keinem direkten Abhängigkeitsverhältnis untereinander stehen. Die Verteilung der Bilder bzw. Bildlücken auf den Text, zudem auch ihre Reihenfolge (vgl. die Tabellen in Kapitel 22.1 und 22.2), weichen so erheblich voneinander ab, daß nicht zu vermuten steht, daß etwa Handschrift D (1472 entstanden) eine direkte Abschrift von A (1441 entstanden) sei. Es ist aber auch nicht wahrscheinlich zu machen, daß sie beide auf dieselbe Vorlage zurückgehen. Auch diese Vermutung müßte sich in einer Ähnlichkeit der Anordnung von Bildern bzw. Lücken bestätigen, wie sie aber nicht gegeben ist. Von den Bilder- bzw. Lückenzyklen her lassen sich also die beiden Handschriften in keinen direkten Zusammenhang bringen.

2.3 Zur Frage nach dem Handschriftenverhältnis (A, B, C, D)

Die Teufelsnetz-Forschung hat sich mehrfach um eine klare Beantwortung der hier gestellten Frage bemüht[55]. Die Ergebnisse fielen mit jedem neuen Versuch – bei gleichbleibendem methodischem Konzept! – immer wieder anders aus und sind diametral voneinander verschieden. Diese Differenzen in den Resultaten lassen allein schon Zweifel aufkommen, ob der ihnen allen gemeinsam zugrundeliegende methodische Ansatz der Überlieferungslage von TN, letztlich den Grundgegebenheiten des Gedichts, gerecht wird. Bevor dazu kritisch Stellung genommen wird, soll hier kurz gezeigt werden, mit welchen Schwierigkeiten zu rechnen ist.

23.1 Quantitative Verhältnisse, Kapitelfolge, Lesearten – Über die relative Selbständigkeit der Fassungen

Beim Vergleich der Überlieferungen von TN fällt zunächst ihr unterschiedlicher Umfang auf: A = 13657 Verse; B = 7100 Verse; C = 9979 Verse; D = 8900 Verse (die 95 Verse des Fragments können auch hier wieder unberücksichtigt bleiben). Zu erklären sind diese quantitativen Unterschiede zum einen aus dem äußeren Zustand der Handschriften[56], vor allem aber daraus, daß Anzahl und Länge der in jeder Fassung enthaltenen Einzelkapitel von TN erheblich differieren. (Vgl. hierzu und zum folgenden noch einmal die Tabelle in Kap. 2.1.)

Versucht man, auf der Basis von Gemeinsamkeiten bzw. Unterschieden quantitativer Art zu Aussagen darüber zu gelangen, ob und in welcher Weise sich die Überlieferungen bestimmt und eindeutig gruppieren, so ist sehr bald zu bemerken, daß sich wechselnde Verhältnisse ergeben: A steht BCD mit den in diesen Handschriften nicht enthaltenen Kapiteln über das Konzil, über die Prälaten[57], über die Advokaten und Schreiber (Teil im Kapitel über geistliche Richter), über die Kurfürsten, etc. gegenüber. Aber BCD bilden keineswegs eine in sich geschlossene Gruppe. B unterscheidet sich von ACD durch das Fehlen des gesamten Dekalogteils und des mit Prolog II einsetzenden Schlußgedichts, ferner auch durch Auslassung des Kapitels über Waldschützen. Zudem geht B zum Teil mit D gegen AC zusammen. (Vgl. das Fehlen der Abschnitte über Töpfer und Ziegelbrenner.) C scheint dem Kapitelbestand nach weitestgehend mit A übereinzustimmen, geht aber auch an vielen Stellen mit B und/oder D zusammen (vgl. das Fehlen der Konzil-, Prälaten-, Kurfürsten-Kapitel, vor allem auch die Länge der Einzelabschnitte). D scheint oft mit B und/oder C zusammenzustimmen (vgl. das Fehlen der Töpfer-, Ziegelbrenner-, Schreiner-, Träger-Kapitel), gelegentlich auch mit A (vgl. das Fehlen des Abschnitts über niedere Handwerker). Zum Teil erweist sich D auch als selbständig gegenüber ABC (vgl. den Passus über *Fier listige Knechte*, den nur D allein aufweist). Die quantitativen Gegebenheiten – vergleicht man zunächst nur sie allein – lassen also eine Menge unterschiedlicher Gruppierungen (A gegen BCD; B gegen ACD; AC gegen BD; AD gegen BC; D gegen ABC), nicht aber eindeutige Aussagen über das Verhältnis der Fassungen zu.

---

55 Vgl. Teil I, Kap. 23.2 der vorliegenden Untersuchung.
56 Durch Verlust der ersten Blätter der Handschrift fehlen z. B. in D die Verse 1–1314; in B aus demselben Grunde die Verse 1–69.
57 A ist die einzige Handschrift, die den Prälaten ein eigenes Kapitel widmet. BD beziehen die Prälaten aber ausdrücklich in den Abschnitt über die Äbte ein (vgl. dieses Kapitel weiter unten). C berücksichtigt die Prälaten nicht als eigene Gruppe.

Ein Vergleich der Anordnung und Reihenfolge der Einzelkapitel – speziell derer im Ständeteil – ergibt bei der Reihe der geistlichen Stände eine relativ große Übereinstimmung für alle Fassungen. Im übrigen scheinen aber der Kapitelfolge nach nur A und C weitestgehend zusammenzustimmen (mit Ausnahme der Schlußkapitel im Ständeteil). Die Annahme einer engeren Zusammengehörigkeit dieser Handschriften wird aber durch die oben gemachten Beobachtungen zum Kapitelbestand, die auch ein Zusammengehen von C mit B und D erwiesen haben, relativiert. B und D sind dagegen in der Reihenfolge eindeutig als untereinander und als je von A und C verschiedene Fassungen ausgewiesen. Vor allem bei der Aufzählung der weltlichen Stände und städtischen Berufe sind erhebliche Abweichungen festzustellen. Insgesamt bestätigt also der Vergleich der Kapitelfolge die oben gemachte Feststellung, daß die im einzelnen gegebenen Übereinstimmungen keine klaren Gruppierungen erkennbar werden lassen.

Beweiskräftiger als die bisher gebrachten, aus den eher äußerlichen Gegebenheiten abgeleiteten Argumente dürften solche sein, die sich aus einer ins Detail gehenden Textkritik ergeben müßten. Im Rahmen dieser Arbeit, der es vor allem um die gattungsrelevanten Fakten geht, kann eine solche Handschriftenkollation freilich nicht in extenso gegeben werden. Sie muß der Vorbereitung einer längst fälligen Neuausgabe von TN vorbehalten bleiben. Der Beweis aber, daß sich auch im Wort-für-Wort- bzw. Vers-für-Vers-Vergleich keineswegs der Eindruck eines eindeutigen Handschriftenverhältnisses ergibt, soll hier wenigstens anhand eines längeren, willkürlich herausgegriffenen Beispiels erbracht werden. Exemplarisch verglichen wird im folgenden das Kapitel über die Äbte. In A und C trägt es die Überschrift: *Apt vnd mủnch* (A) bzw. *Von den Äbten vnd Münchén* (C). In B und D heißt der Titel dagegen: *Prelaten und Äbte* (B) bzw. *Hie nauch von den apten vnd prelaten* (D) [58].

Apt vnd mủnch [58a]

4634 Ich sprach: ›Damit so laus die red stan.
Macht itt ept und münch han?
Der tüfel sprach: ›Si sind mir vast undertan.
Das wil ich dich wol wissen lan.
Man hat in gros guot an cloester geben,
Darumb soltinds gotz dienst pflegen:

4634 Der ainsidel sprach. Nun wellent wir von den gaistlichen richtern lan D. 4635

---

[58] Vgl. dazu oben Anm. 57.
[58a] Der Text wird nach A zitiert. Im Lesartenapparat erscheinen die Varianten aus BCD, wie sie sich bei meinen eigenen Untersuchungen ergaben. Dabei stellte sich heraus, daß Barack an vielen Stellen – vor allem die Handschrift B betreffend – korrigiert werden mußte (dies wird unten jedoch nicht im einzelnen vermerkt). Alles die Handschrift D Betreffende mußte Baracks Apparat hinzugefügt werden. In den Lesarten wurde die Orthographie der Handschriften weitgehend beibehalten; lediglich die Abbreviaturen wurden aufgelöst. Bloße orthographische Abweichungen sind dabei nicht berücksichtigt worden.

4640	Das land si wol halbs underwegen.
	Darumb wil ich si in der hell fegen.
	Das solt als der apt understan
	Und mit in ze kor gan,
	So getar ers selten straffen gan.
4645	Wan er hat das closter halbs vertan
	Mit den schœnen frowen,
	Die tuot er gern schowen
	Und tuot ir gern pflegen
	Und lat in die kilchen gan den regen.
4650	Halt der sinen orden nit eben,
	Er tuots och sinen fründen geben
	Und gespilen und och gesellen,
	Laut er sich ze mal gern fellen,
	Und wend tuon als weltlich herren.
4655	Mit den tuonds och daz ir verzerren,
	Das das closter notig wirt
	Und e zit verdirpt.
	Man spricht gern und is och war:
	›Wenn der apt würffel lert dar,
4660	So mugend die münch wol spilen gan.‹
	Das kan ich nit anders verstan.
	Denn wenn der apt vertuot ain huob,
	So hand die münch kain ruob.
	Si verkouffind och dest gerner,
4665	Das man in ir pfrond merr.
	Got geb, wie es ir nachkomen gang,
	Motind nun si dis triben lang.
	Ir messner vil dik ze metti lüt,
	So si slaffend widerstrit,
4670	So tatend die hailigen gotz marter clagen:
	Des tett in got dank sagen.
	So muos man den ain spilpret dar tragen,
	Da claffends ob den langen tage
	Und tuond darob sweren und schelten.
4675	Wie wend si den armen selen vergelten
	Den si das ir niessend nacht und tag?
	Das kompt als für gottes clag.
	Si tuond got und die regel enteren
	Mit vilen schelten und sweren.

äpt vnd prelauten *BD*. 4636 der vigent sprach *B*, si sind mir vast undertan *fehlt B*. 4637 hoeren lan *BCD*. 4638 an die clôster *D*. 4640 *lands ain tail C*, lond sy ains tails *D*. 4641 *fehlt BCD*. 4642 Das solt der apt *D*. 4643 mit inen *D*. 4644 So tar er si *D*. 4647 ze gern anschowen *B*. 4650 sinen orden icht eben *B*, Und hat sein orden *C*. 4651 Er tůt och *BD*. 4652 gespilen vnd gesellen *BD*. 4653 sich dick verfellen *B*. Die laut er sich gern fellen *D*. 4654 wend nů als weltlich herren *B*. 4655 Damit tůnds verzeren *BC*, Da mit tůnt sy denn verzerren *D*. 4658–4669 *fehlt BCD*.
4670 tetten *B*, tatends *C*, tůnt es *D*. 4671 tůt in *D*. 4672 muos man disen spilbret *D*. 4673 klaffent sy inn den *BD*. 4674–4853 *fehlt B; statt dessen*: Und tůnt darob schlteen

4680 O was herrten aid si sweren tuond,
So man ain gewicht zer pfrond!
Zuo stund an tuot er den brechen
Solt got nit dasselb rechen?
Er ist mainaid durch daz ganz jar,
4685 Won er halt nit sin regel zwar.
Ir wisz stat als uff füllri
Und tribend mengerlai lottri
Mit brettspil und schachzabel.
Da sagends ob meng uppig fabel
4690 Und tuond ir uppig leben triben
Mit spil, luodri und mit wiben.
Si achtent klain der altvetter leben
Die in hertem orden tatend streben.
Si tuond ir lib und sel verganten
4695 Mit swätzen, luodran und tanten.
So soltinds lesen, schriben, studieren,
Got mit schawenden leben hoffieren:
Das gehorti closterlüten zuo
Allzit, spæt und och fruo,
4700 Nit sollich weltlich wisz han,
Weder mit wib noch man.
Si solltind ain leben wesen so vin
Daz si allerwelt spiegel möchtind sin.
Ich han aber nun vernomen
4705 Daz es nun darusz ist komen.
Wer ütz gaistlich wil sin
Den hat man als ain swin,
Und ist des aptz und der münch spot
Wer sich gentzlich wil keren zuo got
4710 Und wan er nun nit ist gesell,
So muos er liden meng ungefell
Und ir aller wetribel wesen
Davor lat man in nit genesen.
Kan er jo gnuog, des muos er engelten
4715 Und tuot man darzuo fluochen und schelten
Und under die füs truken
Das er sich muos smiegen und buken.
Kan denn ain andren nüt und sich lieben
Den tuot der apt zuo allen dingen herfür schieben.

vnd schweren Also tůnd si gott eren Und das closter verderben. *4674–4688 fehlt CD:
statt dessen:* Und tůnd darob schelten vnd sweren Got vnd die engel enteren C, got vnd
den orden enteren D, Vnd dar zů ain schachzabel CD. 4689 Da segens ob manig D.
4690–4693 fehlt CD. 4696 soltend sy lesen vnd studieren D. 4697 schawendem D. 4699
Baide spat CD. 4700 Nit weltlich C, Vnd nit weltlich D. 4701 Weder fraw noch man
CD. 4702 an leben sein C, an ir leben wesen D. 4703 all der welt spiegel soltend D.
4704 nu wol vernumen D. 4705 Daz es laider dar vź D. 4706 nüt gaistlich D. 4707
halt man ietz D. 4708 des aptz vnd der andren spotte CD. 4709 Wer sich üt C, Wer
sich wil ganzlich keren an gotte D. 4710 Vnd wen er nimmer ist ain gesell D. 4711

58

4720	Wan er odri und uppkait kan,
	So ist er im ain lieber man;
	Und ist wolkunnend und beschaiden,
	Darumb kan in nieman erlaiden.
	Wan er hilft im sin leben usrichten
4725	Und was übels kan erdichten,
	Den zücht er mit eren herfür
	Und stost en mit versmacht hinder tür.
	Und das gib ich im alles in
	Das er tug nach minem sin.
4730	O wenn si sond ain apt erwellen
	Und man vor in tuot daz recht erzellen
	Wie er solle sin mit wesen,
	Und die regel vor in tuot lesen,
	Das er erwell daz got und dem closter
4735	Sig loblich und ain guot troster
	Aller guoter sæliger werch
	Und den orden und die regel sterk:
	Das swerend si bi got und den hailigen.
	Went si ain rechten aptnen,
4740	Der tuond si kains als umb ain har.
	Ich wil üch eben sagen war
	Wie si ain apt tuond erwellen.
	Sehend, si tuonds also bestellen:
	Zem erst gat nid und hasz herfür,
4745	Gotz vorcht ist da worden tür.
	Was ainr dem andern ie hat getan
	Daz wil er ietz an im nit ungerochen lan
	Und tuot im meng spezli schiessen;
	Und hand uf ainandren gros verdriessen.
4750	Ieglicher dunkt sich selber guot.
	Zuo ainandren hands unsteten muot.
	Sehend ir œd, uppig, erlos leben!
	Darnach wend si ain apt geben.
	Zuom ersten hand sis übertragen,
4755	E si umb ain herren tuond fragen
	Der in ir pfrond besser geb
	Denn der err und mit in leb
	Nach ir schamlichen sitten.
	Und tuot vorhin ieglicher bitten;
4760	Oder der ain schenki verhaissen,
	So well er trüw an im laisten
	Umb die empter die ze lehend sind,

manig *D. 4715* tût im dar zů *D. 4717* můs naigen vnd smucken *C*, můs smucken *D.* *4718* ain andra lützel vnd kan sich *CD. 4721* ist er ain *D. 4722* vilkunnent vnd beschaiden *D. 4723* man in im nit kan laiden *D. 4725* waz er vbels *D. 4727* stost ienen *D. 4730–4809 fehlt CD; statt dessen:* O der oduppig *C*, schamlich uppig man *D*, Wez *C*, Wie *D*, lat er sich mich wisen an *CD.*

　　　　Und gen in sig milt und lind,
　　　　In über sech mit allen dingen
4765　　Was si tugind für in bringen,
　　　　Daz im daz wol gefallen sol:
　　　　Und sind aller boshait vol.
　　　　Das tuot er in alles versprechen:
　　　　Das müs got alles in in rechen.
4770　　Darzuo sicht ain vor, wa hin es sich richt,
　　　　Der tuot ettlichen haimlich bicht
　　　　Und tuot in empter und gelt schenken:
　　　　Die solt man denn alle henken.
　　　　Sehend, so si daz über tragen hand,
4775　　Vil bald si denn in daz cappittel gand.
　　　　Zuo stund hand si ain apt erwelt.
　　　　Ob er got und der welt nit gevelt,
　　　　Des achtent si klain, kunt er in eben,
　　　　Won er hat in gelt und pfronden geben:
4780　　So wol uff daz man die gloggen lüt.
　　　　Dawider rett denn ieman üt,
　　　　Und hand gotz lob lützel angesehen
　　　　Und unserm herren gebetten und verjehen
　　　　Irn bresten und ain götlich hopt.
4785　　Sehend, was hand si got vorhin gelopt?
　　　　Si solten ain selig mesz han gesungen
　　　　Und den almechtigen got han gezwungen
　　　　Daz er in hett verliehen ain steten hirten
　　　　Der die schæfli hüt und nit verirte
4790　　Und gottes dienste da volbræchte,
　　　　Tag und nacht nach guoten sitten dæchte.
　　　　Was die altväter och hand gelitten
　　　　Das soltent si got und sin muoter so bitten:
　　　　Des hand si allesamen vergessen.
4795　　An zwifel, ich sol ins dest bas messen.
　　　　Si muossend swer rechnung darumb geben
　　　　Und hindan in der segi streben.
　　　　Mit in züch ich in die helle gar,
　　　　Da nemend si des tüfels war.
4800　　Si habind es denn gebüzt ald gebicht,
　　　　So möcht in werden die pin gelicht.
　　　　So er denn also gesetzet wirt
　　　　Und siner schæfli ist ain bœser hirt
　　　　Und si laut louffen hin und har,
4805　　Des nim ich und min gesellen war.
　　　　Den tüg wir denn darzuo stüffen
　　　　Und unser gesellen darzuo berüffen,
　　　　Das si uns sagind als sin gevert,
　　　　Wie er sine schæfli da lert.
4810　　Er solt ir aller vatter sin im orden
　　　　Und si all in gaistlicher zucht besorgen,

	Das si nit an min sail müstint worgen
	Und in gotz dienst tætind horden;
	Und solt ain orthaber sin gaistlicher zucht,
4815	So müst ich ferr von in nemen die flucht,
	Und solt gotz getrüwer hirt sin
	Und im beschirmen sine schæflin,
	Das der helsch wolff nit zukte
	Und si in die sege trukte.
4820	Und was er ains sæch irrig gan,
	Für das solt er mit ganzen trüwen stan
	Und lib und guot für in setzen
	Bis ern bræcht uss tüfels netzen
	Wider in den gaistlichen schafstal,
4825	Und in denn aigenlih hüten vor dem val.
	Mit straffen und mit leren
	Sol er in zuo got keren,
	Mit trœwen und mit bitten
	Und mit gedultigen sitten
4830	Und wie er in gesterken mag:
	Das sol er tuon nacht und tag;
	Wan das ist er gebunden ze tuon,
	Wil er von got han frid und suon;
	Wan got spricht durch den propheten Ezechiel:
4835	›Luog, du prelat, ich enphilch dir die sel.
	Laustu mir sin vallen,
	Duo muost für si bezallen.
	Ich such ir pluot von dinen handen
	Und han dich für si in den banden.‹
4840	Darumb solt er ims enpholhen lauszen sin:
	Das wær siner sel der grœste gewin.
	Wan als menig sel er lat fallen
	Als menigen todslag muos er bezalen
	Das ich des aber nit lüg
4845	Des ist sant Gregori min züg.
	Und das ist ains ieglichen orden:
	Der zuo aim prelaten ist worden,
	Nit alain daz er besorgi zitlich guot,
	(Das ain ieglich jud oder haid tuot)
4850	Er sol die selan vor allem han in huot.
	Wa er das selber nun nit entuot

4812 an minen sack *D.* 4813 fehlt *CD.* 4814 aller gaistlicher zucht *D.* 4815 von im fernemen *D.* 4816 Er solt *D.* 4818 helsche *D.* 4819 trucke *C.* 4821 Für war solt *C, D hat zusätzlich den Vers:* Vnd daz nit vnderwegen lan. 4822 lib vnd leben *CD.* 4823 Bis das er es braecht vz des *D.* 4825 Vnd es den aigenlich behůti *D.* 4827 ers zů got *D.* 4831 baide nacht vnd tag *D.* 4832 Vnd das ist *D.* 4834 den weissagen *C.* 4836 mir sy vallen *D.* 4837 fehlt *CD.* 4838 Ich such vnd richt *C,* vnd rich *D.* 4839 fehlt *CD.* 4840 Vnd darumb solt er im sy lauszen enpholen sin *D.*
4844 ich aber des *D.* 4846 ist recht ains *D.* 4847 Der ain priester *C,* Der prelat oder prelatin ist worden *D.* 4848 zeit guot *C.* 4849 fehlt *CD.* 4850–4853 Er sol sin sel vnd

          Und och es haisset tuon,
          So gewint er niemer suon.
          Man seit ainost von ir heiligem gebain
4855   Wie in das durch die hutt schain;
          Und mager und darzuo türr
          Als ain altes sattel geschürr;
          Und blaich und afar,
          Flaisch und pluot verzeret gar.
4860   Des gab in got ze lone
          Die himelschlichen kron.
          Nun seit man von der ept faisten smer:
          Nach dem stat irs herzen ger,
          Und trinkend des guoten win
4865   Und mestend sich als die swin.
          Wie möchtins da di künsch sin?
          Es wirt sicher ir ungewin.
          Si ziehend ain faisten bachen,
          Des mugen wir tüfel wol lachen:
4870   Des wil ich in ze lone geben
          Minen helschen segen.
          Da wirt in denn der fülli buos:
          Wa ist denn der schœnen frœwlin gruos
          Die si so gar lieblich lachend an
4875   Und si in so guotz hin wider gan?
          Also wil ieglicher ain han.
          Und wela denn ain ampt hat
          Villicht der zwo oder dri begat,
          Damit ir closter verdirbet getrat:
4880   So tuot der prior desselben pflegen,
          Damit ist das closter undan gelegen.
          Wan wa der apt würffel treit
          Und der prior das pret dar leit,
          So ist den münchen spil erlopt:
4885   Solliche ding das closter beropt.
          Das mir mengklich wol glopt,
          Wie denn lucifer under in topt
          Und schürt zuo das es für gang.
          Damit tuon ich in denn grossen drang.

aller seiner vndertaner selen han in hůt Wa er das tůt und haisset tůn So gewinnet er eweclich gotes sůn *CD.* 4854 von irem *D.* 4855 schin *B.* 4857 Recht als ain schattel geschnürr *D.* 4858 und vngefar *B.* 4859 Vnd blůt vnd flaisch *D.* 4861 himmelschen krone *B.* 4862 *B fügt die Verse 4868 f. hier schon ein:* So seit man nu von der eppt Faistan schmer und bachen Des mag ich wol gelachen. 4863 Won nach *D.* 4864 win Vnd land ir brůder daran sin *CD.* 4867 *fehlt BCD.* 4869 mag ich gar wol lachen *D.* 4870 Vnd wil in ze lon *D.* 4871 *fehlt B; statt dessen:* ain bad mit bech vnd och mit swebel schmelzen in den bachen Mit laid vnd ungemache. 4873 frowen *BCD.* 4874 so zartlich lachent an *CD* 4875 es in gůtz *B*, hin wider hand getan *D.* 4877 welche denn ain apt haut *D.* 4878 er zwai oder drig haut vnd begaut *D.* 4879 drat *BC.*
4880 priol *CD.* 4881 closter vnd closter zucht ganz verlegen *D.* 4883 priol *CD.* 4884 Da ist *D.* 4885 Semlich ding *BCD.* 4886–89 *fehlt BCD.* 4890 Ob es in der prior nit

4890 Ob ins jo der prior nit gan,
Noch denn wend sis nit underwegen lan.
Darzuo prior, custor und convent
Gar wenig umb den apt gent
Und fürend ain ungehorsam leben
4895 Und slahend nach ir regel nit eben;
Und wær ain guot mær
Das der tüfel apt darinn wær.
Doch hat er dran ain guot tail,
Er wær im umb als gelt nit fail.
4900 Er hat des ersten wurff
Wol sibenzehen ogen daruf,
Und solt er noch ain han,
Ich waisz wie es wurd gan.
Si gesehind niemer sunn noch mon,
4905 Si tætind denn davon lan
Und trügind über ain,
So wær als ir gebett rain
Und all ir guot tat,
Und tæt got wes man bat;
4910 Und hieltind sine gebott
Und dientint mit ainr gemain got,
So bestündind ir clœster in eren
Und tætind sich min erweren.
Da sol ich si wol vor behüten:
4915 Ich lers toban und wüten,
Ich leg in an die stras
Baide nid und och has
Und lers ainandren driegen,
Uff ainander swetzen und liegen,
4920 Frü und spat mit ainander kriegen,
Das si sich muossend vor ainander smiegen;
Und mach si so ungemain,
Das ir gebett nieman ist rain,
Das kainr dem andern guotz gan:
4925 Damit ichs in miner segi han,
Damit ichs nit bald uslan.

engan B. Ob iuch es joch der priol nit gan D. 4891 So wends durch in nit tůn noch lan B, So wends doch durch in tůn noch lan C, So wend sis doch von recht tůn D. 4892 priol custer vnd convent CD. 4895 nach ir hailigen B, haltend ir regel D. 4897 drin waer B, der tufel ir apt war D. 4898 Doch so hat er daran D. 4899 umb vil guotez C, umb vil geltz BD. 4900 den ersten D. 4902 noch ainen D. 4903 wurd ergan B. 4904 weder sunnen noch B. 4907 wår das gebett B, ir gebet D. 4908 gůt getått D. 4909 Vnd gott gewert wes man begert B, So gewerti sy gott wes man bått CD. 4910 Wan sy hieltend sin gebot BD. 4911 mit der gemaind B, dientent gemainlich got D. 4912 bestůnt ir closter D. 4913 Vnd möchtent BD. 4916 strausse B, Vnd leg D. 4917 nid vnd hasz BD. 4918 vnd ler sy triegen BC, Ich ler si triegen liegen D. 4919 Vnd ainander verliegen BC, fehlt D. 4920 Vnd frů vnd spat kriegen BD. 4921 fehlt BCD. 4923 daz alles gebet wirtt unrain B, dasz als ir gebett wirt unrain CD. 4925 ich si in der BD. 4926–4953 fehlt B. 4926 Dar vz ich sy nit bald lan D. 4931 Vnd

	Wan ich han in mine zaichen geslagen an
	Mit ungaistlichem gewand,
	(Das ist mir kain laster noch schand)
4930	So si gand als die laigen,
	Tanzen und och raigen
	in weltlichem has,
	In lüdri und och gefras:
	Das sind mine zaichen
4935	Damit ich si zuo mir raiche,
	Die linden und och die waichen.
	Si soltint tragen sak und puntschuoh,
	Darzuo rok und kattun von esel tuoh:
	So spræch unser herr von in lob und er,
4940	Als er tett von sant Johans dem tofer.
	Sind ir gangen in die wüstikait
	Das ir sehind ain menschen lind klait?
	Luog, die lind und wol beklait sind
	Die sind der weltlichen herren hofgesind.
4945	Also solt man kain frowen noch man
	In der wüsti der clœster sehen gan
	Der lindi und guti klaider trüge an.
	Si soltind pluot und flaisch verdruken
	Das sich der knecht des flaisch müsti smuken:
4950	So tæt die sel und der gaist ob ligen
	Das im kain tüfel tæt angesigen.
	Wan nun aber daz gar seltzen ist,
	So han ich ir gar vil zuo dirre frist
	Und also züch ichs all an mich
4955	Usser der massen frœlich.
	Mir ist lang nie so wol worden:
	Es halt ietz nieman sin regel und orden.
	Wan wær under in nun ain hailiger man,
	Ich müst die andern all geniessen lan.
4960	Es ist kain closter liplich verdorben,
	Es sig vor gaistlicher worden
	Und an hailikait erstorben;
	Wan so si vast und lang wider got hand getan,
	So lat ers in armuot stan,

tanzent vnd raigent *CD*. *4933* Vnd ludran vnd gefrasz *C*, Die ludrer vnd fråss *D*. *4935* Mit den ichs zů *D*. *4936 fehlt D*. *4937* rȯck vnd mentel *D*. *4939* got von in *D*. *4941* gegangen *D*. *4942* beclait *D*. *4943* Nu welche lind *C*, Nun war die lind vnd wol beclaiden *D*. *4944* Sind der kungen *D*. *4948* flaisch vnd blůt. *D*. *4949* knecht des libs můst *CD*. *4951* mȯcht angesigen *D*. *4952* nun ietz daz aber gar selten *D*. *4953* ze diser *D*. *4954* Vnd zůch sy *B*.

4955 Usser massen *BD*. *Es folgt in B*: Denn der lützel ist letz zů diser frist. *4957* Es halt selten kainer sin orden *BC*, ietz selten ieman sin regel noch sin orden *D*. *4958* Vnd wår vnder inen ain hailiger man *D*. *4959* Ich můst ez die andern *BCD*. *4961* Es sig vor gaistlich erworben *BC*. *4961 f*. Es sig vor gaistlicher erstorben *D*. *4963* Wan si so vast vnd so lang hand wider got getan *BD*. *4964* So ers in armůtt lat stan *B*, lat ers

4965	Ob si itt besser wellind werden
	E das ers voll lausz verderben.
	Hilft das, daz ist guot,
	Hilft es nit, so bin ich wolgemuot
	Und müssind in min garn
4970	Hindan in den bütel farn.
	Da wirt denn gott gerochen
	Was si wider in hand getan ald gesprochen.
	Ich hatt gar nach vergessen:
	Si tuond ietz in der welt gar gemessen
4975	Und stellend nach der laigen guot.
	Was der burger und der adel vertuot
	Das kompt in alles eben.
	Si wend zwirend mer drum geben
	Denn ieman in den stetten.
4980	Ja, ich wolt wol das wetten:
	Man fund kain schatz mer uf erd
	Denn in den cloestern, da ist er werd:
	Das zühend si von den armen.
	Ueber die wend si sich nit erbarmen,
4985	Si tuond die bi lebendem lib erben
	Und tuond ir aigen lüt verderben:
	Des hand si frihait von dem kaiser,
	Wan si hand ain sekel der ist swer,
	Und überschüttend gaistlich und weltlich
4990	Nieman mag sin der cloester glich.
	Wan die höupter sind och uf gitikait genaigt,
	Darumb sich der schatz gen in zaigt,
	Und erwerbend was si wend,
	Wan si gros guot darumb gend.
4995	Also stat es nun in der welt:
	Wer nun hat gold, silber und gelt,
	Der schaffet alles daz er wil.
	Sehend, mit disem osterspil
	Muos uns och wol gelingen,
5000	Won wir si all in die segi tügen bringen.‹

in arbeit vnd in armůt stan *D. 4967* hilffet it daz ist in gůt *B*, Hilft sy das das ist in gůt *D. 4968 fehlt B*, Es sy nit so wird ich *D. 4969* min segi vnd garn *D. 4970* in das bütel garn *A. 4972* vnd gesprochen *D.*
4973–5000 fehlt BCD.

Die quantitativen Verhältnisse in dem oben verglichenen Kapitel scheinen eine Sonderstellung der Handschrift A gegenüber BCD zu erweisen: Übereinstimmend fehlen in BCD z. B. die Verse 4641, 4658–4669, 4674–4688, 4690–4693, 4730–4809, 4867, 4896–4899, 4973–5000. Aber BCD bilden auch hier wieder keine in sich geschlossene Gruppe: CD gehen gelegentlich auch mit A gegen B zusammen. Z. B. weisen sie mit A, im Gegensatz zu B, die Verse 4694–4729, 4809–4853, 4926–4953 auf. Zum Teil geht aber D auch gegen ABC: Z. B. fehlen in D 4919, 4936 u. a. Von einer eindeutigen Gruppierung – BCD gegen A; oder CD gegen A einerseits und B andererseits; oder ACD gegen B kann also nicht gesprochen werden.

Ein Vergleich der Lesarten im einzelnen scheint freilich eine engere Zusammengehörigkeit von CD zu erweisen: 4674 ff.; 4690 ff.; 4699; 4701; 4708; 4822; 4864; 4892; u. a. Gelegentlich geht aber C auch gegen ABD: Z. B. 4834; 4847 f.; 4899; u. a. Oder D erweist sich als selbständig gegenüber ABC: vgl. 4634; 4638; 4644; 4671; 4696; 4710 f.; 4715; 4722; etc. Häufig gehen auch BD gemeinsam gegen AC: Z. B. 4635; 4651 f.; 4673; 4910; usw. Zum Teil stimmen auch BC gegen AD zusammen: vgl. 4655; 4879; 4957; 4918 f.; usw. Auch bezüglich der Lesarten ergibt sich demnach kein klares Bild.

Jede der erhaltenen Fassungen von TN erweist sich – trotz, ja wegen der immer wieder wechselnden Übereinstimmungen im einzelnen – den anderen Überlieferungen gegenüber als relativ eigenständig. Rekonstruktionen der stemmatischen Verhältnisse und letztlich eines ›Originals‹ sind von daher zumindest sehr erschwert, wenn nicht überhaupt unmöglich.

23.2 Thesen der bisherigen Teufelsnetz-Forschung zum Handschriftenverhältnis

Die relative Eigenständigkeit aller erhaltenen Fassungen von TN ist in der bisherigen Forschung nie bestritten worden. Zudem herrscht Übereinstimmung darüber, daß keine der Überlieferungen als Original des Gedichts anzusehen sei, da jede von ihnen charakteristische Abschreibfehler aufweist. Die aus diesen Tatbeständen abgeleiteten Schlußfolgerungen divergieren aber erheblich. Sie sollen im folgenden kurz referiert werden.

K. A. Barack war der erste, der sich mit dem Handschriftenverhältnis auseinandersetzte[59]. Als er, nachdem er selbst schon auf die Handschrift B aufmerksam geworden war und diese von A unterschieden gesehen hatte, von Bartsch auf die Handschrift C hingewiesen wurde, hoffte er, »in ihr die original- oder jene vollständige A und B als quelle dienende handschrift zu finden«[60]. Diese Hoffnung ging aber nicht in Erfüllung, da C um acht Jahre jünger ist als A. Zudem zeigte »C durch auffallende übereinstimmung in den kürzungen und auslaßungen eine größere verwantschaft mit B als mit A, und es dürfte, da auch C, wie B, in manchen fällen bedeutende zusätze zu A, aber auch B mitunter mehr als C und A hat, als sicher anzunehmen sein, daß A unmittelbar nach dem original gekürzt hat, während B und C kürzende abschriften aus einer von A verschiedenen vierten, jedoch unbekannten handschrift sind, welche gleichfalls eine kürzung des originals war, somit auf gleicher linie mit A stand«[61].

Die Annahme, das Gedicht sei in den Jahren zwischen 1415–1418 entstanden[62], hat Barack wohl dazu verleitet, die früheste und zugleich umfangreichste Fassung A als diejenige anzusehen, die einem Original am nächsten steht. Da die jüngeren Handschriften kürzere Fassungen aufweisen, kam Barack zu seiner Kürzungstheorie. Andere Begründungen dafür, daß bei den Bearbeitungen von TN laufend gekürzt worden sein soll, finden sich bei Barack nicht; wie überhaupt seine Bemerkungen zum Handschriftenverhältnis ziemlich pauschal bleiben. Das von ihm erschlossene Stemma sieht graphisch folgendermaßen aus:

---

59 Vgl. Barack, S. 438 ff.
60 Barack, S. 439.
61 Barack, S. 439.
62 Barack, S. 448 f.

```
         ⌒x⌒
   A         y
            ⌒  ⌒
            B    C
```

Dem hat Werner eine Theorie entgegengesetzt, die das »Verhältnis der Handschriften (...) und ihre Unterschiede (...) durch erweiternde Zusätze mehrerer aufeinander fußender Redaktionen«[63] erklären will. Er kommt zu dieser Ansicht nicht etwa deshalb, weil die zu seiner Zeit wiederentdeckte Handschrift D, von deren Existenz Barack nichts wußte, allein schon Baracks Kürzungstheorie zunichte gemacht hätte. Werner betont ausdrücklich: Barack hätte »nach seiner Kürzungstheorie D unbedingt ebenfalls als eine Kürzung von y (...) ansehen müssen, bietet doch auch D eine völlig selbständige Bearbeitung des Gedichts«[64]. Dagegen geht Werner von der nirgends näher erklärten oder bewiesenen Annahme aus, daß erweiternde Bearbeitungen »näherliegend und natürlicher«[65] seien als Kürzungen.

Er nimmt an, daß B eine »jüngere Abschrift des Originals«[66] sei, die das Gedicht als »ein vollkommen in sich geschlossenes Ganzes«[67] wiedergebe. Der in diesem Codex fehlende Abschnitt über den Dekalog könne »unmöglich schon im Original enthalten gewesen sein«, denn er störe »den straffen Gedankenzusammenhang« und sei nur »eine Wiederholung der vorhergehenden und eine Vorwegnahme der folgenden Gedanken«[68]. Ebenso sei auch das in B fehlende Schlußgedicht in Anlehnung an mittelalterliche Osterspiele erst später verfaßt und aufgrund der ähnlichen thematischen und motivlichen Gegebenheiten assoziativ dem eigentlichen Gedicht hinzugefügt worden. C soll dann die Repräsentantin einer ersten durchgreifenden und erweiternden Bearbeitung gewesen sein, die von einer zweiten Redaktion y gefolgt wurde, von der eine dritte (D) und eine vierte (A) nach Werners Meinung abhängig sind. Sein Stemma sieht folgendermaßen aus:

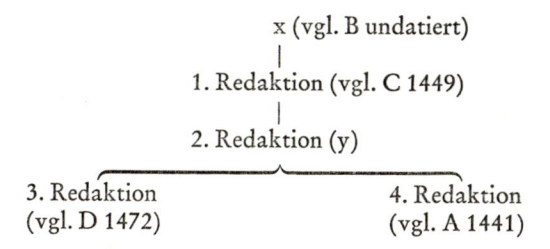

```
           x (vgl. B undatiert)
                  |
         1. Redaktion (vgl. C 1449)
                  |
            2. Redaktion (y)
           ⌒              ⌒
   3. Redaktion        4. Redaktion
   (vgl. D 1472)       (vgl. A 1441)
```

Werner behauptet also nicht, daß die Handschriften in einem direkten Abhängigkeitsverhältnis untereinander stünden, sondern nur, daß sie je von Bearbeitungen abgeschrieben wurden, die ihrerseits voneinander abhängige Erweiterungen und Veränderungen des Originals gewesen sein sollen. Da er die älteste Handschrift A (1441) als Repräsentantin einer jüngsten Redaktion ansieht, muß er annehmen, daß alle Stufen der Bearbeitung bis ca. 1440 abgeschlossen waren. Dies kann

---

63 Werner, S. 14.
64 Werner, S. 13.
65 Werner, S. 14.
66 Werner, S. 15.
67 Werner, S. 18.
68 Werner, S. 17.

Werner um so leichter tun, als er einleitend (ohne Kommentar!) bemerkt, das Gedicht stamme »aus der zweiten Hälfte des 14. Jahrhunderts«[69]. Für die Redaktionen nimmt er demnach eine Zeitspanne von ca. 50–70 Jahren an.

Den Theorien von Barack und Werner wirft Friebertshäuser den Charakter von Spekulationen vor, da beide mit allzu vielen Unbekannten rechnen müssen[70]. Sie selbst entwickelt einen Erklärungsversuch, in dem nur eine einzige Unbekannte vorkommt. Diese beinhaltet aber eine so große Vielzahl von unberechenbaren Faktoren, daß wohl Friebertshäusers Ansatz zur Klärung der Handschriftenverhältnisse von allen bisherigen am meisten Skepsis entgegenzubringen ist. Nach dieser Theorie sollen alle Fassungen untereinander unabhängige Abschriften ein und derselben Vorlage und diese identisch mit dem Original, mit dem »Manuskript des Dichters«[71], gewesen sein. Die Unterschiede im Umfang und Aufbau der erhaltenen Fassungen erklärt Friebertshäuser aus dem äußeren Zustand der Vorlage. Diese sei im Laufe der Zeit immer mehr beschädigt worden: Dem Schreiber von A soll sie »noch leserlich und vollständig vorgelegen«[71] haben. A stimme also mit dem Original weitgehend überein. Die Kopisten von B, C und D sollen das Vorlageexemplar aber in einem immer schlechteren Zustand in die Hände bekommen haben: Es »waren erstens teils starke Beschädigungen am oberen Rand aufgetreten, so daß diese Partien entweder nicht mehr vorhanden oder kaum leserlich waren, zweitens waren Stellen gänzlich verwischt, drittens waren Verse nur teilweise leserlich, viertens hatte die Vorlage überhaupt eine schwer lesbare Schrift«[71]. Ferner sind nach Friebertshäuser ganze Blätter des ›Originalmanuskripts‹ im Laufe der Zeit vertauscht worden und verlorengegangen. Im Falle der Handschrift B – hier wie schon bei Barack als jüngste Überlieferung von TN begriffen – soll die Vorlage so unleserlich gewesen sein, daß die Verfasserin die Schreiberglosse am Schluß der Kopie – *O wie fro ich was do ich schraib deo Gracias* – für den verständlichen Ausruf eines über den Zustand seiner Unterlagen erbosten Kopisten hält[72].

Wie wenig stichhaltig Friebertshäusers Beweisführung ist, braucht hier nicht in aller Ausführlichkeit diskutiert zu werden[73]. Einige Beispiele genügen: Die Vorstellung, daß das in BCD gegen A fehlende, in sich geschlossene Kapitel über das Konzil (121 Verse!) gerade so im Vorlageexemplar gestanden habe, daß es – von A noch vollständig vorgefunden und wiedergegeben – mit eventuell verlorengegangenen Blättern genau in dieser Geschlossenheit (BCD weisen keinerlei Restverse des Kapitels auf!) herausfiel, bevor die späteren Kopisten die Urhandschrift in die Hand bekamen, muß doch als sehr unwahrscheinlich zurückgewiesen werden. Ähnlich wäre für die anderen in BCD gegen A fehlenden Stücke zu argumentieren. Ferner ist zu fragen, wie sich Friebertshäuser z. B. die in BC übereinstimmend vorhandene, in A und D fehlende Passage über die niederen Handwerker erklärt, wenn wirklich alle Fassungen untereinander unabhängig aber je für sich von derselben Vorlage abhängig gewesen sein sollen: Warum sollten die Schreiber von BC diesen Abschnitt unabhängig voneinander in ihre Fassungen übertragen haben,

---

69 Werner, S. 2.
70 Friebertshäuser, S. 90.
71 Friebertshäuser, S. 56.
72 Friebertshäuser, S. 57.
73 Eine ausführliche Kritik findet sich bei H. Hoffmann: Die geistigen Bindungen an Diesseits und Jenseits in der spätmittelalterlichen Didaktik. Vergleichende Untersuchungen zu Gesellschaft, Sittlichkeit und Glauben im »Schachzabelbuch«, im »Ring« und in »Des Teufels Netz«. Freiburg (i. Br.) 1969 (FsOL XXII). S. 249–254.

wenn der Kopist von A, der die Vorlage doch angeblich vollständig vorliegen hatte, ihn abzuschreiben vergaß oder für unwichtig hielt? In letzterem Punkt müßte dann der Schreiber von D unabhängig von A dieselbe Lücke gelassen haben. Oder wenn es sich um einen Zusatz zum Original handelt, warum stimmen dann BC als untereinander unabhängige Handschriften in dieser Hinzufügung überein?

Nach allem bisher Gesagten ist wohl dem Erklärungsversuch von Friebertshäuser am wenigsten Wahrscheinlichkeitswert zuzumessen. Nach dem Erkenntniswert aller drei vorgestellten Theorien – letztlich nach der Adäquatheit des ihnen gemeinsam zugrundeliegenden methodischen Ansatzes – bleibt jedoch ganz grundsätzlich zu fragen.

23.3 Über den Erkenntniswert stemmatischer Rekonstruktionen im Falle von »Des Teufels Netz«

Nach Ausweis der Überlieferung bot TN seinen Bearbeitern die Möglichkeit zu freier Textanordnung, -kürzung, -erweiterung oder auch -akzentuierung (vgl. oben Kap. 23.1 und 22.3). Der Verfasser ist unbekannt und tritt nirgends als irgendwie greifbare Autor-Persönlichkeit hervor. Den Bearbeitern des Gedichts ging es offensichtlich nicht darum, die originäre Schöpfung eines dezidiert dichterisch gestaltenden oder als Lehrmeister persönliche Autorität beanspruchenden Autors in möglichst reiner, das heißt, ›originalgetreuer‹ Form zu erhalten und immer wieder zu vermitteln. Vielmehr scheint TN als ein Stück echter Gebrauchsliteratur gewirkt zu haben, dessen wiederholte Wiedergabe sich (aus später noch zu klärenden Gründen) lohnte und dessen Grundgegebenheiten es zuließen, daß bei der Reproduktion variierend vorgegangen wurde, ohne daß dabei der (Gebrauchs-)Charakter des Gedichts grundsätzlich verändert oder gar zerstört worden wäre. TN gehört als ein lehrhafter Gebrauchstext einer literarischen Schicht an, die insgesamt wie im einzelnen »durch die ständischen Unterschiede der angesprochenen Kreise, die wechselnden Situationen, das unausgesprochene Recht der Schreiber auf Umarbeitung (...) eine große Variabilität mit sich brachte« [74].

Wenn es sich aber so verhält, daß die vier überlieferten Fassungen von TN als je relativ eigenständige, voneinander unabhängige Bearbeitungen des Gedichts zu begreifen sind und daß Variationsmöglichkeiten durch den Gebrauchscharakter sowie durch die inhaltlich-strukturelle Anlage des Werks prinzipiell gegeben waren, so ist jeder Versuch, Vorlagen für die uns bekannten Überlieferungen bzw. deren Verhältnisse zueinander zu rekonstruieren, in der Gefahr, zur Spekulation auszuarten: Auch die früheren Bearbeitungen müssen wieder Varianten nach dem Prinzip der Offenheit des Werks für Veränderungen im oben dargestellten Sinne gewesen sein. Wir können nicht berechnen, ob und in welcher Weise die Hersteller der erhaltenen Fassungen gegenüber ihren Vorlagen oder gegenüber einem Original frei bearbeitend – kürzend, erweiternd, anders akzentuierend – oder auch nur kopierend vorgegangen sind.

Über die Abhängigkeiten der Handschriften können demnach nur Vermutungen ausgesprochen werden. Beispiele für verschiedene Spekulationen bieten die im vorigen Kapitel (23.2) referierten Erklärungsversuche von Barack, Werner und Friebertshäuser. Noch mehr solcher Theorien wären anhand dieser Überlieferung

---

74 K. Berg: Der tugenden buch. Untersuchungen zu mittelhochdeutschen Prosatexten nach Werken des Thomas von Aquin. München 1964 (MTU 7). S. 173.

durchzuspielen und könnten begrenzt verifiziert werden. Der Erkenntniswert bliebe aber ebenso gering wie im Falle der früheren Theorien. Selbst wenn wir wüßten, ob eine und welche der erhaltenen Fassungen das Gedicht in seiner ursprünglichen Form wiedergibt und wie genau sich die anderen Überlieferungen zu dieser gruppieren, würden wir für die Interpretation des Gesamtwerks immer wieder in Rechnung zu stellen haben, daß es nach Ausweis seiner Überlieferung in durchaus verschiedenen Ausformungen existiert hat, daß also auch ein ›Original‹ nur *eine* der möglichen Existenzformen von TN gewesen sein kann.

Bemühungen um Rekonstruktionen der stemmatischen Verhältnisse – letztlich eines ›Originals‹ – gehen daher von Voraussetzungen aus, die diesem Werk in doppeltem Sinne inadäquat sind: Zum einen führen sie sich angesichts dieser Überlieferungslage, die sozusagen für jeden Rekonstruktionsversuch Beweismaterial bereithält, selbst ad absurdum. Zum anderen wird TN nur unvollständig erfaßt, wo man das ›eigentliche Werk‹ auf nur eine einzige (rekonstruierte) Fassung reduzieren will, um damit die anderen, variierenden Bearbeitungen als unzulängliche, weil von jener mehr oder weniger abweichende Repräsentanten des Gedichts weitestgehend auszuschalten. Gerade die Variationsbreite der Überlieferung muß als symptomatisch für den Grundcharakter des Werks angesehen werden – eines Werks, das wohl schon in seinem ›Original‹ als ›offene Form‹ konzipiert war, als solche gewirkt hat und von uns als solche, das heißt, unter Einbeziehung *aller* erhaltenen Varianten, interpretiert und eingeordnet werden sollte [75].

3. Grundgegebenheiten und Gebrauch von »Des Teufels Netz« im Spiegel seiner Überlieferung

Obwohl die relative Selbständigkeit der erhaltenen Fassungen von TN keine gesicherten Aussagen über deren stemmatische Verhältnisse im Sinne von Prioritäten bzw. Authentizitätsgraden zuläßt, sind die Überlieferungen doch als je authentische Zeugen des Gedichts zu begreifen, die als solche Rückschlüsse auf dessen Grundgegebenheiten und seine tatsächliche Existenz im Spätmittelalter erlauben. Dabei wird hypothetisch angenommen, daß die sich im Vergleich der überlieferten Fassungen ergebenden Konstanten als Faktoren zu verstehen sind, die durch ein ›Original‹ verbindlich festgelegt waren, ohne jedoch – soweit dies den Inhalt betrifft – mit dem ›ursprünglichen Gedicht‹ identisch sein zu müssen. Solche konstant bleibenden Faktoren sollen im folgenden als die einer intendierten Gebrauchsfunktion von TN entsprechenden Voraussetzungen für die variierenden Bearbeitungen beschrieben

---

[75] Ich gehe hierin mit Michael Curschmann konform, dessen textkritische Untersuchungen im Zusammenhang mit dem von ihm gefundenen Fragment zu demselben Ergebnis führten. Im Begleittext der Veröffentlichung des Fragments geht Curschmann ebenfalls kurz darauf ein, daß sich von den überlieferten Fassungen her »keineswegs der Eindruck einer stemmatisch fixierbaren Filiation« ergebe, und er folgert daraus, daß »die Vorstellung eines Stemmas, das sich auf ein bestimmtes, durch die eine oder andere der erhaltenen Handschriften am relativ genauesten repräsentiertes Original reduzieren ließe (...) von falschen Voraussetzungen« ausgehe bei einem Werk, »das schon in seiner ersten Fassung nur als ›Rahmenform‹ konzipiert war, die laufend anders gefüllt und umorganisiert werden konnte und sollte.« Vgl. Curschmann, S. 450.

werden. Auf dieser Basis werden dann einige distinktive Merkmale der erhaltenen Fassungen als unterschiedliche Variationsansätze zu begreifen sein, die über die reale Existenzweise, das heißt, über den tatsächlichen Gebrauch von TN im Spätmittelalter zumindest indirekt Auskunft geben.

3.1 Konstanten des Inhalts, der Struktur und der Darbietungsform

Bei einem Vergleich der Fassungen A, B, C, D kristallisiert sich der folgende inhaltliche Kernbestand als konstant heraus:

1. Prolog I

In A und C vollständig, in B durch Restverse belegt, in D vermutlich vorhanden gewesen, aber mit den ersten Blättern der Handschrift verlorengegangen.

2. Einsiedler-Teufel-Gespräch

a) Sündenteil

In A, B, C vorhanden, in D durch Restverse belegt.

b) Ständeteil

In allen Fassungen vorhanden; Unterschiede in der Reihenfolge, Anzahl und Länge der Kapitel führen zu geringfügigen inhaltlichen Differenzen.

3. Epilog (entsprechend Barack 13107 ff.)

In allen Fassungen vorhanden; nicht zu verwechseln mit der nur in Handschrift D so bezeichneten *schlußrede*, welche Prolog II entspricht.

Vom Prolog I ausgehend kann dieser in allen Handschriften übereinstimmend vorhandene inhaltliche Kern mit H. Werner als ein »in sich geschlossenes Ganzes«[76] begriffen werden: Die Vorrede deutet *allein* auf die Rahmenerzählung (*wie einem ainsideln ist beschehen*, 11), auf den Sündenteil (*der Teufel hat gedinget siben knecht / Das sind die siben hauptsünd, Die ich üch hernach verkünd* 49/51 f.) und pauschal auch auf den Ständeteil (*Wie der tüfel die welt verlait*, 18) voraus, nicht aber auf Dekalog- und Schlußteil, wie sie in A, C, D zusätzlich vorhanden sind. Man könnte von daher annehmen, daß dieser inhaltlich konstante Kern, der im übrigen mit Fassung B kongruent ist, zugleich auch als ›Urbestand‹ des Gedichts angesehen werden muß. Doch ist darin H. Werner, der diese These vertritt (vgl. oben Kap. 23.2), nicht ohne weiteres zuzustimmen: Ein ›Geschlossenheitskriterium‹ läßt sich wohl nicht so selbstverständlich – analog zur Vorstellung von der ›Stimmigkeit‹ neuzeitlicher Kunstwerke im Originalzustand – auf mittelalterliche Texte, vor allem nicht auf einen spätmittelalterlichen Gebrauchstext wie TN anwenden. Wo die Bearbeiter des Gedichts sich ganz offensichtlich um solche ›Stimmigkeiten‹ nicht gar zu gewissenhaft gekümmert haben (sie behandeln zum Beispiel allesamt – auch B! – statt der im Prolog angekündigten *siben knecht* im Sündenteil *elf* Laster = Teufelsknechte), kann zwar, aber muß nicht unbedingt dem Dichter eines ›Originals‹ eine

---

[76] Werner, S. 18.

größere Gewissenhaftigkeit zugetraut werden. Das heißt: Es wäre vorsichtiger zu formulieren, daß der oben angeführte, mit Handschrift B identische inhaltliche Kern den ›Minimalbestand‹ des Werks ausmacht, der durch ein ›Original‹ festgelegt war, eventuell aber auch schon in diesem erweitert wurde.

Daß dies grundsätzlich möglich war, liegt von der Struktur und der Darbietungsform des Werks her anzunehmen nahe. Diese sind, in allen Fassungen konstant, als Grundgegebenheiten zu verstehen, welche freie Variationen von allem Anfang an erlaubten. Für alle Überlieferungen strukturell charakteristisch ist die asyndetische Reihung von Teilen und Teilabschnitten, das heißt, der Mangel an ausführlicheren Verknüpfungen bzw. sichtbar gemachten Kausalverbindungen zwischen Einzelkomplexen und -kapiteln. Von daher waren Additionen zusätzlicher Teile und Abschnitte (z. B. der vier Abschnitte im Sündenteil; aber auch größerer Teilkomplexe) prinzipiell möglich, ohne daß dadurch erzählerische Kontexte gestört worden wären oder neu hätten erstellt werden müssen. Andererseits erlaubte diese Struktur natürlich auch die Umkehrung dieses Verfahrens: Die Subtraktion von Teilen und Kapiteln.

Weitgehend bestimmt ist diese Struktur durch die in allen Fassungen gleichbleibende Darbietungsform: Alle Überlieferungen sind beinahe durchgängig in Dialog aufgelöst, weisen in allen Teilen – auch in den über den ›Minimalbestand‹ hinausgehenden in A, C, D – fast ausschließlich Passagen direkter Rede und Gegenrede auf. Dabei sind die einzelnen Redeabschnitte zwar durch kurze Ein- bzw. Überleitungen locker verbunden, diese aber auf so minimale Informationen beschränkt (*Ich sprach, Der tüfel sprach, Der tüfel antwurt zornlich*, usw.), daß sie das in den direkten Reden Gesagte kaum erzählerisch erweitern. Sie dienen (mit Ausnahme der Rahmenerzählung, die in etwa 100 Versen die Ausgangssituation des Einsiedler-Teufel-Gesprächs umreißt) nur der Bezeichnung der verschiedenen Sprecher und dazu, die direkten Reden wie erzählte Redevorgänge erscheinen zu lassen. Bei der Geringfügigkeit der in diesen überleitenden Versen enthaltenen Informationen war es daher leicht möglich, sie nachzubilden, um einzelne Redepassagen (zum Teil identisch mit dem Umfang ganzer Kapitel) nach dem Prinzip asyndetischer Reihung neu hinzuzufügen oder umzustellen bzw. sie mit ganzen Redeabschnitten aus einem vorhandenen Bestand herauszukürzen. Struktur und Darbietungsform boten also in wechselseitiger Entsprechung für die Bearbeitungen des Gedichts dieselben Variationsmöglichkeiten.

Für die Frage nach dem ›Urzustand‹ von TN bedeutet dies, daß, statt der von Werner behaupteten, laufenden Erweiterung des Gedichts, ebensogut angenommen werden kann, daß die in A, C, D zusätzlich vorhandenen Stücke von dem Hersteller der Handschrift B aus einem ›Urgedicht‹ oder ›Archetypus‹ herausgekürzt wurden, weil sie ihm vielleicht als Wiederholungen oder als sonstwie überflüssig erschienen.

Über die ›Ursprünglichkeit‹ dieses oder jenes inhaltlichen Bestands kann also nicht entschieden werden, wohl aber darüber, ob sich eventuell unterschiedliche Intentionen mit dem Gedicht in dieser oder jener Gestalt verbunden haben.

3.2 Inhaltliche Differenzen zwischen ›Minimalbestand‹ (B) und Erweiterungen (A, C, D) als intentionale Unterschiede?

In dem durch Handschrift B repräsentierten ›Minimalbestand‹ stellt sich TN als ein Gedicht dar, dem ein Exempel – wie der Teufel von einem frommen Einsiedler temporär besiegt und zur Preisgabe seiner Schliche gezwungen werden konnte – als ›Aufhänger‹ für einen Dialog dient. In diesem wird, ausgehend von dem allegorischen Motiv der mit dem Teufelsnetz zum Seelenfang geschickten Teufelsknechte, das Gegenteil zum Rahmenexempel dargestellt: die fast unumschränkte Macht des Teufels und seiner Gesellen in der Welt. Der Sündenteil fungiert dabei als einführende Information über Knecht und Netz: Es wird klargemacht, daß jeder Teufelsknecht eine Sünde verkörpert und vom Teufel dazu angehalten ist, die Menschen zu dem durch ihn selbst repräsentierten Laster zu verleiten. Erst wo die Menschen sich solchen Verführungskünsten nicht widersetzen, erfüllen sie die Bedingung zur Gefangennahme durch den Teufel und seine Gesellen mit dem Netz. Dieses selbst wird – anders als in dem über den ›Minimalbestand‹ hinausgehenden Schlußteil – zunächst nur als Objekt, als Fanginstrument eingeführt, das für die Menschen Endpunkt und Konsequenz lasterhafter Lebensführung ist. Was bzw. wen es alles umgreift, wird im Ständeteil dargestellt: In jedem Einzelkapitel führt der Teufel aus, welcher speziellen Sünden sich ein jeder Stand schuldig macht und daß die standesspezifischen Laster von seinen Gesellen initiert, das heißt, im Grunde besondere Ausformungen der durch die Teufelsknechte verkörperten Haupt- und anderen schweren Sünden sind. Alle Standessünden, ob groß oder klein, führen daher unweigerlich ins Netz. Dieses wird am Ende eines jeden Kapitels erwähnt, umfaßt also alle Stände dieser Welt (bis auf die Einsiedler, Beginen und Begharden). Der dem Teufel in den Mund gelegte Epilog faßt all dies ohne zusätzliche Ausdeutung noch einmal kurz zusammen:

13107 ff. (nach B)

>   Nůn hastu wol gehört
>   wie ich ietz die welt han betört
>   vnd sy alle han umbsert
>   Daz maist tail hat sich an mich kert
>   ainer schilt der ander schwert
>   ainer wůchert, der ander ebrechen
>   wer möcht es alles vollsprechen.
>   Sy stekent all in minem garn
>   da selten kainer tůt hindurchfarn.
>   Vnd zůch es vom uffgang vnd nidergang der sunnen
>   Ist mir selten kainer entrunnen
>   denn der lützel ist ietz zů dyser fryst.
>   Vnd ist uns lang nit so wol worden
>   Es halt selten nieman sinen orden
>   darumb sind ietz in langer zit nie kain hailig worden.
>   Des hand si billich an der hand
>   So groß laster vnd schand
>   Das man unter allem gaistlichen gesind
>   Selten kain hailigen findt.
>   Noch vnder weltlichen vil minder
>   denn die ich wol v̊berwinde
>   Das schnöd vppig gesinde.
>   also zůch ichs baid an mich
>   weltlich vnd Gaistlich

vssermaßen frölich.
hett ich dich nů och darinne
Darumb kam ich zů dir her
Daß din tail nit stůnd ler
wan du wart mir niuwlich draus entloffen
Vnd stůnd din luk offen.
Darumb so kam ich so haimlich zů dir geschlichen.
Ob din leben icht wår verblichen
So wolt ich dich och han gefangen
Möcht es mir sin ze handen gangen.
do behůt gott dich armen knecht
vnd beschach mir vast vnrecht
Das ich wol han ze clagen
wan ich můst dir alles daz sagen vnd erzellen
wie ich vnd min gesellen die welt tůnd fellen
Vnd wie wir mit der segin
Vnd mit dem garn
Tůnd durch alle die welt farn.
Hůtest dich das ist din gewin
Damit so far ich dahin.

Als die im Prolog I angekündigte *lere* (15) und durch diesen Epilog noch einmal bestätigte didaktische Intention legt der ›Minimalbestand‹ zum einen den Hinweis auf die grundsätzliche Besiegbarkeit des Teufels (Rahmenexempel) und zum anderen die Warnung vor Teufelsknechten (= Sünden) bzw. die Darstellung der vom Teufel und seinen Gesellen ausgehenden Gefährdung aller Menschen (Sünden- und Ständeteil) fest. Demgegenüber erweitern A, C, D das Gedicht um einen Dekalog- und einen Schlußteil. Letzerer enthält zunächst eine allegorische Ausdeutung des Teufelsnetzes, dann eine inhaltliche Zusammenfassung alles im Sünden-, Dekalog- und Ständeteil Gesagten und schließlich ein Gespräch zwischen Christus und Teufel beim Weltgericht. Dadurch ergeben sich folgende inhaltliche Zusätze: Im Dekalogteil wird das Warum der Gefangennahme der Menschen durch Teufelsknechte und Netz vertiefend erläutert. Weil sich die Menschen zum Anfang aller Sünden, das heißt, zum Brechen göttlicher Gebote verleiten lassen, sich also bewußt oder unbewußt von Gott abkehren, sind sie ›des Teufels‹. Das Teufelsnetz erfährt damit eine implizite Deutung als Instrument, das die Grenze zwischen Gut und Böse, zwischen Gott und Teufel markiert. Die im Schlußteil enthaltene Allegorese gibt die *segi* dagegen eindeutiger als Summe aller Sünden, als *widerwertig leben wider got und sinü bott* (13168 f.) aus. Das Netz selbst ist demnach Sünde. Alle die sich darin verstricken – dies wird im Schlußdialog ausgeführt – werden beim Jüngsten Gericht zu ewigem Tod verurteilt. Das heißt: Die allerletzten Konsequenzen alles dessen, was der Teufel im Gespräch mit dem Einsiedler dargestellt hat, kommen am Ende des Gedichts, bei höchster Instanz, noch einmal zur Sprache. Zudem wird auch der Exempelcharakter der Rahmenerzählung im Hauptgedicht – die grundsätzliche Besiegbarkeit des Teufels durch das vom Einsiedler verkörperte ›gute Prinzip‹ – durch diesen Schlußdialog inhaltlich überhöht, indem der Teufel als beim Jüngsten Gericht selbst von Gott (Christus) Verurteilter gezeigt, nämlich mit den bösen Seelen endgültig in den ewigen Tod der Hölle verbannt wird.

Beim Vergleich von ›Minimalbestand‹ (B) und erweiterten Fassungen (A, C, D) ergeben sich für letztere zwar vertiefende bzw. vereindeutigende (Dekalogteil) oder inhaltlich überhöhende (Schlußdialog) Zusätze, nicht aber grundsätzliche Veränderungen der in jenem bereits angelegten *lere:* Alle Fassungen zielen gemeinsam und übereinstimmend auf eine in erbaulich-allegorisches Gewand gekleidete systematische Sündenbelehrung bzw. Warnung vor lasterhafter Lebensführung.

3.3 Unterschiede zwischen den erhaltenen Fassungen als graduell differierende Gebrauchsmerkmale

Obwohl für die erhaltenen Fassungen von TN keine prinzipiellen Unterschiede bezüglich der inhaltlich-didaktischen Intention festzustellen sind, können graduelle Gebrauchsdifferenzen aufgezeigt werden, die an gewissen inneren und äußeren Merkmalen der Überlieferungen ablesbar sind. Sie sollen im folgenden als Zeugen der im einzelnen unterschiedlichen Existenzweise des Gedichts kurz beschrieben werden.

33.1 Die Heterogenität des Werks und Ansätze zur Vereinheitlichung auf der Ebene der Darbietungsform

Ohne hier schon auf die in Teil II der vorliegenden Untersuchung unter dem Aspekt der Gattungsfrage noch ausführlich zu behandelnden, unterschiedlichen typologischen Rückbindungen der Einzelteile näher einzugehen, muß an dieser Stelle bereits betont werden, daß sich TN in allen seinen Überlieferungen durch eine auffallende Heterogenität auszeichnet. Im ›Minimalbestand‹ sind ein Exempel, ein eher ›katechetischer‹ Sündenteil [77] und ein umfangreicher, mehr ständedidaktisch ausgerichteter Teilkomplex [78] locker zusammengestellt. In den erweiterten Fassungen A, C, D wurde mit dem Sündenteil eine ebenfalls an katechetischen Kategorien orientierte Kapitelgruppe (Dekalogteil) [79] verbunden und dem gesamten Einsiedler-Teufel-Dialog ein Schlußteil hinzugefügt, der in einen zunächst das Vorhergehende ausdeutenden, dann zusammenfassenden ersten Komplex und einen Dialog zerfällt. Dabei kann letzterer zwar als inhaltliche Überhöhung des Hauptgedichts begriffen werden, ist aber dennoch von ihm qua äußerer Anlage und Thematik deutlich unterschieden und mit ihm kaum mehr als assoziativ verbunden [80].

Über die Einheit stiftende Funktion des die heterogenen Einzelteile insgesamt übergreifenden allegorischen Entwurfs wird in späterem Zusammenhang noch ausführlich zu sprechen sein [81]. Hier gilt es zunächst, die in allen Teilkomplexen gegebene Form des Gesprächs als einen zumindest seiner Intention nach vereinheitlichenden Faktor zu nennen, der zugleich als äußere Voraussetzung – nicht aber als Erklärung für die inneren Gründe! – der freien Assoziierung so unterschiedlicher Einzelteile in diesem Werk zu verstehen ist: Gleichgültig, ob man sich den oben beschriebenen ›Minimalbestand‹ oder den durch die erweiterten Fassungen repräsentierten als primär vorstellt, ist diese für beide charakteristische, durchgängige

---

77 Vgl. Teil II, Kap. 12.1.
78 Vgl. Teil II, Kap. 1.3.
79 Vgl. Teil II, Kap. 12.2.
80 Vgl. Teil II, Kap. 2.
81 Vgl. Teil II, Kap. 3. (besonders 3.3).

und durch ›erzählende‹ Zusätze kaum inhaltlich erweiterte Abfolge direkter Reden und Gegenreden als eine Art äußeres ›Richtmaß‹ für die Zusammenstellung heterogener Teile zu begreifen. Das heißt: Nur die Dialogform, nicht etwa die ›Einheitlichkeit‹ oder genaue Abgrenzung eines inhaltlichen Bestands, scheint durch ein ›Original‹ normativ festgelegt gewesen zu sein. Sie war die technische Bedingung, das formale Gerüst für die Gestaltung und Zusammenfügung auch noch so unterschiedlicher Materialien, seien diese nun, wie dies von den Verfechtern der ›Unoriginalität‹ des Werks angenommen wird, literarisch vorgeprägt gewesen oder auch von dem Verfasser bzw. den Bearbeitern neu erfunden und/oder hinzugedichtet worden.

Das offensichtliche Bemühen um Nivellierung der Heterogenität der Einzelteile durch die in ihnen allen gegebene Form *erzählter* Dialoge und Redepassagen hat freilich in den erhaltenen Fassungen von TN nur in einem sehr oberflächlichen Sinne zu Erfolg geführt. Ja in der Form selbst bleiben die Unterschiede der Teilkomplexe zum Teil deutlich sichtbar. Dies trifft zum einen für die später noch einmal zu behandelnde Verschiedenartigkeit des Gesprächs zwischen Einsiedler und Teufel und des Schlußdialogs zwischen Christus und Teufel zu: Der erste Dialog ist einem gleichbleibenden Frage-und-Antwort-Schema unterworfen, in dem der Einsiedler durchgängig der Fragende, der Teufel der mit langen Reden Antwortende ist. Der Schlußdialog erweist sich dagegen als eine ausgewogene Abfolge von formal gleichwertigen Redeblöcken, die einerseits dem Teufel, andererseits Christus in den Mund gelegt sind[82]. Zum anderen ergeben sich auch Unstimmigkeiten bezüglich der ›erzählerischen‹ Darbietung der Gespräche und Redeabschnitte, in denen die Heterogenität des Werks ebenfalls erkennbar bleibt. Doch sind in diesem letzten Punkt zwischen den vier Überlieferungen graduelle Differenzen festzustellen, die hier mitgeteilt werden sollen. Sie bezeugen verschiedenartige Ansätze zur Vereinheitlichung des Werks und sind daher als unterschiedliche Gebrauchsmerkmale zu begreifen.

Handschrift A

Am Anfang wendet sich ein noch nicht bestimmbarer Prologsprecher mit einer sehr allgemein gehaltenen Anrede an das Publikum:

```
1       Hœrend, hœrend, arm und rich,
        Jung und alt gemainlich
        Er si wip oder man,
        Es gat mengklichen an,
5       Gaistlich und weltlich,
        Si sigend arm oder rich,
        Herren und frowen,
        So werdent ir wunder schowen.
```

Der Sprecher dieser Verse scheint zunächst mit keiner der Rollen im folgenden Text identisch. Als erzählendes Ich steht er sowohl dem Teufel als auch dem Einsiedler gegenüber:

```
9       Wan  *ich*  wil hie ain warhait sagen.
11      Wie  *ainem ainsideln*  ist beschehen.
```

---

[82] Vgl. Teil II, Kap. 1.1 (besonders 11.2) und Kap. 2.

17 Wie *der tüfel* die welt verlait
    Und wie *er* hat gemacht ain garn.

Gegen Ende der Vorrede wird diese Erzählhaltung aber bereits durchbrochen:

61 Also kam *er (der Teufel)* so haimlich geslichen
    Ob *min* leben icht wær verblichen
    So hett er *mich* gern gefangen.

Unvermittelt sind damit Prologsprecher und Einsiedler identisch; eine Unstimmigkeit, die am Anfang des Hauptgedichts gleich noch einmal auftritt. Zu Beginn heißt es:

79 Ains mals vor wihenachten
    Sasz *ain ainsidel* dichten und betrachten.

Es folgen die Meditationen des Einsiedlers und der erste Auftritt des Teufels. Dieser wird kommentiert:

171 Do was *ich* elend schier
     Ach wie *ich* do sprach.

Es folgt darauf eine direkte Rede des Einsiedlers. Nach dem anfänglichen Schwanken zwischen Er- und Ich-Form wird nun konsequent als Erzählperspektive die des Einsiedlers eingehalten, das heißt, alles von diesem Gesagte mit *Ich sprach*, alles vom Teufel Gesprochene dagegen in der Er-Form, mit *Der tüfel sprach*, eingeleitet. Auffallend ist dabei, daß dem Schreiber oder Bearbeiter bei diesen einleitenden Versen auch noch im Innern des Einsiedler-Teufel-Dialogs gelegentliche Fehler bzw. Ungereimtheiten unterlaufen sind. So etwa Vers 1323 f., wo die zum Dekalogteil überleitende Frage des Einsiedlers zunächst mit *Der ainsidel fragt aber* (1323) und dann noch einmal zusätzlich mit *Ich sprach* (1324) eingeführt ist. Zum anderen steht vor der zum Konzilkapitel hinführenden Frage des Einsiedlers ungewöhnlicherweise *Der bilger sprach* (2915)[83]. Insgesamt zeichnet sich aber das Hauptgedicht durch eine relativ einheitlich durchgehaltene Ich-Erzählperspektive aus.

Unstimmigkeiten größeren Ausmaßes treten erst wieder im Schlußteil auf. Ohne Überschrift (aber nach einer Lücke) beginnt dieser in Handschrift A mit dem folgenden Prolog II:

13155 Nun hœrend herren und frowen
       So werdent ir wunder schowen,
       Wan *ich* han gemainlich mær vernomen
       Wie der tüfel zuo unserm herrn ist komen, *usw.*

Wieder tritt ein noch nicht genau zu bestimmendes Prologsprecher-Ich den Rollen des späteren Dialogs (Christus/Teufel) berichterstattend gegenüber. Handschrift C hat für diese Passage die Überschrift: *Nu sait der ainsidel waz er vom tüfel gehort hett* (C. fol. 260ʳ). Trotzdem muß bezweifelt werden, ob dieser Sprecher mit dem Einsiedler identisch ist: Auf diesen wird im gesamten Schlußteil weder in der Ich- noch in der Er-Form explizit hingewiesen und er könnte wohl auch kaum glaubhaft Referent des abschließenden Gesprächs zwischen Christus und Teufel sein.

---

83 Da *bilger* statt *ainsidel* nur in dieser Handschrift und auch nur als Einleitung zu diesem Konzilkapitel vorkommt, liegt die Vermutung nahe, daß dieser in B, C, D fehlende Abschnitt eine eigenständige Hinzufügung des A-Redaktors ist, der dabei nicht bemerkte, daß im übrigen in der Ich-Form von einem *ainsidel* erzählt wurde.

Die Unsicherheit, mit welchem Sprecher das erzählende Ich in diesem Schlußteil zu identifizieren sei, verstärkt sich besonders dadurch, daß in der langen Passage, die für den voraufgegangenen Dialog resümierende, für den Christus-Teufel-Dialog vorbereitende Funktion hat (13229–13395) plötzlich und unvermittelt, das heißt, ohne vorherige Bezeichnung der redenden Person immer wieder der Teufel, über den zunächst in der Er-Form berichtet wird, als Ich-Sprecher neben den Erzähler tritt:

13229	Nun tuot *er (der Teufel)* sin knecht ussenden
	Das si sond nœten und pfenden
	Und an dem babst an fan
	Und an dem bettler us lan gan.
13251	So mengen bettler machen
	Des tuond *wir* tüfel lachen
13265	Die werdent *mir (dem Teufel)* all gar licht.
13281	Das tuond *wir* tüfel dichten.
13283	*Wir* stossends all in *unser* garn.
13317	Und alle die unrecht elnmasz, gewæg tuond han,
	Die tuon *ich (der Teufel)* nit hin lan.

Erst von Vers 13396 an – wenn auch ohne einleitendes *Der tüfel sprach* – spricht eindeutig der Teufel. An seine lange Rede schließt sich der Schlußdialog an, der von einem Erzähler wiedergegeben wird, der sich mit keiner der Sprecherrollen identifiziert. Aus Gründen der Wahrscheinlichkeit tritt hier *nicht* der Einsiedler, sondern ein ›allwissender‹ Erzähler auf, der berichtet, was *Der tüfel sprach* (13549 u. ö.) bzw. *Wie zornlich Christus sprach* (13522 u. ö.).

Handschrift B

Da die Vorrede dieser Fassung verlorengegangen ist und der gesamte Schlußteil fehlt, läßt sich nur feststellen, daß sich in B ähnliche Unstimmigkeiten am Anfang des Hauptgedichts wie in A (siehe oben) ergeben, im übrigen diese Bearbeitung ebenfalls den Einsiedler-Teufel-Dialog durchgängig aus der Ich-Erzählperspektive des Eremiten wiedergibt.

Handschrift C

Das für A und B Gesagte trifft im wesentlichen auch für C zu. Eine Besonderheit ist jedoch die gegenüber A und B systematischere, wahrscheinlich absichtsvoll vereinheitlichende Einfügung von Überschriften in der Er-Form, besonders zu Beginn eines jeden größeren Teilkomplexes. Während innerhalb der drei Teile des Einsiedler-Teufel-Dialogs die einzelnen Kapitel mit Titeln versehen sind, die die sachsystematischen Größen (Sünden, Gebote, Stände) einzeln bezeichnen, steht am Anfang dieser großen Abschnitte wie auch vor dem Schlußteil jeweils eine Überschrift, in der deutlich gemacht wird, daß das im Text selbst erscheinende, erzählende Ich der Einsiedler ist: *Der Ainsidel Sprach* (vor 261 ff. Sündenteil); *Der Ainsidel Zu Dem Tüfel* (vor 1323 ff. Dekalogteil) *Der Ainsidel Sprach Zum Tüfel* (vor 2832 ff. Ständeteil) und *Nu Sait Der Ainsidel Waz Er Vom Tüfel Gehort Hett* (vor 13155 ff. Schlußteil). Man kann diese durchgängige Er-Form in den Titeln mit Hinweis auf den Einsiedler als einen Versuch des Schreibers bzw. Bearbeiters werten, zumindest auf der Ebene der Überschriften Einheitlichkeit in der sonst wie in A Unstimmigkeiten aufweisenden Darbietung des Einsiedler-Teufel-Dialogs zu erreichen und diesen zudem mit dem Schlußteil zu verknüpfen. Daß dabei die Unmöglichkeit oder doch wenigstens Unwahrscheinlichkeit einer Identität von Einsiedler und Schlußteil-Erzähler nicht bedacht wurde, konnte oben (vgl. die Bemerkung zu Handschrift A) bereits gezeigt werden. Ein Bemühen um die Beseitigung der für A festgestellten Schwankungen zwischen Er- und Ich-Erzählweise ist in C auch bezüglich des Schlußteils selbst nachzuweisen. Die in A strittigen Ich-Stellen wurden vom C-Redaktor entweder ganz ausgelassen (z. B. 13241 f. u. ö.) oder vereindeutigend in die Perspektive eines Er-Erzählers gerückt (z. B. 13316 u. ö.). Im Hauptgedicht bleiben dagegen dieselben Ungereimtheiten wie in A bestehen.

Handschrift D

Das Streben nach Vereinheitlichung wird in der Fassung der Handschrift D am deutlichsten. Hier ist der gesamte erste Gesprächskomplex in der Er-Form dargeboten, das heißt, jede Rede des Einsiedlers statt mit dem in A, B, C üblichen *Ich sprach* mit *Der ainsidel sprach*[84] eingeleitet. Vor dem Schlußteil steht im Gegensatz zu C die neutrale Überschrift *Hie nauch merk ain schlußred aller vorgeschribener mainung* (fol. 94ra). Es folgt dann ähnlich wie in A und C der Prolog II:

13155 (nach D, fol. 94ra)
Horent herren und frowen
So werdent ir wunder schowen
Wan *ich* hab vernumen
Wie der tůfel sig zů got kumen.

Eindeutiger als im Fall der übrigen Handschriften kann hier entschieden werden, daß der Sprecher dieser Verse *nicht* mit dem Einsiedler identisch sein soll: Bei der im ersten Teil dieser Fassung konsequent durchgehaltenen Einführung jeder Einsiedlerrede mit *Der ainsidel sprach* wäre für diesen Prolog II eine ähnliche Überschrift wie in C zu erwarten gewesen, wenn man sich wirklich den vorherigen Gesprächspartner des Teufels hier als Sprecher des Schlußteils gedacht hätte. Es kann daher angenommen werden, daß es sich bei dem durch keinen Hinweis genauer bezeichneten Ich der Prologverse um den in allen sonstigen Teilen als Er-Erzähler auftretenden Berichterstatter handelt, der sich hier einmal direkt ans Publikum wendet.

Unvermittelt tritt danach aber auch in dieser Fassung der Teufel mit direkter Rede neben den Schlußteil-Erzähler, ohne daß er mit einem *Der tüfel sprach* vorher eingeführt worden wäre. Aber die erzählenden Passagen und die direkten Reden des Teufels stehen in dieser Fassung – deutlicher als etwa in A – blockhaft nebeneinander, so daß klarer erkennbar bleibt, um welchen Sprecher es jeweils geht: Wenn der Teufel das Wort ergreift, tritt der Erzähler gewissermaßen vollständig hinter diesem zurück und ›zitiert‹ in wörtlicher Rede, um danach selbst wieder mit seinem Bericht fortzufahren. Auch in dieser Fassung D erscheint der Erzähler schließlich wieder klar erkennbar als der Referent des Schlußgesprächs zwischen Christus und Teufel.

---

84 Ganz selten steht auch in dieser Fassung mal ein *Ich sprach* statt *Der ainsidel sprach* (vgl. z. B. fol. 62ra; fol. 96rb). Man ist versucht, diese Fälle als Beweise dafür anzusehen, daß auch D direkt oder indirekt auf eine Fassung in der Ich-Form zurückgeht.

Da in D sowohl der Einsiedler-Teufel-Dialog als auch dieses Schlußgespräch von einem ›allwissenden‹ Er-Erzähler wiedergegeben sind, bedarf es keiner inhaltlichen Motivation (wie sie etwa durch die Überschrift zum Schlußteil in C versucht wurde) für die Zusammenfügung beider Gesprächskomplexe: Die Verbindung zwischen ihnen beiden stellt sich sozusagen in der Person des Erzählers her, zu dessen charakteristischen Merkmalen der ›Allwissenheit‹ es gehört, daß er über disparate, durch Raum und Zeit voneinander getrennte Vorgänge aus einer immer gleichbleibenden Erzählperspektive und -distanz berichten kann. Die Fassung D steht damit allen übrigen Überlieferungen von TN als diejenige Bearbeitung gegenüber, in der auf der Ebene der Darbietungsform mit relativ größtem Erfolg die heterogenen Einzelteile des Werks zu einer stimmigen Ganzheit zusammengeschlossen wurden.

33.2 Äußere Merkmale der Handschriften als Zeugen unterschiedlicher Gebrauchsakzente

Wie an anderer Stelle schon gezeigt werden konnte, sind äußere Gegebenheiten der erhaltenen Fassungen als zusätzliche Informationen über die Vorstellungen vom Gebrauchscharakter des Werks zu werten. So wurde festgestellt, daß die in A und D enthaltenen Fassungen wohl für einen *Lesegebrauch* gedacht waren, wobei die in ihnen gegebenen Bilder ›Motto-‹ bzw. ›Lesezeichen-Funktion‹ gehabt zu haben scheinen. Unterschiedliche Akzentuierungen des Gedichts waren zudem an der verschiedenartigen Verteilung der Bilder bzw. Lücken auf den Text zu erkennen (vgl. oben Kap. 22.3).

Ähnliches läßt sich nun anhand weiterer Merkmale der technischen Einrichtung für alle Fassungen feststellen: Handschrift A untergliedert das Gedicht von Anfang bis Ende in deutlich voneinander abgesetzte Abschnitte durch einfache rote Initialen und durch – allerdings nicht immer mit diesen korrespondierende – Überschriften. Genauso sind die Handschriften C und D angelegt. B ist dagegen nur im Ständeteil durch Initialen und Überschriften äußerlich sichtbar in Kapitel eingeteilt. Nur hierin befinden sich also die vier Handschriften in Übereinstimmung: Offenbar legten alle Bearbeiter Wert auf die Betonung der dem Ständeteil zugrundeliegenden, freilich in den verschiedenen Fassungen unterschiedlichen (vgl. oben Tabelle in Kap. 2.1) Systematik. Im Gegensatz zu A, C, D hebt B aber die Gliederung des Sündenteils nicht klar erkennbar durch eigene Titel zu den Sündenabschnitten hervor. Der das System von sieben plus vier Sünden nivellierende, durchgeschriebene Text läßt den Sündenteil in B äußerlich als ›Umrahmung‹ des Ständeteils erscheinen. Das heißt: Die didaktische Selbständigkeit bzw. der lehrhafte Eigenwert der Sündenkapitel scheint in B nicht erkannt oder doch für nicht wichtig gehalten worden zu sein. Möglicherweise erklärt sich daraus auch, warum der B-Redaktor, obwohl ihm durchaus eine Fassung *mit* Dekalogteil vorgelegen haben kann, letzteren ausgelassen hat. Der Sündenteil wäre dann in dieser Fassung lediglich als ein für die ›Handlung‹ wichtiges Stück beibehalten worden, in dem die in der Vorrede angekündigten, im Ständeteil immer wieder auftauchenden Teufelsknechte vorgestellt werden.

Die entgegengesetzte Tendenz scheint für A, C, D charakteristisch zu sein: Die in der vorliegenden Untersuchung später noch eingehend zu behandelnde Wichtigkeit der ›katechetischen Stücke‹ am Anfang[85] wird in all diesen Handschriften in

---

[85] Vgl. Teil II, Kap. 1.2 (besonders 12.3).

klarer äußerer Gegliedertheit unterstrichen und dabei der Sündenkatalog bzw. der Dekalog als Systemreihen dieser ersten Teile auf der Ebene der Überschriften noch einmal besonders hervorgehoben[86]. Sünden- und Dekalogteil sind daher in diesen Fassungen äußerlich sichtbar dem Ständeteil gleichgeordnet[87]: ein indirekter Hinweis darauf, daß sie bei aller Verschiedenheit im einzelnen von den Bearbeitern von A, C, D – anders als vom B-Redaktor – als ihrer didaktischen Ausrichtung nach gleichwertig angesehen wurden.

4. Resümee und Ausblick

Die bisherige Forschung hat sich mit den Handschriften und den darin erhaltenen Fassungen von TN vergleichend nur unter dem Vorzeichen der ›Originalsuche‹ bzw. stemmatischer Filiation befaßt – letztlich mit widersprüchlichen Ergebnissen, die notwendig spekulativ bleiben mußten: Die Varianten widersetzen sich eindeutigen Gruppierungen; über die Prioritäten bzw. Authentizitätsgrade der Bearbeitungen – schließlich über die Textgestalt eines ›Originals‹ oder ›Archetypus‹ – lassen sich keine gesicherten Aussagen machen.

Teil I der vorliegenden Untersuchung hatte zum Ziel, im Vergleich der Handschriften die konstitutiven Grundgegebenheiten und die Merkmale des Gebrauchs von TN herauszuarbeiten: Die Überlieferungslage wurde als symptomatisch für Anlage und Ausrichtung des Werks angesehen. Verwiesen die äußeren Charakteristika der Handschriften zunächst nur allgemein in bestimmte Gebrauchssphären, so erlaubten die Übereinstimmungen und Differenzen zwischen den erhaltenen Fassungen weit genauere Schlüsse: Ein ›Original‹ von TN scheint verbindlich nur die didaktische Grundtendenz, die (Haupt- und Stände-)Sündenbelehrung, zudem auch gewisse äußere ›Richtlinien‹ (Darbietungsform und Struktur) für die variierenden Redaktionen festgelegt zu haben. Seine prinzipielle Offenheit für frei hinzufügende, kürzende, unterschiedlich akzentuierende und im einzelnen systematisierende Bearbeitungen konnte aus den distinktiven Merkmalen der Überlieferungen erschlossen werden. Diese erwiesen sich dabei zwar als Zeugen graduell differierender Gebrauchsmerkmale, nicht aber als ihrer didaktischen Intention nach grundsätzlich verschieden.

Die im Zuge der vorstehenden Untersuchungen bereits festgestellte, auf der Ebene der Darbietungsform in den erhaltenen Überlieferungen unterschiedlich erfolgreich ›bewältigte‹ Heterogenität des Werks wird nun im Teil II eingehend zu beschreiben sein. TN erweist sich in allen Fassungen als Ergebnis einer Addition von asyndetisch gereihten Teilkomplexen mit im einzelnen unterschiedlichen typologischen Rückbindungen. Es sind in sie formale, strukturelle und inhaltliche Muster aufgenommen worden, für die zwar keine Vorbilder im Sinne konkreter Quellennachweise aufgezeigt werden können, dennoch aber zahlreiche Parallelen

---

86 A macht hier insofern eine Ausnahme, als die Überschriften im Dekalogteil nicht den Inhalt der Gebote bezeichnen. Dennoch ist auch hier der Zehn-Gebote-Abschnitt klar untergliedert.

87 Die geringfügigen Unterschiede, die sich durch die Illustrationsprogramme zwischen A und D bezüglich dieser Gleichordnung ergeben, wurden oben (vgl. Kap. 22.3) besprochen.

aus verschiedenen Bereichen, die sie als gängige Typen und Modelle, als ›Konventionsformen‹ der spätmittelalterlichen Literatur erscheinen lassen. TN kann in diesem Sinne einer additiven und, wie noch näher auszuführen sein wird, assoziativen Zusammenfügung von konventionellen Materialien verschiedenster Art als ›Kompilation‹ begriffen werden. Selektion und Organisation der in ihm verwendeten literarischen Muster gehen dabei auf bestimmte Vorstellungen zurück, die der dem ›Ganzen‹ übergeordneten, im Teil I dieser Arbeit vorerst nur von innen her beschriebenen Gebrauchsfunktion entsprechen. Nach dem für TN spezifischen Umgang mit literarischen ›Konventionsformen‹ des Spätmittelalters, nach Richtung, System und Dominanzen seiner kompilatorischen Anlage, wird im Zusammenhang der folgenden Gattungsbestimmung zu fragen sein. Die zum Vergleich herangezogenen Werke werden dabei helfen, den literarischen Umkreis und damit die Stellung von TN in diesem von außen her abzustecken.

II. »Des Teufels Netz« in der Literatursituation des Spätmittelalters – Versuch einer Gattungsbestimmung

Vorbemerkung

Als ein Werk, das »verschiedene Richtungen mittelalterlicher Didaxe in sich vereinigt« und »zu einer neuen Einheit«[88] verbunden hat, wird TN im folgenden vor allem in seinen gattungsmäßig-typologischen Verhältnissen zum lehrhaften Schrifttum des Spätmittelalters zu untersuchen sein. Der für diese Untersuchung bestimmende gattungstheoretische Ansatz einer typologichen Doppelheit von ›Gattung‹ und ›Konventionsform‹ (auch das Konzept von ihren jeweils zeitspezifischen Ausprägungen und Bezogenheiten aufeinander) wurde in der Einleitung zur vorliegenden Arbeit ausführlich erläutert. Dem sind an dieser Stelle nur noch einige Bemerkungen zum speziellen Vorgehen bei der hier angestrebten Gattungsbestimmung von TN hinzuzufügen: Diese bezieht sich insgesamt auf die durch die Handschriften A, C, D bezeugte ›Großfassung‹ des Gedichts; Besonderheiten, die den durch B repräsentierten ›Minimalbestand‹ betreffen, werden an gegebenem Ort mit zur Sprache gebracht. Für die Kapitel 1 und 2 hat sich eine Grobgliederung aus der Einteilung des Werks in verschiedene größere Teilkomplexe ergeben, die zunächst einzeln untersucht und in ihren jeweiligen typologischen Rückbindungen beschrieben werden. Dabei gehe ich in vielen Fällen von Thesen der bisherigen Teufelsnetz-Forschung aus, die den Charakter von typologischen bzw. gattungsmäßigen Zuordnungsversuchen haben. Diese sollen (in den Überschriften als solche durch Fragezeichen besonders hervorgehoben) im folgenden kritisch überprüft und nach Brauchbarkeit, gegebenenfalls Stellenwert für die hier unternommene Gattungsbestimmung untersucht werden. Sie beruhen zum überwiegenden Teil auf der Verabsolutierung einzelner formaler, struktureller, inhaltlicher oder allegorischer Momente für das Gesamtwerk und dessen Zuordnung, ohne daß dabei a) die Konventionalität dieser einzelnen Formen und Muster und b) deren spezielle Wertigkeit in TN bzw. die Heterogenität des Gedichts in Rechnung gestellt worden wären. Eine Kritik an diesen Thesen kommt daher a) dem Nachweis der in sie einbezogenen Teilmomente des Werks als ›Konventionsformen‹ und b) einer Beantwortung der Frage gleich, ob und inwieweit es sich bei diesen Detailgegebenheiten um *dominante* Merkmale handelt, denn erst als solche würden sie sich für eine Zuordnung des in sich heterogenen Gesamtwerks zu bestimmten Gattungsbereichen verabsolutieren lassen (vgl. zu beiden Punkten noch einmal die Einleitung).

Im Kapitel 3 werden dann erstmals, über die bisherige Forschung zu TN hinausgehend, die allegorischen Bezüge des Gedichts, namentlich das Verhältnis zwischen Titelmetapher und Werkstruktur (3.3) genauer beschrieben. Dabei sind ›artistische Verweiszusammenhänge‹ aufzudecken, die für die Heterogenität des Werks immanent vereinheitlichende Funktion haben. Abschließend wird in Kapitel 4 eine Zusammenschau aller behandelten Einzelaspekte und -teile vorgenommen und versucht, die über dominante Merkmale zweifelsfrei gegebenen Beziehungen zum Bereich katechetischer Unterweisungsliteratur – zugleich aber auch die diesem gegenüber nicht zu leugnende Selbständigkeit des Werks – im Sinne einer Definition der Gattungsstellung und der (intendierten wie tatsächlichen) Gebrauchsfunktion von TN auszuwerten.

1. »Verschiedene Richtungen der mittelalterlichen Didaxe«[88] im Einsiedler-Teufel-Dialog

1.1 Dialog – dramatische Form?

Wie oben mehrfach erwähnt, nehmen Passagen direkter Rede in allen Überlieferungen von TN sehr breiten, die ›erzählenden‹ Ein- und Überleitungen dagegen verschwindend geringen Raum ein. Insgesamt ist das Gedicht – von wenigen ›Monologen‹ des Teufels zu Beginn des Schlußteils und von der kurzen Erzählung am Anfang des Einsiedler-Teufel-Gesprächs einmal abgesehen – in die Form des Dialogs gekleidet. Seine einzelnen Fassungen sind dramatischen Textbüchern nicht unähnlich: Wie in diesen werden die Redeabschnitte durch nicht viel mehr als kurze Bezeichnungen der jeweiligen Sprecher eingeleitet.

Der Dialog ist denn auch als Indiz für eine unmittelbare Verwandtschaft zwischen TN und dem dramatischen Bereich des Mittelalters genommen worden[89]; eine These, die, bezogen auf ein Werk, das sich selbst als *lere* ausweist, überraschen muß[90]. Sie ist, wie gezeigt werden soll, nur in einem sehr begrenzten Sinne – nur bezogen auf den Christus-Teufel-Dialog am Schluß des Werks[91] – haltbar.

Die beiden Gesprächsblöcke in TN – der umfangreiche Einsiedler-Teufel-Dialog

---

88 Heinemann, S. 343.
89 Barack, der erste Vertreter dieser These, formulierte sie noch äußerst vorsichtig. Er sah vor allem in *inhaltlichen* Momenten eine Beziehung zwischen TN und dramatischem Bereich, sekundär bezog er aber auch die *formalen* Gegebenheiten in diese Behauptung mit ein: »Was die form (...) des gedichts, das zwiegespräch, betrifft, so ist diese sehr einfach und unausgebildet. (...) Gleichwohl ist man zur annahme versucht, daß dem dichter der gedanke an das religiöse schauspiel vorgeschwebt habe. Das gedicht hat prolog und epilog und mehrmals giebt der dichter selbst einen hinweis auf das religiöse osterspiel, indem er dem teufel scenen und handlungen in den mund legt, die, wie er sagt, zu einem osterspiel geeignet wären« (Barack, S. 445). Eindeutiger wird die *Form*, der *Dialog*, als ›dramatisch‹ in der jüngeren, letztlich auf Barack fußenden Forschung zu TN bezeichnet. Nicht alle Belegstellen können hier angeführt werden. Einige Beispiele mögen genügen. Vgl. J. Baechtold: Geschichte der deutschen Literatur in der Schweiz. Frauenfeld 1892. S. 181: »Die Art des Dialogs (in TN) entspricht ganz der dramatischen Form«. Ähnlich auch bei Thiel, S. 29: »Unser Dichter versucht (...) sein Werk auch in der äußeren Form dramatisch zu gestalten (...). Aus diesem Grunde bedient er sich des Dialogs, obwohl er sonst an den Formen und Prinzipien der Predigt festhält«. Als jüngsten Vertreter dieser These vgl. auch Heinemann, S. 342.
90 Daß TN in der Tradition ›didaktischer Dialoge‹ steht, wird im folgenden gezeigt; vgl. unten Kap. 11.2.
91 Vgl. unten Kap. 2.

und das sehr viel kürzere Gespräch am Ende des Werks – sind durch das epische Praeteritum in den kurzen Ein- und Überleitungen deutlich als *erzählte* Redevorgänge gekennzeichnet [92]; sie lassen sich schon aus diesem Grund nicht ohne weiteres mit dem *gesprochenen* Dialog im Drama (in schriftlicher Fixierung durch Präsens-Einführungen der Sprecher ausgedrückt) vergleichen. Doch könnte man darin noch eine einfache ›Episierung‹ ursprünglich ›dramatischer‹ Dialoge in TN sehen [93]. Gewichtiger ist ein anderer Unterschied: Selbst wenn man in Rechnung stellt, daß die Form des Dialogs im mittelalterlichen Drama – gemessen an neuzeitlichen Vorstellungen von dramatischer Wirksamkeit – relativ unausgebildet, ja geradezu ›undramatisch‹ war, so hebt sich TN auch davon noch durch seinen fast statisch zu nennenden Einsiedler-Teufel-Dialog ab, dessen strenge Schematik und reihende Systematik im Spielbereich keinerlei Parallelen haben. Zudem entwickelt sich dieser Dialog aus einer Gesprächssituation, die jeder dramatischen Entsprechung entbehrt.

11.1 Die Rahmenerzählung

Im Anschluß an den Prolog I umreißt eine kurze Erzählung knapp die Ausgangssituation des Gesprächs:

In fromme Meditationen und Gebete versunken, wird der Einsiedler plötzlich vom Teufel überrascht. Dieser sieht sich durch die aktive Glaubensübung des Eremiten gestört und in seinen Machtkompetenzen in Frage gestellt. Er fühlt sich daher aufgerufen, dem Einsiedler den Kampf anzusagen:

168   Wan wiltu mir nun also schaden tuon,
        So wisz, das es ist weder frid noch suon
        Endzwischan mir und dir.

Doch der Einsiedler, unerschütterlich in seinem Glauben, begegnet dem Teufel mit einer Beschwörungsformel:

175   Ich beswer dich bi dem gotz gewalt
        Und bi siner hailigen menschait,
        Die Maria in die kripp lait,
        Und bi dem vatter, sun und hailigen gaist,
        Was ich dich vorschan, das du mir das saist!

Der Teufel ist gebannt:

182   Er schrei lut: ›Owe, owe!
        Dis ist mir geschehen selten me.
        Ich wand, ich wolt min ding han geschafft,
        So han ich mich selber geafft.
        Das ist ain bœse maisterschafft.
        Ich bin gezwungen und behafft.
190   O gottes kraft, wie bistu so grosz,
        Wie gistu mir so manegen truk und stosz
        durch disen œden man.

---

[92] *Ich sprach* bzw. (in D) *Er sprach* bei allen Einsiedlerreden; *Der tüfel sprach* bzw. *-antwurt*; *Christus sprach*.
[93] An eine solche ›Episierung‹ eines dramatischen Dialogs kann für das Schlußgespräch zwischen Christus und Teufel eventuell gedacht werden. Vgl. dazu unten Kap. 2.

Alles Wehklagen ist nun aber umsonst: Der Teufel muß dem Einsiedler Rede und Antwort stehen. Ganz zum Schluß des Dialogs knüpft er selbst noch einmal an diese Ausgangssituation an: Obwohl er dem Einsiedler von seinen großen Erfolgen als Verführer aller menschlichen Stände erzählen und berichten kann, daß ihm Sünder aller sozialen Schichten ins Netz gehen, muß er seine Macht- und Hilflosigkeit diesem frommen Mann gegenüber eingestehen:

13126 (zitiert nach BC)
So wolt ich dich och han gefangen
Mocht es mir sin ze handen gangen
Do behůt gott dich armen knecht
Und beschach mir fast unrecht
Das ich wol han ze clagen.

Ein mittelalterliches Publikum mag sich bei den vehementen Klagen des Teufels an gewisse Szenen aus dem Spielbereich erinnert haben[94]. Insgesamt hat diese Rahmenerzählung aber wohl eher Assoziation an die in mittelalterliche Predigten eingestreuten Exempel erweckt, denen sie ihrem Inhalt sowohl als auch ihrer didaktischen Funktion nach durchaus vergleichbar ist: Von Teufelsbegegnungen wie dieser war in den mittelalterlichen Predigtmärlein häufig genug die Rede; und es wird da oft von frommen Menschen berichtet, die qua festem Glauben dem Teufel widerstehen und ihn gelegentlich auch – wie hier der Einsiedler – mit Hilfe des Kreuzzeichens oder durch Anrufung Gottes, der Dreifaltigkeit, bestimmter Heiliger, etc. vertreiben oder bannen und zur Preisgabe seiner Schliche zwingen[95].

Wie solche Exempel, so scheint auch diese Rahmenerzählung in TN den Zweck zu haben, die allgemeine Vorstellung von dem allgegenwärtigen Verführungsbestreben des Teufels an einem Beispiel zu demonstrieren und zugleich auf probate Mittel gegen die teuflischen Machenschaften hinzuweisen. Die Gefährlichkeit des Teufels wird sinnfällig darin gezeigt, daß er offenbar auch noch vor den allerfrömmsten Menschen nicht zurückschreckt. Aber gerade von diesen kann er auch besiegt werden. Das Beispiel des Einsiedlers macht dies deutlich und gibt der Exempelerzählung zudem eine ›asketische‹ Färbung: Es steht hier dem Teufel der typische Vertreter eines Standes gegenüber, von dem es im Verlauf des Gesprächs heißt, daß die ihm angehörenden Menschen *sellten der welt nahen* (5704) und insgesamt *ain engelschlich leben* (5706) führen. Nicht irgendein frommer

---

[94] In ähnliche Klagen bricht Luzifer in den Teufelsszenen mittelalterlicher Osterspiele zum Beispiel immer dann aus, wenn seine Unterteufel aus Versehen fromme Menschen in die Hölle geschleppt haben, die dann den Höllenbewohnern geradezu physische Pein bereiten. Vgl. dazu M. J. Rudwin: Der Teufel in den deutschen geistlichen Spielen des Mittelalters und der Reformationszeit. Göttingen 1915. S. 151 f.

[95] Erinnert sei hier z. B. an die auf ein lateinisches Predigtexempel des Caesarius von Heisterbach zurückgehende »Teufelsbeichte«, ein Gedicht des 14. Jahrhunderts, das zumindest z. T. mit der Rahmenerzählung in TN vergleichbar ist. Vgl. A. Closs: Weltlohn, Teufelsbeichte, Waldbruder. Beitrag zur Bearbeitung lateinischer Exempla in mhd. Gewande. Heidelberg 1934. – Auch eine Reihe der auf Predigtmärlein zurückgehenden Exempla im mittelniederdeutschen »Großen Seelentrost« hat einen ähnlichen Inhalt (z. B. Nr. 13 und Nr. 23 zum 3. Gebot). Vgl. Der Große Seelentrost. Ein niederdeutsches Erbauungsbuch des 14. Jahrhunderts. Hrsg. von M. Schmitt. Köln/Graz 1959 (Niederdeutsche Studien 5). S. 76 und 80.

Mensch, sondern ein Einsiedler, die Inkarnation weltentsagender und kompromißloser Frömmigkeit, ist hier dem Teufel als eine Idealfigur entgegengestellt, die sich – exemplarisch-demonstrativ – von allen denjenigen Menschen abhebt, von deren leicht zu bewerkstelligender Verführbarkeit der Teufel im Verlauf des folgenden Gesprächs ein eloquentes Zeugnis ablegt.

Die im Dialog enthaltenen, pessimistischen Ausführungen über die fast unumschränkte Macht des Teufels und die weite Verbreitung der Sünde in der Welt werden so durch die Rahmenerzählung relativiert. Am Beispiel des Einsiedlers wird die Möglichkeit eines Entkommens, ja sogar eines Siegs über den Teufel klar gemacht; zugleich auch exemplarisch zu absoluter Weltentsagung und Frömmigkeit geraten[96].

11.2 Form und Entwicklung des Dialogs

Das in das oben beschriebene Rahmenexempel eingebettete Gespräch vollzieht sich in strenger Schematik[97]: Dem Einsiedler fällt einseitig die Rolle des Fragenden zu, der in seinen knappen Äußerungen jeweils das Stichwort für die weit ausholenden, durch Wiederholungen zumindest den heutigen Leser nicht selten ermüdenden Antworten des Teufels liefert. Zunächst richten sich seine Fragen auf die Teufelsknechte, die dann vom Teufel nacheinander genannt und charakterisiert werden. Anschließend fordert dieser (nur in A, C, D) den Einsiedler auf: *sprich die zehen bot* (1366); er zählt die Dekalogstücke einzeln auf und verlangt zu jedem vom Teufel einen Kommentar. Im Ständeteil ist es wiederum der Eremit, der die einzelnen sozialen Gruppen nennt und jeweils die Frage anschließt, wie der Teufel mit ihnen umgehe. Damit ist der gesamte Dialog demselben Frage- und-Antwort-Schema unterworfen. Bestimmte Reihungssysteme – Sünden-, Dekalog- und Ständereihe – geben den Gesprächsabschnitten zusätzlich eine ihrem Inhalt entsprechende Gliederung.

Ich kehre zurück zu der These, die Form des Dialogs in TN könne als Indiz für eine Verwandtschaft mit dem dramatischen Bereich genommen werden: Nach dem bisher Gesagten läßt sich an eine solche Beziehung wohl kaum mehr denken. Weder die Personenkonstellation noch die schematische Gesprächsform und die sie gliedernden Reihungssysteme haben im mittelalterlichen Spielbereich Parallelen[98]. Es wurde in TN an bestimmte Ausprägungen des *didaktischen* Dialogs angeknüpft. Daß das vom Teufel als ›Lehrendem‹ Gesagte zum überwiegenden Teil erst in sein Gegenteil verkehrt werden muß, um die *lere* zu ergeben, die im Werk insgesamt – bezogen auf ein Publikum – angestrebt ist, tut hier nichts zur Sache: Formal erfüllt dieser Dialog durch die typische Gegenüberstellung eines immer nur Fragenden und eines durch seine Antworten direkt Belehrenden die Bedingungen des Lehrgesprächs[99].

---

96 Zum Verhältnis zwischen Rahmenexempel und Dialog vgl. noch einmal unten Kap. 3.3.
97 Über die inhaltliche Entwicklung des Dialogs gibt die Inhaltsangabe Teil I, Kap. 2.1 Auskunft.
98 Die Gegenüberstellung ›frommer Mann‹-Teufel (Luzifer) ist zwar in den Spielen mehrfach belegt, niemals aber eine Konstellation Einsiedler-Teufel. – Die Ständereihe kommt als Aufzählung und/oder Revue verschiedener Ständevertreter in den Teufelsszenen konstant vor, wird aber nicht wie in TN als Gliederungssystem eines Dialogs benutzt (vgl. dazu unten Kap. 13.1). Hauptsündenreihe und Dekalog haben in dieser gliedernden Funktion ebenfalls keine Entsprechungen im mittelalterlichen Drama.
99 Von der Gegensätzlichkeit der Gesprächspartner her hätte man ein Streitgespräch er-

Die inhaltsbezogene Binnengliederung der Einzelteile legt den Gedanken nahe, daß dieser Dialog sich an Gesprächstypen anlehnt, wie sie im mittelalterlichen Beicht- und Religionsunterricht als Lehrverfahren praktiziert wurden. Diese hat P. Göbl als eine Mixtur aus einer erotematischen oder fragenden und einer akroamatischen oder mitteilenden Methode beschrieben [100]. Zu ihren besonderen Regeln gehörte es, daß der Lehrer auf Befragen des Schülers – oder dieser vom Lehrer aufgefordert – einzelne Stücke der Glaubenslehren aufzählte und sich daran – wo nicht nur in einem erotematischen Verfahren ›abgehört‹ wurde – jeweils ein längerer Kommentar des Katecheten anschloß. Dabei war »der Lehrer fast immer der Erzählende« [101]. Katechetische Kataloge wie die zehn Gebote, die Haupt- und anderen Sünden, die einzelnen Stücke des Paternosters oder Glaubensbekenntnisses, usw. bildeten das Gerüst und Schema solcher Gespräche; der Schüler mußte sie aufzählen oder erfragen; dem Lehrer oblag es, sie zu kommentieren [102].

Eine Reihe von spätmittelalterlichen Werken katechetischen Inhalts weist – zum Teil auf lateinische, namentlich scholastische Vorlagen, zum Teil aber auch wohl direkt auf das zunächst im mündlichen Unterricht praktizierte Lehrverfahren zurückgehend – eine solche, durch Reihungssysteme streng gegliederte Dialogform auf [103]. Daß sich TN mit Schriften dieser Art eher als mit Werken aus dem mittelalterlichen Spielbereich vergleichen läßt, ist für die ersten Abschnitte im Einsiedler-Teufel-Dialog sofort einsichtig: Auch hier vollzieht sich das Gespräch nach der Systematik katechetischer Kataloge (Sündenreihe; Dekalog) und der ›Lehrer‹ – in diesem Falle paradoxerweise der Teufel – ist ›fast immer der Erzählende‹. (Der Einsiedler übernimmt dabei gewissermaßen die Rolle des Katechumenen.) Doch ist auch der Ständeteil, obwohl er durch die zunächst nicht als ›katechetisch‹ aufzufassende Aufzählung aller sozialen Schichten gegliedert wird, den ersten Abschnitten durch Beibehaltung derselben Frage-und-Antwort-Schematik angeglichen. Insgesamt kann dieses Gespräch demnach als ein seiner Form nach ›katechetisches‹ begriffen werden. Im folgenden soll gezeigt werden, daß es – vor allem in seinen ersten Teilen – auch inhaltlich in vielem der spätmittelalterlichen Katechese entspricht [104].

---

warten können. Als ein solches ist dieser Dialog aber, wie noch gezeigt werden soll, von Inhalt und Schematik her nicht zu bezeichnen.

100 P. Göbl: Geschichte der Katechese im Abendlande vom Verfalle des Katechumenats bis zum Ende des Mittelalters. Kempten 1880. S. 247 ff. Ähnlich auch schon J. Geffcken: Der Bilderkatechismus des funfzehnten Jahrhunderts und die catechetischen Hauptstücke in dieser Zeit bis auf Luther. Leipzig 1855. S. 28.
101 Göbl, S. 256.
102 Die neuzeitlich-katechetische Lehrmethode weicht davon freilich nur geringfügig ab. Vgl. dazu J. A. Jungmann SJ.: Katechetik. Aufgabe und Methode der religiösen Unterweisung. (3. verbesserte und erweiterte Auflage) Freiburg/Basel/Wien 1965. Vor allem S. 124 ff.
103 Erinnert sei hier nur an Marquarts von Lindau »Dekalogtraktat« und andere Traktate; an den niederdeutschen »*Spegel der mynsliken behaltnisse*«, an den »Großen-« und den »Kleinen Seelentrost« u. a.
104 Über die diesbezügliche Sonderstellung des Ständeteils informiert Kap. 1.3.

1.2 Sünden- und Dekalogteil in ihrem Verhältnis zum katechetischen Schrifttum des Spätmittelalters [105]

Die beschriebene Schematik des Dialogs setzt erst ein, nachdem der Teufel, der sich zunächst mit einem ›Pauschalbericht‹ aus der Affäre ziehen will[106], vom Einsiedler aufgefordert worden ist, detaillierter zu erzählen, *wie es si umb die welt getan* (233). Erst im Anschluß daran berichtet der Teufel von seinem Netz und den Knechten und liefert damit den allegorisch-handlungsmäßigen ›Aufhänger‹ für die folgenden Kapitel:

238 Ich tuon ain sege machen,
    Da ich alle die welt inn vach.
241 Die ziehend siben knecht an,
    Die land mir selten kain engan.

Von diesen Knechten will nun der Einsiedler zuerst hören. Der Teufel stellt sie nacheinander namentlich vor: *Der erst haist junkher Hoffart* (269); *der ander knecht haist Nid und Hasz* (361); usw. Nicht *sieben*, sondern insgesamt *elf* Knechte werden aufgezählt; ein Umstand, der bereits erkennen läßt, daß diese Sündenkapitel nur noch locker auf den vom Teufel angedeuteten ›Handlungsrahmen‹ bezogen sind (und dies in allen Fassungen gleich!).

Auf die systematische Sündendarstellung und -erläuterung kommt es hier vor allem an. Zwar hält sich der Teufel dabei nicht an das seit der Mitte des 13. Jahrhunderts übliche Schema *SALIGIA*[107], aber die Hoffart führt hier wie in den meisten katechetischen Schriften der Zeit die Hauptsündenreihe an. Wo sie sonst konventionellerweise als *anfank aller svnd*[108] oder als *chunigynne allez lasters*[109] bezeichnet wird, erscheint sie in TN entsprechend als *wurz aller bœser dinge* (279)[110], woraus die anderen Sünden folgen: 2. *nid und hasz*; 3. *gitikait*; 4. *fraszhait*; 5. *zorn*; 6. *unkünschait*. Bevor der Teufel die siebte Hauptsünde anführt, wird noch *manslacht* genannt und von der Knechtegruppe *Beslewsz das herz; – den mund; – den sekel* (als Sünden im Beicht- und Bußverhalten) gesprochen; danach folgt erst die *trækait*.

Indem so – bei gleicher Anzahl und Reihenfolge der Sünden in *allen* Fassungen! – die Darstellung des letzten Hauptlasters ›hinausgezögert‹ wird, erfährt die ursprünglich auf die Siebenzahl festgelegte Sündendarstellung eine assoziativ vor-

---

105 Der Begriff ›Katechismus‹ war in seiner neuzeitlichen Bedeutung dem Mittelalter nicht geläufig (vgl. Geffcken, S. 16 ff.). Im folgenden wird unter den Terminus ›katechetisches Schrifttum‹ jegliche Art religiöser Unterweisungsliteratur subsumiert, soweit sie sich in vergleichsweise *systematischer* Form auf die katechetischen Hauptstücke bezieht. Vgl. dazu etwa die Texte in P. E. Weidenhiller: Untersuchungen zur deutschsprachigen katechetischen Literatur des späten Mittelalters. Nach den Handschriften der Bayerischen Staatsbibliothek. München 1965 (MTU 10). Ebenso die ›Siebenundzwanzig Beilagen‹ im Anhang bei Geffcken, nach S. 114.
106 Vers 199–230, wo der Teufel zunächst nur erzählt, daß und wie er besonders zur heiligen Weihnachtszeit Sünde verbreitet.
107 Vgl. dazu Weidenhiller, S. 20 ff.
108 Heinrich von Langenstein. *Erchantnuzz der sund*. Hrsg. von P. R. Rudolf SDS. Berlin 1969 (Texte des Mittelalters und der frühen Neuzeit 22). S. 144, 10.
109 Martin von Amberg. *Der Gewissensspiegel*. Hrsg. von St. N. Werbow. Berlin 1958 (Texte des späten Mittelalters 7). V. 530.
110 Aber auch der Geiz wird in TN als *wurz aller boshait* (432) bezeichnet.

genommene Erweiterung. Die Trägheit gerät dabei in eine eigenartige ›Zwitterstellung‹: Einmal ist sie das letzte Systemglied in der Gruppe der Hauptsünden und wird auch in Handschrift C (vgl. Kapitelüberschrift vor Barack 1169) ausdrücklich als deren *sibende* bezeichnet[111]. Sie rückt aber als letztes Laster in der Folge *Beslewsz das herz, – den mund, – den sekel* auch noch in eine andere systematische Position: Sie ist zusätzlich verknüpft mit dem hier speziell auf Beichte und Buße bezogenen, sonst allgemeiner als Schema der *peccata cordis, oris et operis* bekannten Laster und stellt in diesem das letzte Glied, das *peccatum obmissionis* dar. Dieses Vierersystem wurde in mittelalterlichen Beichtspiegeln häufiger als Einteilungsprinzip benutzt[112], wobei unter der letzte Laster als Oberbegriff diejenigen Sünden fielen, »die durch Vernachlässigung oder Versäumen christlicher Pflichten begangen werden«[113]. In TN ist das siebte Hauptlaster – wie es auch in den Beichtspiegeln der Zeit üblich war[114] – ausdrücklich als *trækait an gotz dienst* (1199) verstanden und konnte so zugleich als letztes Glied in der Gruppe der Gedanken-, Wort- und Tatsünden aufgefaßt werden. Zwei verschiedene Lastersysteme wurden auf diese Weise miteinander verknüpft.

Eine ähnlich ›schillernde‹ Position wie die Trägheit nimmt auch *manslacht* in diesem Lasterkatalog ein. Im entsprechenden Dekalogkapitel (zum 5. Gebot) wird der Mord als der *vier rüfenden sünd ain* (1898) bezeichnet. Er ist nach gängiger Vorstellung der (mittelalterlichen) Katechese Bestandteil des Schemas der sogenannten ›himmelschreienden Sünden‹. Von diesen werden in den ›Katechismen‹ der Zeit »wenn die Zahl auch etwas schwankt, doch meist vier angegeben. Es sind: das Vergießen unschuldigen Blutes, die stumme Sünde gegen die Natur, die Bedrückung der Armen, der Witwen und Waisen, das Vorenthalten des verdienten Lohnes«[115]. Dieses Sündensystem überlappt in manchem mit dem oben genannten Schema der *peccata cordis, oris, operis et obmissionis*[116]; es ist daher – einmal wegen der in beiden Systemen gleichen Vierzahl, zum anderen wegen inhaltlicher Querverbindungen – verständlich, daß *manslacht*, hier aus dem ›eigenen‹ Schema der rufenden Sünden herausgenommen, in diesem Werk assoziativ mit der Dreiergruppe *Beslewsz das herz, – den mund, – den sekel* verbunden werden konnte. Indem aber der Mord ausdrücklich als *sibender man* (939) in der Gruppe der Teufelsknechte genannt wird, ist er zudem – dort eher allegorisch-handlungsmäßig – auch mit dem Schema der Hauptlaster verknüpft und demnach wie die Trägheit in doppelter Weise systematisch verankert.

Insgesamt wird also die Durchbrechung des erzählerischen Rahmens (*sieben* Knechte!) im Sündenteil in einem Prozeß assoziativer Anreicherung des Hauptlastersystems durch Bestandteile anderer Sündenschemata und damit unter dem Aspekt katechetischer Kategorien vorgenommen. Dasselbe gilt auch weiterhin für den Dekalogteil und dessen Beziehung zum vorausgehenden Lasterabschnitt. Im

---

111 *manslacht*, als *sibender man* behandelt, erhält dagegen in der Überschrift derselben Handschrift (C) keine Nummer!
112 Vgl. dazu Weidenhiller, S. 36 ff.
113 Weidenhiller, S. 37.
114 Vgl. Weidenhiller, S. 14 f.
115 Weidenhiller, S. 22.
116 Vgl. zum Beispiel die Aufzählungen der einzelnen ›Umstände‹ der ›rufenden Sünden‹ in cgm 121 (Weidenhiller, S. 50) mit denen zu den *peccata cordis, oris, operis et obmissionis* in cgm 509, im Traktat »Von einem christlichen Leben« (Weidenhiller, S. 41 ff.).

Gesprächskontext ist die Verknüpfung dadurch gegeben, daß der Einsiedler fragt, wodurch die Menschen dem Teufel und seinen Gesellen verfallen, und der Teufel antwortet: dadurch, daß sie die göttlichen Gebote brechen (1325 ff.). In den hier folgenden Passagen werden die Teufelsknechte nicht mehr erwähnt. Der Teufel selbst ist es, der den Menschen seine trügerischen Lehren wider die Gebote Gottes einbläst; er macht sie systematisch zu Dekalogsündern und hält sein Netz für sie bereit. Die *segi*, als erzählerische Konstante beibehalten, stellt den einzigen ›Handlungsbezug‹ zu den voraufgegangenen Kapiteln dar [117].

Für den Erzählzusammenhang wäre dieser Dekalogteil aber im Grunde entbehrlich; wie dies ja durch den ›Minimalbestand‹ in Handschrift B bewiesen ist, wo dieses Stück fehlt. Mit Recht wurde von H. Werner betont, daß dieser Abschnitt »in seinen etwa 1500 Versen nur eine Wiederholung der vorhergehenden und eine Vorwegnahme der folgenden Gedanken, nur unter den Gesichtspunkt des göttlichen Gesetzes gerückt« [118], bietet. Für die mehr ›katechetische Ausrichtung‹ ist dieser Teil aber keineswegs überflüssig; er folgt sozusagen ›zwingend‹ aus dem ersten Teilkomplex des Einsiedler-Teufel-Dialogs: In mittelalterlichen Beichtspiegeln und weiter gefaßten Katechismustafeln bildeten Hauptsünden- und Dekalogschnitte – wenn auch in variierender Reihenfolge – einen festen Verbund [119]. Die Handschrift A, C, D und das Fragment (ein Stück aus dem 9. Gebot!) folgen dieser Konvention. Unter dem Aspekt katechetischer Belehrung ergab sich der Dekalogteil gewissermaßen ›selbstverständlich‹ aus der Vorstellung der Sündenknechte: als Ergänzung zum Hauptsündenkommentar.

Eine solche Anlehnung an katechetische Konventionen der Zeit ist keineswegs nur für die Grobstruktur dieser ersten Teile in TN geltend zu machen. Dasselbe gilt auch für die Detailgestaltung: Die einzelnen Sünden- und Dekalogkommentare enthalten allesamt Elemente, die sich zumindest inhaltlich-punktuell mit entsprechenden Abhandlungen im katechetischen Bereich vergleichen lassen. Freilich macht sich dabei ein stärker eklektisches Verfahren bemerkbar: Katechetische Materialien werden angesichts der eigenwilligen ›Inszenierung‹ dieser Sünden- und Dekalogkommentare frei verfügbar; sie werden in den mehr rollen- bzw. handlungsbezogenen Aussagen des Teufels zum Teil verzerrt, zum Teil auch mit solchen nichtkatechetischer Art verbunden, und die Einzelerläuterungen bieten oft nur einen Teilausschnitt dessen, was in entsprechenden katechetischen Kommentaren üblicherweise zu dieser oder jener Sünde, zu diesem oder jenem Gebot angeführt wird. Dies soll im folgenden an ausgewählten Beispielen aus dem Sünden- und dem Dekalogteil gezeigt werden.

12.1 *Sündenkommentare*

Am Anfang und am Schluß eines jeden Sündenkapitels wird vom Einsiedler und vom Teufel das jeweils behandelte Laster als Personifikation angesprochen [120]. Doch

---

117 Wie wichtig diese inhaltlich-erzählerische Konstante für das Grundkonzept des Werks ist, wird unten Kap. 3.3 noch genauer zu erläutern sein.
118 Werner, S. 17.
119 Vgl. die meisten Texte bei Weidenhiller sowie auch die ›Siebenundzwanzig Beilagen‹ im Anhang bei Geffcken, nach S. 114.
120 Vom Einsiedler, indem er jedesmal ausdrücklich nach dem (ersten, zweiten, dritten etc.) *knecht* fragt; vom Teufel, indem er die Sünden als *junkher Hoffart* (269), als *knecht Nid und Hasz* (361) etc. vorstellt und am jeweiligen Kapitelende das Gesagte mit Phrasen wie: *Sich das ist Hoffart min erster knecht* (343) zusammenfaßt.

werden die dadurch gegebenen allegorischen Bezüge im Innern der Abschnitte immer wieder außer acht gelassen; ja der Teufel fällt selbst oft genug soweit aus der Rolle, daß er die durch seine Knechte verkörperten Sünden einem Katecheten gleich kommentiert: vor ihnen warnt, Bibelstellen zitiert, Gott und Heilige als positive Vorbilder anführt, auf den Verlust des ewigen Lebens als Folge lasterhafter Lebensführung hinweist, katalogartig die ›Umstände‹ der einzelnen Laster aufzählt und sogar Dinge, die im katechetischen Bereich *über* ihn gesagt werden, von sich selbst in Ich- oder auch in Er-Form berichtet. Doch ist ihm dabei nicht nur strenggenommen ›Katechetisches‹ in den Mund gelegt. Vieles in seinen Ausführungen gehört zum Allgemeingut mittelhochdeutscher Literatur. Es entstehen auf diese Weise verschiedene Typen von Sündenkommentaren: einmal solche, in denen der Teufel sentenzartige Verse in gereihter Form zur Erläuterung dieses oder jenen Lasters anführt, ohne auf den Handlungsrahmen bezugzunehmen; zum anderen solche, in denen katalogartige Sündenerklärungen durch breiter ausgeführte Beispiele oder Bibelzitate ergänzt werden; zum dritten solche, in denen der Teufel sich selbst stärker ins Spiel bringt und zeigt, wie er – oder seine Gesellen in seinem Dienst – die jeweils besprochene Sünde in der Welt verbreiten. Für jeden dieser Typen soll hier ein Kapitel exemplarisch vorgeführt werden.

Repräsentant des *ersten* Typs ist das Zorn-Kapitel. Es beginnt – zunächst noch ›allegorie-immanent‹ – mit der Frage des Einsiedlers:

681 ... Nun sag mir bald ze hand,
Wie ist der fünft knecht genant?

In seiner Antwort bleibt der Teufel nur im ersten Vers zweifelsfrei auf der Ebene der Personifikation, gibt dann aber weitere Erläuterungen, die nur noch in manchen zweideutigen Versen (z. B. 693, 697, 700, 710) auf den *Knecht* Zorn bezogen werden können:

688 Zorn ist er genant.
Von zorn tuot ainr im selb entrinne,
690 Zorn hat nit wiser sinne,
Zorn tuot fründ und mag nœten,
Von zorn tuot ainr sinen vatter tœten.
Zorn würkt kain gerechtikait,
Von zorn tuot ainr daz im iemer ist laid.
695 Zorn bringt dik gros arbait.
Der zornig nieman gern vertrait.
Zorn tuot an übel all sin vermugen.
Zorn ist ain grosse untugend.
Zorn sol menglich entwichen,
700 Zorn tœt den armen als den richen.
Von zorn tuot man sweren,
Got und sin muoter enteren.
Zorn flucht wib und man.
Zorn nieman guotes gan.
705 Der zornig ist niemans gesell.
Von zorn verdient man bald die hell.
Zorn ist ze nüte guot,
Zorn benimpt dem menschen guoten muot.
Zorn ist dem tüfel gelich.

710   Zorn hasset arm und rich.
    Er muos guot gelük han
    Der mit lieb wil von im gan.
    Fliehen ist der beste rat,
    Den man für den zornigen hat.

Erst im Anschluß an diese katalogartige Aufzählung wird wieder eindeutig auf den *Knecht* hingewiesen:

715   Dis ist von minem *knecht* Zorn
    Der mengen menschen hat verlorn (B: *macht* verlorn!)
    Er si wib oder man,
    Er muos zwar die sünd lan
    Oder hindan in die sege gan.

Zwar wird hier zum Schluß wieder der Bezug zum Handlungsrahmen hergestellt (Netz und Knecht!), aber das Mittelstück des Abschnitts läßt doch deutlich werden, daß der Teufel in diesem Zusammenhang keine rollen- oder handlungsbezogenen Aussagen macht. Dies wird besonders klar, wenn er über sich selbst in der dritten Person Singularis (709) spricht. Es ist ihm hier ein Zorn-Kommentar in den Mund gelegt, der eher einem Spruchdichter als ihm, dem Teufel, anstehen würde.

Seinem Inhalt nach ist dieser Abschnitt mit Zorn-Kommentaren im katechetischen Schrifttum durchaus parallel zu setzen: am ehesten wohl mit solchen in kommentierten Katechismustafeln, die Sündenerläuterungen in ähnlich knapper Form bieten[121]. Seinem Typ nach ist dieser Zorn-Abschnitt jedoch nicht ohne weiteres mit entsprechenden katechetischen Sündenabhandlungen in Zusammenhang zu bringen. Er nimmt in TN zudem eine Sonderstellung ein; unterscheidet sich von den anderen Lasterdarstellungen durch die Anaphernkette als Mittel der Darbietung und durch den Sentenzcharakter der zum Thema Zorn angeführten Verse. Diese Charakteristika legen einen Vergleich mit typischen Formen der Moraldidaxe nahe: Ganz ähnliche Passagen finden sich als Versatzstücke zum Beispiel in Boners »Edelstein«[122] und in Thomasins von Zirclaria »Wälschem Gast«[123]. Als Beleg für die Typähnlichkeit mag das folgende Stück aus der fünften, dem Zorn und dem Neid gewidmeten Distinction in Hugos von Trimberg »Renner«[124] dienen:

---

[121] Aus der in der Münchner Handschrift cgm 866 enthaltenen »*Guten Peicht*« ist zum Vergleich der folgende Kommentar zur Aufzählung der *töchter und beystend des zorns* anzuführen. Bei ähnlicher Systematik – in TN durch die Anaphernreihe, in der »*Guten Peicht*« durch die *Item*-Anfänge erreicht – werden Beispielsätze gegeben, die inhaltlich den Erläuterungen in TN entsprechen (siehe Klammervermerke):
Item mit zorn versundet sich der mensch, so er mit verdachtem mut zorn hett in seinem herczen wyder seinen nachsten, als so er sich begert zu rechen unnd im schaden zu thun, es wär mit wortten oder wercken, durch sich selbs oder ander menschen. (TN 696 f.; 704)
Item so er auß zoren mit wolbedachten muet seinen nachsten verspott, verschmächt, schlecht, stosset, beleczt, kerckert oder mörtt. (TN 691 f.; 700; 704)
Item so er seinem nachsten, ja der im auch unrecht thutt oder thun hat, nit wolt verzeyhen. (TN 693, 705)
(...) *Item so er aus zoren flucht, sünder früntten und alten lewtten.* (TN 703)
Item so er seinem nachsten aus grollen nit zu redt oder erzayget dy zaichen der lieb oder in sawr ansicht aus zorn (TN 704 f.; 710 ff.). Vgl. Weidenhiller, S. 63.
[122] »Edelstein«, 41, 69 ff.
[123] Der Wälsche Gast des Thomasin von Zirclaria. Hrsg. von H. Rückert. Mit einer Ein-

14 029 Zorn ist gein allen witzen blint:
Ein vater ofte sîn eigen kint
Mordet oder ein man sîn wîp.
Zorn wâget sêle, êre und lîp,
Er roubet, mordet, luodert, brennet,
Sippe und friuntschaft er zertrennet.

14 053 Der tiufel ist zorne bîgesellic,
Manic mensche von zorne wirt hinvellic.
Zorn ist aller schanden pforte
Beide an werken und an worte,
Zorn wont allen tôren bî:
Welch wîse man ist gar zornes frî?
Zorn nimt den man sich selber gar,
Zorn ouch sôgetân dinc tuon getar
Diu über menschen kraft sich steigent
Und ofte lîp und sêle veigent.
Zorn vergizzet triuwen und êren,
Untriuwe mit lügen kan er gemêren,
Von zorn wirt manic mensche lam,
Von zorn wirt vater kinden gram,
Von zorn vil manic mensche wüetet
Daz sîner sinne niht eben hüetet,
Von zorn manic mensche sich selber henket,
Zorn fleisch, bluot, marc und hirne krenket,
Zorn lîbes, sêle und êren vergizzet,
Zorn elliu dinc unrehte mizzet [125].

Anaphorisch gereihte Spruchfolgen wie diese finden sich auch in den anderen Sünden-Distinctionen des »Renner«. Hugo, der niemanden so häufig zitiert wie Freidank [126], nimmt damit Elemente in sein episch-didaktisches Moralgedicht auf, die zum Teil in direktem Zusammenhang mit entsprechenden Stücken der »Bescheidenheit« stehen und insgesamt als typische Formen der Spruchdidaxe zu begreifen sind.

Auch das seiner Anlage und seinem Inhalt nach dem oben zitierten »Renner«-Abschnitt typisch ähnliche Zorn-Kapitel in TN ist demnach als ein Versatzstück eher moralisierend-spruchdidaktischer als katechetischer Prägung zu begreifen. Es ist das einzige Kapitel in TN, das als Sündenkommentar allein diesen Katalog anaphorisch gereihter Spruchweisheiten hat. Aus anderen Lasterdarstellungen des Werks sind nur noch Teilstücke mit dem Zorn-Kommentar vergleichbar: so ein Abschnitt im *fraszhait*- (635–648) und ein Stück im *unkünschait*-Kapitel (755–790). Doch bieten diese letztgenannten Lastererläuterungen zusätzlich breitere Erzählungen dessen, was die jeweils besprochene Sünde bedeutet. Der *fraszhait*-Abschnitt ist

---

leitung und einem Register von F. Neumann. Berlin 1965 (Deutsche Neudrucke. Reihe: Texte des Mittelalters). V. 10077 ff. Ähnlich auch die Zorn-Passage weiter vorn im »Wälschen Gast«, 671 ff.
124 Der Renner von Hugo von Trimberg. Hrsg. von G. Ehrismann. Tübingen 1908 ff. (StLV I: 247; II: 248; III: 252; IV: 256).
125 »Renner« II, S. 193 f.
126 Die Freidankzitate sind nachgewiesen in »Renner« IV, S. 255.

dabei durchsetzt mit fast ›schwankhaften‹ detailrealistischen Schilderungen, die sich namentlich auf die Trunkenheit und deren negative Auswirkungen in der Welt beziehen. Der *unkünschait*-Kommentar nimmt sich demgegenüber ›ernster‹ aus: Der Teufel führt hier neben den anaphorisch gereihten Spruchweisheiten Beispiele aus dem alltäglichen Lebensbereich an, welche verdeutlichen, daß außerehelicher Geschlechtsverkehr ›unkeusch‹, die Ehe dagegen die von Gott gewollte ›keusche‹ Beziehung zwischen Mann und Frau sei. Er gibt zudem seinen Ausführungen besonderes Gewicht dadurch, daß er *Sant Paulus* (753) und das sechste Gebot (811) zitiert.

Dieser *unkünschait*-Kommentar kann demnach hier als Repräsentant des *zweiten* Typs der Sündenkommentare in TN vorgestellt werden, als eine Art Mischtyp, der wegen der Anaphernkette mit dem Zorn-Kommentar, wegen deutlicher Anlehnungen an katechetische Konventionen und größerer Breite der Darstellung aber auch mit den anderen Lastererläuterungen zu vergleichen ist. Allegorisch-handlungsbezogene Aussagen des Teufels beschränken sich auch hier auf Anfang und Schluß des Kapitels. Die reimspruchartigen Verse sind wie diejenigen im Zorn-Kommentar nur in zweideutigen Fällen auf den Knecht *unkünschait* zu beziehen; sie schildern im übrigen Verbreitung und Auswirkungen der durch diesen Knecht verkörperten Sünde:

757   Unkünsch machet e zit alt
      Und darzuo ungestalt.
      Unkünschait bringt mit hubscher ler
      Mengen umb guot und och umb er,
      Darzuo umb lib und sel.

765   All untugend hand ain acht.
      Unkünsch tuot über macht.
      Unkünsch swecht wittwan und wib,
      Für unkünschait ist kainr frowen lib.
      Unkünsch wirpt umb wip und man,
      Nieman sich an si gelaussen kan.
      Für unkünsch hilft weder fründ noch mag.

777   Der tüfel in unkünschait tuot fellen
      Baide gespilen und gesellen.
      Unkünschait hat in der natur
      Allzit brinnen und ain fur.
      Unkünsch ist uff erd so werd
      Das ir wip und man begert.
                              etc.

Mit dem Satz: *Von unkünschait sol iederman gan* (790) schließt der Teufel die Anaphernreihe ab und wendet sich nach seinen allgemeiner gehaltenen Ausführungen nun dem spezielleren Thema der *unkünschait uss der e* zu. Er stellt in einer längeren Passage (791–802) dar, daß es *vor got ain redliche sache* (802) sei, wenn eine Ehefrau von ihrem Ehemann *ain kind tuot uffhaben* (793). Kindeszeugung und jeglicher Geschlechtsverkehr *uss der e* sei aber verwerflich:

803   Wer uss der e nach erben tuot stellen,
      Das tuot lib und sel verfellen.

Uss der e ist es allzit tod sünde (809), denn man versündigt sich damit gegen das göttliche Gebot ›*Du solt nit unkünsch sin*‹ (811). Und wer sich solches unkeusche Tun zur *gewonhait* (824) werden läßt, der ist *erst recht vertan* (830) und *erst recht von ewigem leben* (824) ausgeschlossen. Deshalb rät der Teufel, wer nicht in die *segi* und damit *in die helle* geraten wolle, der solle sich beizeiten eine Ehefrau bzw. einen Ehemann nehmen. Denn:

842   Besser ist dir mit der e ze himel faren
       Denn mit der unkünschait in des tüfels garn.

Auch hier spricht also der Teufel verschiedentlich von sich selbst in der dritten Person Singularis (777; 843). Sein Sündenkommentar läßt sich im Grunde nicht mit seiner Rolle vereinbaren. Dies wird besonders deutlich, wenn der Teufel sich bei diesen Erläuterungen eng an das hält, was in katechetischen Schriften der Zeit üblicherweise zum Thema Unkeuschheit ausgeführt wird. Zum Vergleich hier zunächst ein Beispiel aus Martins von Amberg »Gewissensspiegel«:

> Die unchewsheit ist die sybende sunde die teilt sich in vil stucke. Daz erste nennet man die slechte unchewsche. Die wirkt volprocht mit einer ledigen von einem ledigen und ist die mynste unchewsche. Jdoch ist sie ein tot sunde, und wer sie newr eines beginge und sturb alzo ane rewe an peichte und an puze, der sehe gotes amplick nymmer. Daz meynt sant PAWL wann er spricht: die unchewscher werden gotes reich nymmer besiczen [127].

Die entsprechenden Verse in TN lauten:

809   (Geschlechtsverkehr) uss der e ist (...) allzit tod sünde
       Tuot uns gottes bott verkünde.

814   Und muost ruw und buos bestan,
       Wan du hest ain todsünd getan
       Die unkünsch ist genant,
       Vor got und der welt ain schand.

753   Sant Paulus uns daz schribt
       Das der unkünsch hab tail in dem himel nit.

Ähnlich führt auch Hugo von Langenstein in der »*Erchantnuzz der svnd*« aus:

> Daz fumft stukch ist slechz beslaffen zwischen ledigen lewten; da stet von geschriben (...): Ir schult das wizzen vnd vernemen, daz ain ẙglicher vncheuscher mensch (...) hat chainen tail in vnsers herrn himelreich [128].

Das in allen oben genannten Beispielen vorkommende Pauluszitat (Epheser 5,5), verbunden mit dem Hinweis darauf, daß außerehelicher Geschlechtsverkehr, wenngleich weit verbreitet, so doch eine Todsünde sei, gehört zum festen Bestand katechetischer Unkeuschheits-Kommentare: Es findet sich nicht nur in Hauptsünden-Erläuterungen, sondern auch an einschlägiger Stelle in Dekalogabhandlungen. So

---

127 »Gewissensspiegel«, 655 ff.
128 »*Erchantnuzz*«, S. 100, 89 ff.

wird es beispielsweise auch in Marquarts von Lindau »Dekalogtraktat« zum sechsten Gebot angeführt [129]; und auch in TN erscheint es noch einmal im Dekalogteil (2344 f.): im Abschnitt zum Gebot ›*Du solt nit unkünsch sin*‹, das hier, wie dies öfter in den Katechismen der Zeit geschieht, als siebtes (!) Dekalogstück behandelt wird.

Zum Normalbestand katechetischer Unkeuschheits-Kommentare gehörte auch der Hinweis darauf, daß die *gewonhait*, wie es in TN heißt, die Sünde nur noch *grœsser* und *swærer* (819) mache. Im mittelniederdeutschen Beichtbuch »Das Licht der Seele« findet sich unter den auf schwere Vergehen wider das Keuschheitsgebot gerichteten Fragen auch die folgende: *Hefstu unkuscheyt gebrocht in lange boese gewonheyt*[130]. Auf die besondere Verwerflichkeit dieser Gewohnheit macht noch deutlicher der »Spiegel des Sünders« aufmerksam; dort heißt es drastisch: *Bistu lange in der sünd stinckend gelegen, es beswert die sunde*[131]. Auch der Teufel in TN richtet sich an der entsprechenden Stelle an ein Du, das wohl nicht auf seinen Gesprächspartner, den Einsiedler, zu beziehen ist; das Stück wirkt geradezu wie aus einem gereimten Beichtbuch entnommen:

818 Ie mer du bi ir slauffen bist,
  Ie mer es grœsser und swærer ist
  Und wirt ie grœsser die sünde.

Die Beispiele zeigen, daß in diesem *unkünschait*-Kommentar dem ersten, allgemeiner gehaltenen Abschnitt, der wie der Zorn-Kommentar einem Lasterkatalog spruchdidaktischer Prägung ähnlich sieht, ein Stück folgt, das sich – zum Teil bis zu wörtlichen Entsprechungen – stärker an das anlehnt, was im katechetischen Schrifttum des Spätmittelalters normalerweise zum Thema Unkeuschheit gesagt wird. Freilich sind solche katechetischen Unkeuschheits-Kommentare oft sehr viel umfangreicher als dieser in TN; doch nimmt dort wie hier die Abhandlung über das Problem der Unkeuschheit außerhalb der Ehe – unter den Kategorien der Hauptsünde ebenso wie unter denen des sechsten bzw. neunten Gebotes – gewöhnlich den breitesten Raum ein. In TN scheint man zudem davon ausgegangen zu sein, daß die übrigen ›Umstände‹ dieser Sünde durch die Ausführungen im Anaphernkatalog am Anfang des Kapitels genügend gedeckt waren.

Ähnlich wie im *unkünschait*-Kommentar hält sich der Teufel auch in allen anderen Sünden-Erläuterungen an das Vorbild der Katechese. Dies trifft zum einen für die Auswahl der Bibelzitate im Hoffart-, Geiz- und Neid-Kapitel zu[132],

---

129 Ein Epheukranz, oder Erklärung der zehn Gebote Gottes. Nach den Originalausgaben vom Jahre 1483 und 1516 hrsg. von P. V. Hasak. Augsburg 1889. S. 71. (Obwohl der Titel dies verbirgt, handelt es sich bei dieser Ausgabe um Marquarts »Dekalogtraktat«. Vgl. S. 1: »*Markus von Lindau über die X Gebote*«.)
130 Geffcken, Anhang S. 134.
131 Geffcken, Anhang S. 74. Auch in TN wird die Unkeuschheit eine *stinkende sünd* (749) genannt.
132 Für das Zitat (Sirach 10,15) im Hoffart-Kapitel – *Hoffart ist ain wurz aller bœser dinge* (279) – wurde oben bereits auf katechetische Parallelen verwiesen (vgl. Anm. 108 und 109). Das fast gleichlautende Zitat im Geiz-Kapitel (1. Tim. 6,10) – *Gitikait ist ain wurz aller bosheit/Das hat uns sant Paulus fürgelait* (432 f.) – findet Parallelen z. B. in der »Erchantnuzz« (S. 120, 122) oder auch in: »Der Leyen Doctrinal.« Eine mittelniederdeutsche Übersetzung des mittelniederdeutschen Dietsche Doctrinale. Hrsg. von Gunilla Ljunggren. Lund 1963 (LGF 35). S. 154, 16.
Die Bibelstelle im Neid-Abschnitt (1. Joh. 3,15) – *Wer gen sinem ebengenossen/Sich*

zum anderen aber auch für die allgemeineren Kommentierungen der jeweiligen Laster. Doch werden – außer im *fraszhait*-Abschnitt – in diese anderen Erläuterungen häufiger Verse eingemischt, die sich deutlich auf den allegorischen Handlungsrahmen beziehen oder den Teufel selbst als Initiator der gerade besprochenen Sünden charakterisieren. Im Hoffart-, Geiz-, Neid- und *manslacht*-Abschnitt sind solche handlungs- und rollenbezogenen Verse den eher katechetischen Ausführungen noch untergeordnet. In den Kapiteln zur Sündentrias *Beslewsz das herz, – den mund, – den sekel* sind die Erläuterungen aber fast ganz in Handlung aufgelöst: Es wird zum Teil in wörtlicher Rede wiedergegeben, was der jeweilige Teufelsknecht den Menschen an verführerischen Lehren einbläst (vgl. z. B. 1110 ff.) oder aber vom Teufel erzählt, wie er selbst ›persönlich‹ zu den Leuten schleicht und sie zur gerade behandelten Sünde verleitet (vgl. z. B. 1060 ff.; 1082 ff.).

Als ein besonders eklatantes Beispiel für diesen *dritten* Typ sei hier abschließend das *trækait*-Kapitel vorgestellt. Es zeichnet sich vor den anderen Sünden-Kapiteln in TN durch einen von diesen verschiedenen Anfang aus. Wo sich sonst der Einsiedler unwissend gibt und den Teufel fragt, wie der jeweils zur Diskussion stehende Knecht heiße, macht er hier deutlich, daß er von einem letzten Teufelsgesellen wisse, der die Trägheit in der Welt verbreite; und er wirft dem Teufel vor, daß dieser mit der Auskunft über den letzten Knecht zu lange auf sich warten lasse:

1169   ... Nun sag mir, du bœser wicht,
Wie fürstu so gar ain bœs geschicht?
Du sprichst, du habest mirs all genant,
So ist noch mir der bœst erkant,
Der hat verderpt mengen man,
Den er tuot wisen an
Trækait ze pflegend
Bisz daz man ze allen kilchen git den segen.

1183   Wie bistu nun so gar ain lugner,
Du seist selten ain war mær.
Hast du mich also betrogen
Und den bœsten knecht aber erlogen.
(in C: Und der bosten ain ab erlogen.)

Ganz seiner Rolle entsprechend antwortet der Teufel:

1187   ... Es ist min recht,
Ich trüg und lüg als min geslecht.

Trotzdem muß er nun über den letzten Knecht Auskunft geben:

1193   ... er ist mir wol der best knecht
Der allen ding tuot slecht.

---

des lat überbosen,/Das er nid und hasz in sinem herzen lat stan,/Der hat an im ain manslacht getan (369 ff.) – erscheint in den katechetischen Schriften gewöhnlich im Zusammenhang mit dem 5. Gebot (vgl. z. B. »Gewissensspiegel« 345 ff.). Neid und Haß gelten als ›geistiger Mord‹ und sind daher unter das Gebot ›Du sollst nicht töten‹ zu subsumieren. Auch in TN erscheint obige Bibelstelle – wenn auch leicht abgewandelt und nicht eigens als Zitat gekennzeichnet – noch einmal im Dekalogteil (1984 f.). Unter dem Stichwort *hasz* konnte sie aber auch in den Sündenteil eingehen.

1199 Trækait an gotz dienst ist er genant
       Und hat wip und man geschant.

Gleich darauf erzählt der Teufel aber nicht mehr von diesem Knecht, sondern er führt ein Beispiel dafür an, wie er selbst den Menschen zu *trækait an gotz dienst* verleitet. ›Gottesdienst‹ wird dabei nicht wie in entsprechenden katechetischen Abhandlungen allgemein als jegliche Art der Ausübung christlicher Pflichten (Gebet, Beichte, gute Werke, etc.) verstanden, sondern wörtlich und einseitig als das *ampt in der kirchen* (1201 ff.). Der Teufel gibt folgenden Bericht über seine verführerische Tätigkeit:

1205 Ob er (irgendein Mann) jach gern uff stünde fruo,
       So truk ich im die augen zuo
       Und sprich zuo im: ›Tuo noch ain ruo.‹
       Und sprich: ›Es ist noch ze fruo
       Das erber lüt zuo der kirchen gan,
1210   Es tuond nu die die da nüt hand.
       Stündest du frü uff an dem morgen,
       Man wonde villicht du wærist verdorben.
       Du sichst wol daz die erbern lang ligend
       Wes möchtest du in der kirchen stan in dem gedigen
1215   Als ob du wærest verdorben?
       Slaff bis zuo mittem morgen!
       Wenn du nun macht unsern herren gesehen,
       Was möchtestu zum ganzen ampt spehen?
       Es zücht sich vil ze lang
1220   Und macht aim biderman ain trang,
       Wan der lufft in der kirchen ist nit guot
       Und machet swær bœs bluot,
       Wan es smekend drin die alten wib,
       Davon wurd dir krank der lip
1225   Und müssest aim arzat din hab geben
       Daz er dir tæt fristen din leben:
       Herumb so lig bisz ze mittem tag,
       So wirstu über diser clag.
       Verzer es lieber mit schœnen wiben
1230   Die tuond gütlich dinem libe.
       Es wære vor den gesellen ain spott,
       Kæm ainr umb den lib durch gott.
       Schaff in dinem hus din fromen,
       Du macht dennocht wol ze himel komen.

Wie leicht er den Menschen mit solchen Einflüsterungen verführt, zeigt der Teufel abschließend mit dem lakonischen Kommentar:

1237 Das kan ich im als vor zellen.
       So went er denn im si also
       Und ist von ganzem herzen fro.

Im folgenden macht er aber deutlich, daß er sich nur zu solchen Menschen schleicht, bei denen er mit Erfolg rechnen kann. Das heißt, er wagt sich solchen, die *got ze aller stund lobend* (1259), gar nicht erst zu nahen, denn die sind *von got so salig getan* (1262), daß er, der Teufel, ihnen gegenüber machtlos ist. Doch bleiben ihm auf der anderen Seite noch genügend Leute, *die gotz dienst nit wolten vor ougen han* (1253); er schätzt die Zahl auf *zehen tusend* (1271). Von diesen Menschen sagt er schließlich:

1293   Si hand mir gedient als ir leben,
       Ich wil in sicher den lon geben.

Insgesamt erhält dieser Trägheitskommentar durch die lebhaften, geradezu realistischen Schilderungen und ironischen Stellungnahmen des Teufels einen fast burlesken Anstrich; vergleichbar etwa mit der Art der Darstellung im thematisch verwandten, ebenfalls allegorischen Hauptsündengedicht »Meister Reuauß«[133] oder mit so manchen Berichten der in die Hölle heimkehrenden Unterteufel in den Teufelsszenen mittelalterlicher geistlicher Spiele. Doch auch in diesem letzten Hauptsündenabschnitt von TN sind die grotesk-komischen Erläuterungen von Elementen durchsetzt, die sich mit der Rolle des Teufels kaum vereinbaren lassen und eher einem Katecheten anstehen würden: Zum einen zählt der Teufel hier, gewissermaßen nebenbei, genau diejenigen Vergehen auf, die auch in katechetischen Trägheitskommentaren zum speziellen Thema der Vernachlässigung aktiver Beteiligung am *gotz dienst* genannt werden[134]. Zum anderen macht er sich aber auch zum ›Anwalt‹ Gottes: Er sagt, es sei Gottes Willen, daß *man in lob und er* (1257). Und so wie er im Hoffart-Kapitel die *diemuot* (339), im Zorn-Kapitel die *lieb* (712), im Geiz-Abschnitt *gelten und widergeben* (481) als entsprechende Tugenden bzw. Heilmittel anführt, so empfiehlt er hier, man solle dem Vorbild derer folgen, die *got ze aller stund lobend* (1244). Schließlich beruft er sich sogar auf die bekannte Bibelstelle Epheser 6,16 ff., indem er sagt, *gotz wort* sei, so man ihm aktiv Folge leiste, das beste *schilt* (1302) wider *trækait* und alle teuflischen Machenschaften. Dem für den gesamten Sündenteil verbindlichen Rahmen entsprechend hält sich der Teufel also auch in diesem Lasterkommentar – trotz abweichender Diktion und ›teuflischer Ironie‹ – an katechetische Konvention.

12.2 Dekalogkommentare

Im Vergleich zum Sündenteil zeichnet sich der Dekalogteil in TN durch größere Einheitlichkeit aus. Trotz unterschiedlicher Länge haben alle Einzelabschnitte ein und dasselbe Schema: Der Einsiedler nennt das jeweilige Gebot, der Teufel zählt die entsprechenden Dekalogsünden auf und stellt diese als Folge der von ihm dem Menschen eingeflüsterten ›Gegengebote‹ dar. Die Teufelsknechte werden dabei, wie gesagt, nicht mehr erwähnt: Der Teufel schildert, wie er selbst gegen die göttlichen Gebote ankämpft. Seine Aussagen sind stark rollenbezogen und von viel ›Handlung‹ und wörtlicher Rede durchsetzt. Er formuliert seine Gegenlehren zum Teil als platte Negation dessen, was im jeweiligen Dekalogstück ausgedrückt ist. So heißt etwa das erste Gebot im Wortlaut von TN:

---

133 Vgl. dazu H. Stapff: Der »Meister Reuaus« und die Teufelsgestalt in der deutschen Dichtung des späten Mittelalters. Diss. (masch.) München 1956.

134 Zum Vergleich hier das entsprechende Stück aus dem »Gewissensspiegel«: Der *tracheit* macht sich u. a. schuldig, wer *fawl und trege und sleffrick ist gewest an dem dinst gotes* und wer *peten ader in ein chirchen gegangen scholt sein und dies versawmt hat.* (V. 599 ff.)

1367 ... Man sol gelouben an got
Und sol denselben got minnen
Von ganzem herzen und sinnen.

Der Teufel hält dagegen:

1376 ...Mit dingen
So tuon ich si hie wider zwingen,
Das si got *nit* mugend minnen
Weder mit herzen *noch* mit sinnen.

Doch bleibt es nicht bei solchen bloßen Umkehrungen bzw. Negationen göttlicher Gebote: In detaillierteren Ausführungen gibt der Teufel zu erkennen, welche Einzelheiten er sich ausdenkt, um die Menschen zu Dekalogsündern zu machen. Als Beispiele hier die folgenden Passagen. Zum vierten Gebot ›Du solt vatter und muoter eren‹ (1779) sagt der Teufel:

1796 Ich ler die kind vatter und muoter verwisen
Und hinder wertig angrinen und bissen:
Also tuon ich si beschissen.
Daz sol mir nieman verwissen.
Won dis ampt ist mir gegeben
Von got dem ewigen leben.
Ich ler si nemen, stelen waz si mugen:
Also wisz ich si uff untugend
Und lers vatter und muoter rechen
Mit hinterred und übelsprechen
Und in wünschen den dod.

Zum dritten Gebot ›Du solt dinen viger tag hailigen‹ (1532) führt der Teufel in lebensnahen Bildern unter anderem aus:

1566 Ich ler si aber sitzen bi dem win
Und sich füllen als die mestswin,
Spilan, rauffen mit maniger hand:
Das tuon ich in als zuo ainer schand.
Denn wenn ich si in das winhus bring
So ist in zuo aller uppikait ring
Und stossent am virtag all uppkait usz:
Darzuo trib ichs in das winhus.

1584 So si also bi ainander sitzend
Und von swüren und slegen switzend,
Wann ainer trügt, der ander lügt
Das sich der boden under in bügt,
So ainer fluocht, der ander schilt
Daz es in den himel erhilt,
Und tuond so bitterlichen sweren,
Den virtag damit enderen.

Alle Abschnitte im Dekalogteil enthalten ins einzelne gehende Schilderungen dieser Art. Sie sind ihrem Typ nach allesamt ähnlich wie der oben besprochene Trägheitskommentar einzustufen. Inhaltlich folgen sie aber noch direkter als die Laster-Kapitel entsprechenden katechetischen Abhandlungen: Die in Handlung aufgelösten Erläuterungen und zusammenfassenden Kommentare des Teufels geben in fast systematischer Form – zumindest in Ausschnitten – genau das wieder, was in Dekalogtraktaten und in Beichtspiegeln der Zeit als Vergehen unter die einzelnen Gebote subsumiert wird. Im folgenden sollen kurz die Reihenfolge und der Inhalt der Gebote-Abschnitte aufgezeigt und auf Parallelen bzw. Besonderheiten gegenüber zeitgenössischen Dekalogerklärungen aufmerksam gemacht werden. (Zum Vergleich mit TN wurden die ›Siebenundzwanzig Beilagen‹ = spätmittelalterliche Dekalogkommentare bei Geffcken [135], ferner auch die bei Weidenhiller zitierten ebenfalls spätmittelalterlichen Gebote-Erklärungen [136] herangezogen. Als ›üblich‹ wird in der folgenden Zusammenfassung das bezeichnet, was zum konventionellen Bestand in diesem Beispielmaterial gehört.)

Insgesamt werden die Gebote in TN in der üblichen Reihenfolge aufgezählt, jedoch mit folgenden Besonderheiten: 1) Das Hauptgebot (Matt. 22, 37 ff.) wird, wie dies öfter geschieht, als dasjenige, das alle anderen einschließt, vorangestellt [137], doch *ersetzt* es hier das sonst an erster Stelle behandelte (oder wenigstens mit behandelte) [138] Verbot der Abgötterei; es fehlt daher die in den zeitgenössischen ›Katechismen‹ bzw. Beichtspiegeln gewöhnlich breit ausgeführte Aberglaubensliste. 2) Das sechste und das siebte Gebot sind umgestellt: ›Du sollst nicht stehlen‹ wird *vor* ›Du sollst nicht unkeusch sein‹ besprochen. Für diese Umstellung gibt es aber im Spätmittelalter etliche Parallelen [139].

Hier nun die einzelnen Gebote im Wortlaut von TN. Was in den Kommentaren dem für die Katechese der Zeit ›Üblichen‹ entspricht, wird unter der Rubrik a) angegeben; unter b) erscheinen besondere Abweichungen in TN. Daß die Dekalogsünden in TN durch den Sprachgebrauch des Teufels als ›Tugenden‹, das heißt, als Folgen teuflischer Gebote dargestellt sind, sei hier noch einmal pauschal erwähnt; es wird dies im folgenden nicht mehr eigens für jedes Dekalogkapitel ausgeführt, da es hier nicht auf die Art der Darstellung, sondern allein auf inhaltliche Parallelen zu bzw. Besonderheiten gegenüber dem katechetischen Bereich ankommt.

---

135 Geffcken, Anhang S. 114.
136 Vgl. vor allem Weidenhiller, S. 46 ff.; 67 ff.; 112 ff.; 150 ff.; 157 ff.; 169 ff.; 182 ff.
137 Den übrigen Geboten vorangestellt und ausführlich behandelt ist es etwa auch in der 1464/65 vollendeten »Himmelstraße« von Stephan von Landskron (vgl. Weidenhiller, S. 182; Geffcken, Anhang S. 108). Aber Stephan erläutert gesondert als erstes Gebot: ›*Ich bin der herr dein got, Du wirst nicht haben froemde goetter*‹ (zitiert nach Geffcken, Anhang S. 108). Häufiger wird das Gebot der Gottes- und Nächstenliebe aber auch erst im Anschluß an die Aufzählung bzw. Behandlung der zehn Gebote als Zusammenfassung angeführt. Vgl. z. B. die »Unterweisung der Laien« (Weidenhiller, S. 158).
138 In der in cgm 866 enthaltenen »Guten Peicht« heißt etwa das erste Gebot: *Du solst gelauben an ainen gott und in lieb haben aus ganzem deinem herczen, aus ganczer deiner sell, aus ganczer deinen kreflen und gemüet und deinen nachsten als dich selbs* (Weidenhiller, S. 67). Es steht also wie in TN an erster Stelle das Hauptgebot. Im Kommentar werden aber nicht nur Sünden wider die Gottesliebe (= übermäßige Sorge um irdisches Gut) und Sünden wider die Nächstenliebe (= Zorn und Neid), sondern auch solche wider den Glauben (= Aberglaubensliste) behandelt. Vgl. dazu Weidenhiller, S. 68 ff.
139 Vgl. z. B. die »*Gute Peicht*« (Weidenhiller, S. 67); die Katechismustafel in cgm 121 (Weidenhiller, S. 47); auch Gersons »*Opusculum tripartitum de preceptis decalogi, de confessione et de arte moriendi*« (Geffcken, Anhang S. 42 ff.).

1. (erster Teil) 1367 *Man sol gelouben an got*
Und sol denselben got minnen
Von ganzem herzen und sinnen.
   a) Sünden wider das Gebot: Übermäßige Sorge um *guot* und *gelt*; lieber einem weltlichen Herren als Gott dienen; überhaupt *der welt dienen*; Heilige nicht als positive Vorbilder anerkennen; Gottesdienst nur um des Lohnes willen tun. Der Teufel läßt die Alexius-Legende als ein in seinem Sinne negatives Exempel anklingen. Dasselbe Exempel wird auch im Zusammenhang vom »Großen Seelentrost« zum ersten Gebot zitiert[140]. In TN ist es nur schwach angedeutet: auf fünf Verse zusammengedrängt (1393 ff.); man konnte offenbar damit rechnen, daß das Alexius-Exempel dem Publikum bekannt war und die Nennung des Namens allein genügte, um es in Erinnerung zu bringen.
   b) Abweichend vom katechetischen Usus wird hier nicht über Abgötterei und Aberglauben gesprochen.

1. (zweiter Teil) 1372 *Das ander ist dem gelich:*
›*Hab din eben menschen lieb als dich.*‹
1415 ›*Du solt din næchsten als dich selber han.*‹
   a) Wer sich gegen dieses Gebot versündigt wird *manslechtig*, entehrt *got und die hailigen*, begehrt des Nächsten *guot* oder *lib*, führt überhaupt ein ungerechtes Leben. Das Gebot schließt die letzten sieben Stücke des Dekalogs in sich ein[141]. Zwar wird dies in TN nicht eigens betont, dennoch aber die den letzten sieben Geboten entsprechenden Sünden in abgewandelter Form angeführt: Streit, Untreue, Schelten, Fluchen, Schlägerei und Rauferei, Mord, Diebstahl.
   b) Es ist eigenartig, daß der Teufel in TN diese Dekalogsünden eigens und speziell auf Eheleute (vgl. 1426 ff.) bezieht.

2. 1477 *Du solt nit upplich sweren bi got.*
   a) Sehr kurz wird ein Teil der sonst üblicherweise zu diesem Gebot angeführten Sünden behandelt; es sind die folgenden: *uppeklich gotz namen nennen*, das heißt, bei Anlässen, die es nicht wert sind; allzu häufiger Gebrauch des Namens der Muttergottes oder der Heiligen; *bœser swuor*; Meineid; *frü und spat* den Namen Jesu Christi im Munde führen, ohne seines Erlösungstodes zu gedenken; aus Angst *bi den hailigen sweren*.
   b) Nicht behandelt sind: Das Verfluchen Gottes; schwören, etwas zu tun, was Tod- oder tägliche Sünde sei; ein Gelübde brechen; einen anderen Menschen zum Meineid zwingen; u. a.

3. 1532 *Du solt dinen viger tag hailigen*
   a) Sünden wider dieses Gebot sind: Arbeit am Sonntag (*zeaker gan, sægen und och schniden*); nicht *zuo der kilchen gan und ain predige hœren* bzw. einer *mesz* oder *vesper* beizuwohnen; Gebet und Andacht sowie Gewissenserforschung am Sonntag unterlassen; jede Form von Spiel und Vergnügen: Tanz, übermäßiges

---

140 »Der Große Seelentrost«, S. 24 ff.
141 Entsprechend heißt es in cgm 121 nach dem dritten Gebot: *Dye vorgeschriben drew gepott sind geordent gen got (...), dye anndern allew sybene seind geordent gen unserm nachsten.* (Weidenhiller, S. 47.)

Essen oder Trinken, *swätzen mit Cuntzen und mit Mätzen, springen und singen, vechten und ringen*, sich mit *schœnen frowen* verlustieren; aus diesen Sünden leiten sich andere ab, die, wo sie am Sonntag begangen werden, besonders schwer sind: *mainaid*, Unkeuschheit, Hoffart, üble Nachrede, Verrat, *slahen und rouffen*, Fluch und Schelte.

b) Für TN spezifisch ist der Umstand, daß dieses Kapitel in zwei Abschnitte eingeteilt ist: der erste gilt den dieses Gebot betreffenden Sünden der Laien, der zweite handelt davon, *wie die gaistlichen die veyrtag brechent* (Überschrift aus C vor 1644). Die Geistlichen werden vom Teufel in besonderer Weise verführt: Ein *verruocht wib*, das der Teufel vorher dazu überredet hat, sich fein herauszuputzen und im entscheidenden Augenblick dem *pfarrer* bereitwillig auch ihren *schœnen lib* zu zeigen, wird zu den Geistlichen geschickt. Diese widerstehen der Versuchung nicht, machen sich also als diejenigen, die am Sonntag in besonderem Maße den Laien ein gutes Vorbild sein sollten, der Unkeuschheit schuldig. Aber Spiel und Vergnügen gehören auch zu ihren Sünden. Sobald sie *ain hailig predi getan* haben und *in der kilchen gotz fronlicham genossen hand*, widmen sie sich nicht nur ihren *concupinen* sondern auch dem *brett spil*, der Musik, dem *fræssin*, etc.

4. 1779 *Du solt vatter und muoter eren*

a) Sünden wider dieses Gebot sind: jede Form von Ungehorsam, Mißgunst und Feindschaft den Eltern gegenüber (z. B. das gegen Vater und Mutter gerichtete *übelsprechen* oder böse *hinderred*); Diebstahl an den Eltern; Undankbarkeit jeder Art.

Es wird eigens darauf hingewiesen, daß die Eltern zum Teil selbst die Schuld tragen, wenn ihre Kinder ungehorsam sind: *wan si hand si unrecht gezogen*[142].

b) Es fehlt der ›geistliche Bezug‹: In den Katechismen der Zeit wird gewöhnlich auch die Gehorsamspflicht gegenüber Gott und seinen Stellvertretern auf Erden behandelt. Zudem findet sich in TN kein Hinweis darauf, daß man alle älteren Menschen und auch die Toten in Ehren zu halten habe.

5. 1892 *Du solt nieman tœten*
   Mit willen und mit nœten,
   Weder mit swert noch mit der zungen.

a) Zorn, Haß und üble Nachrede sind die gängigen Sünden wider dieses Gebot: Man begeht damit geistigen Mord. Frauen töten vor allem *mit der zungen; die man tuond das mit dem swert. Insgesamt tœtend mer lüt mit dem mund als mit dem swert.* Der Mord jeder Art ist eine *der rüfenden sünd*, so schwer also, daß es des *babstes gewalt* bedarf, um jemanden von dieser Sünde loszusprechen.

b) Nicht behandelt wird: daß man sich auch durch Selbstmord gegen dieses Gebot versündigt; daß man durch Begehen einer Todsünde geistigen Mord an sich selbst verübt; daß man zudem mitschuldig wird, wenn man die Sünde gegen dieses Gebot mit ansieht und andere nicht davon abhält.

---

142 Der Hinweis auf diese Mitschuld der Eltern ist selten. Ein Beispiel: »Spiegel des Sünders« (Geffcken, Anhang S. 60 ff.).

6. 2052 *Du solt nit ain dieb sin.*
   a) Sünden wider dieses Gebot sind: Jede unrechtmäßige Anhäufung irdischen Gutes; Simonie; Wucher; dem Nächsten sein *guot* nehmen, um selbst zu Ehren zu gelangen; sein eigenes Leben dadurch abkürzen, daß man *tag und nacht* raubt und stiehlt, um temporär ein reicher und angesehener Mann zu sein, dafür aber die Todesstrafe am *galgen* in Kauf nimmt [143].
   b) Nicht behandelt sind die sonst üblicherweise breit dargestellten standesspezifischen Gaunereien gegen dieses Gebot (falsches Maß oder Gewicht mittelständischer Gewerbetreibender zum Beispiel). Darüber wird in TN aber ausführlich noch im Ständeteil gehandelt.

7. 2151 *Du solt nit unkünsch sin.*
   a) Sünden wider dieses Gebot sind: der voreheliche bzw. außereheliche Geschlechtsverkehr; Kuppelei; in Sonderheit jede Unkeuschheit der *münch und ander gaistlich lüt: ie gaistlicher, ie hailiger der man ie grösser ist die sünd.* Aus Unkeuschheit erwachsen andere Sünden: z. B. der Mord. Dies wird am Beispiel von *kung David* demonstriert, der aus Unkeuschheit zum Mörder von *achtzig tusent menschen* wurde [144].
   Sant Paulus wird zitiert mit dem Hinweis darauf, daß Unkeuschheit zum Verlust des Himmelreiches führe [145].
   Sant Jeronimus wird ebenfalls angeführt: er habe gesagt, *frowen* seien *musfallen* gleich [146]. Geistliche, Laien, Arme und Reiche verfallen alle gleichermaßen den Sünden wider dieses Gebot, denn die Unkeuschheit ist *die aller menschlichost sach.*
   b) Das Gebot ›*Du solt dine e nit brechen*‹ wird in TN explizit erst im neunten Dekalogkapitel behandelt. In diesem siebten werden aber die *ewip* und *eman* bereits neben *wittwan und wittlingen* bzw. *juncfrowen und jung tegan* als Sünder wider das Keuschheitsgebot erwähnt. Die thematisch sehr nahe verwandten Gebote (7 und 9) werden in den mittelalterlichen Katechismen häufiger auch zusammen behandelt. Auch in TN finden sich im neunten Abschnitt Wiederholungen dessen, was bereits im siebten gesagt wird.

8. 2421 *Du solt nit ain falscher züg sein.*
   a) Man versündigt sich wider dieses Gebot durch Meineid; durch falsches Urteil über andere; durch Lügen, die man um der eigenen Ehre willen oder aus Angst tut; durch jede Form von Betrug, besonders wenn man dazu den Namen Gottes und der Dreifaltigkeit in falschem Schwur mißbraucht.
   b) Keine Besonderheiten.

---

[143] Entsprechend heißt es in der »*Guten Peicht*«, man versündige sich gegen dieses Gebot, wenn man *weyll und zeyt stilt got dem almächtigen und dy selben verzerrt in sünden (...) wyder den wyllen gottes* (Weidenhiller, S. 75).
[144] Das David-Beispiel scheint für diesen Zusammenhang von Unkeuschheitskommentaren konventionalisiert gewesen zu sein: vgl. z. B. »*Erchantnuzz*«, S. 99.
[145] Über die Konventionalität dieses Paulus-Zitats wurde oben Teil II, Kap. 12.1 (vgl. Anm. 127 ff.) bereits gesprochen.
[146] Marquart von Lindau nennt in seinem »*Dekalogtraktat*« an entsprechender Stelle (S. 76 und 78) ebenfalls *Jeronymus*, doch fehlt hier das *musfallen*-Gleichnis.

9. 2512 *Du solt nit dins næchsten wip geren*
   2514 *Und solt och din e nit brechen.*
   a) Der Kommentar beschränkt sich im wesentlichen auf den zweiten Vers: Ehebruch begehen einmal die Geistlichen, wenn sie *fremd kind machen*; sie versündigen sich damit gegen Gott (*brechen ir e gen got*), zum anderen greifen sie damit zum Teil in die Ehen der Laien ein. Die Laien sündigen wider dieses Gebot, wo sie mit fremden *ewip* oder *eman kebskinder* machen. Unkeuschheit dieser Art zieht andere Sünden nach sich: z. B. Neid und Haß; auch Betrug und Diebstahl (so etwa, wenn ein Ehegatte bestohlen wird, damit *kepskinder* ernährt werden können; oder wenn den *ekinden* vorenthalten wird, was dann die Bastarde bekommen).
   b) Merkwürdigerweise wird hier auch über Inzest gehandelt: Unkeuschheit zwischen *zwai geschwistergit* gehört zu den Sünden wider dieses Gebot.
   (Vgl. auch die Bemerkung zu 7.b)

10. 2703 *Du solt niemans guot begeren*
    a) In diesem sehr allgemein gehaltenen Kommentar wird im wesentlichen dasselbe behandelt wie unter 6 (vgl. 6.a).
    b) Das Gebot ›*Du solt nit dins næchsten wip geren*‹ wird erst hier explizit kommentiert. In den zeitgenössischen Katechismen werden diese letzten Dekalogstücke zum Teil auch verbunden und zusammen erläutert.
    Was das *guot* des Nächsten sei (Haus, Hof, Knecht, etc.) wird nicht näher spezifiziert.

Der zusammenfassende Kommentar des Teufels lautet:

2807   Hie mit so tuon ich die red lan
        Die von den zehen bott ist getan
        Die mengklich muos vor ougen han
        Der in ewig leben wil gan,
        Wan all sünd sind drin beslossen.
        Darumb so bisz unverdrossen
        Und tuo si ussan lernen,
        So tuostu si behalten dest gerner.

Dieser Hinweis auf den absolut verpflichtenden Charakter des Dekalogs findet sich in spätmittelalterlichen Beichtspiegeln ebenfalls am Schluß – oder manchmal auch am Anfang der Erklärungen der zehn Gebote[146a]. Der Teufel hält sich demnach hier wie insgesamt in den Dekalogkapiteln eng an Praxis und Konvention des die zehn Gebote betreffenden religiösen Unterrichts.

12.3 Zusammenfassung: Sünden- und Dekalogteil in werk- und typspezifischer Funktion

Aus Gründen allzu einseitiger Konzentration auf den Ständeteil hat die bisherige Forschung den typologischen Rückbindungen und den spezifischen Funktio-

---

[146a] Vgl. dazu Weidenhiller S. 19 f. Als ein Beispiel sei hier die den zehn Geboten folgende, zusammenfassende Bemerkung in der »Unterweisung der Laien« angeführt: *Das sint also die zehen pot, dye got ernstlich maynt und will gehalten werden von yedem menschen, will er kumen zu der ewigen saligkeit* (Weidenhiller, S. 158).

nen der ersten beiden Teile in TN kaum – wenn überhaupt! – Beachtung geschenkt[147]: Der Sündenteil wurde gewöhnlich als bloße »allegorische Rahmenhandlung«[148], der Dekalogteil vollends als überflüssiger »Einschub«[149] begriffen. Diese aufs ganze gesehen unzulässige Mißachtung bzw. Minderbewertung der ersten Abschnitte ist von den quantitativen Verhältnissen her verständlich: Sünden- und Dekalogteil nehmen mit ihren ca. 2600 Versen (in A) zusammen kaum ein Fünftel des Gesamtwerks ein; der Ständeteil macht demgegenüber allein gut *drei* Fünftel aus[150]! Dennoch kommt den beiden Stücken am Anfang für das Werkganze größte Bedeutung zu.

Ihre ›handlungsbezogene‹ Funktion ist nur die eine Seite: Im Sündenteil werden zunächst die Teufelsknechte als Menschenverführer bzw. -fänger vorgestellt, ohne daß ihr Tun jedoch im eigentlichen Wortsinn ›handlungsmäßig‹ vergegenwärtigt wäre. Auf die Erörterung der Bedingungen, die erfüllt sein müssen, damit die teuflischen Gesellen in der geschilderten Weise tätig werden können, scheint es vor allem anzukommen. Die Macht der Teufel ist begrenzt: Sie können nur solche Menschen zur Sünde verleiten bzw. gefangennehmen, die bereit sind zu tun oder getan haben, was *gottes gebot verbüt bi dem ewigen tod* (462 f.). Wer aber *rüw, bicht und buos* übt (dieser Hinweis wird in fast allen Kapiteln wiederholt) oder von vornherein göttliche Gebote befolgt und Sünden vermeidet, den können die Teufelsknechte weder verführen noch fangen: Sie müssen einen solchen Menschen *von der sege lan* (850 u. ö.). Der Dekalogteil – nur in A, C, D vorhanden und für den allegorischen Rahmen seinem Inhalt nach im Grunde entbehrlich – fügt dem nichts wesentlich Neues hinzu: Daß *ain guot gerecht leben* (1451) gleichbedeutend mit der Befolgung *der hailigen gottes bott* (1344) sei, jeder Verstoß dagegen mit Sicherheit ins Teufelsnetz führe, wird hier nur noch einmal bestätigt.

Im Ständeteil wird all dies als bekannt vorausgesetzt: Die bloße Nennung der Teufelsknechte in den Ständekapiteln genügt, um die Verführbarkeit einzelner sozialer Schichten durch bestimmte Sündenknechte und damit die Affinität der einzelnen Stände zu speziellen Lastern zu demonstrieren. Zudem reicht der knappe, an fast jedem Kapitelschluß gegebene Hinweis auf die *segi* aus, um zu zeigen, daß die spezifischen Standeslaster – auch noch die kleinsten Gaunereien zum Beispiel der mittelständischen Gewerbetreibenden (das Backen zu kleiner Brote, der Verkauf schlechten Fleisches, etc.) – genau wie die Haupt- und Dekalogsünden die Bedingungen für die Gefangennahme des Menschen durch den Teufel erfüllen. Das heißt: Vor dem Netz des Teufels sind alle Sünden gleich[151]; im Sinne der

---

147 Als einzige Ausnahme könnte vielleicht H. Hoffmann genannt werden, der dem Teufelsnetz-Dichter im Vergleich zu Wittenwiler und Konrad von Ammenhausen einen »betont religiösen Standpunkt« (S. 259) zuschreibt und diesen an Materialien aus *allen* Einzelteilen des Werks immer wieder neu zu belegen sucht. Unter diesem rein inhaltlichen Aspekt scheint Hoffmann den Teilkomplexen allen gleiches Gewicht zuzumessen. Typologischen Besonderheiten und dem je spezifischen Stellenwert der Teile im Werkganzen schenkt er jedoch keine Aufmerksamkeit.
148 Heinemann, S. 333.
149 Werner, S. 17.
150 In Handschrift C sind die quantitativen Verhältnisse – trotz abweichender Verszahl im einzelnen – ähnlich; in D dürften sie vor Verlust der ersten Blätter ebenfalls übereingestimmt haben. B weicht natürlich ab, weil Dekalog- und Schlußteil fehlen.
151 Über die Beziehungen zwischen der titelstiftenden Netzmetapher und den einzelnen Sündenkategorien wird unten Kap. 3.3 noch ausführlicher gehandelt.

Voraussetzungen formuliert: Jede Art von Sünde verstößt gegen die göttlichen Gebote und ermöglicht damit den Teufeln erfolgreiches Tun und Beute. Im Ständeteil werden demnach dieselben Maßstäbe angelegt, wie sie im Sünden- und Dekalogteil für den ›Handlungsrahmen‹ allgemein entwickelt wurden.

Die ersten beiden Abschnitte haben aber mehr als nur diese ›handlungsbezogene‹ Funktion. Der allegorische Rahmen ist ja nur der ›Aufhänger‹ für eine breit aufgefächerte Darstellung verschiedenster Fehlverhalten der Menschen, für ein Lasterbild also, das wie eine Art Beicht- bzw. Sündenspiegel wirkt[152]. Für diese andere, handlungsunabhängige Seite des Werks haben der Sünden- und der Dekalogteil eine kaum überzubewertende Bedeutung – nun aber in einem systematischen Sinne! Nicht zufällig sind sie, bei aller werkspezifischen ›Einfärbung‹ im einzelnen und trotz Einmischung von Elementen verschiedenster didaktischer Prägung, ihrer äußeren Form nach ebenso wie in den exegetischen Ausführungen zu Sünden und Geboten insgesamt den thematisch entsprechenden Abschnitten im katechetischen Bereich angeglichen. Wie diese in zeitgenössischen Beichtspiegeln fungieren der Sünden- und der Dekalogteil in TN als Formulare der absolut verpflichtenden Wertsetzungen christlicher Sittenlehre[153]: Die für alle verbindlichen Maximen werden einmal ex negativo von den Hauptsünden her, zum andern durch Zitieren der göttlichen Gebote vorgestellt. Dabei ist der für die ›Handlung‹ entbehrliche Dekalogteil in systematischem Sinne von noch größerer Wichtigkeit als der Sündenteil: Der Teufel selbst weist auf den objektiv verpflichtenden Charakter der *zehen bott* (2808) hin und empfiehlt, sie immer *vor ougen* (2809) zu haben, *wan all sünd sind drin beslossen* (2811). Die Haupt- bzw. Todsünden sind dabei als direkte Umkehrungen der göttlichen Gebote zu verstehen, aber auch die Standessünden, die im Grunde nichts anderes als besondere Ausformungen der Hauptlaster sind[154], gelten als unmittelbare Verstöße gegen das göttliche Gesetz.

Sünden- und Dekalogteil, allem anderen vorangestellt, haben also in TN sowohl Bezugs- als auch Eigenfunktion: Als katechetische Lehrstücke setzen sie zum einen die objektiven Maßstäbe für alles im Ständeteil Gesagte; zum anderen sind sie je unter den Aspekt einer bestimmten Sündenkategorie gestellt und insofern je selbständige, dem Ständeteil gleichgeordnete Systemgrößen des im Einsiedler-Teufel-Dialog weiterentwickelten ›Sündenspiegels‹.

Für die Gattungsfrage sind diese Gesichtspunkte von entscheidender Bedeutung. Am Schluß der vorliegenden Untersuchung wird darüber noch ausführlicher zu sprechen sein[155]. Hier nur soviel: TN nimmt gegenüber den didaktischen Groß-

---

152 Als »Beichtspiegel, den der Dichter seinen Zeitgenossen rücksichtslos vorhält«, hat schon Hoffmann (S. 27 f.) TN bezeichnet, dies jedoch unter einseitig inhaltlichem Aspekt. Er geht davon aus, daß »das Hauptanliegen des Autors die Ständerüge« (S. 23) sei und diese vornehmlich als eine Art ›Sündenspiegel‹ diene, in dem »die allseitig drohende Sündengefahr eindringlich« vorgestellt und »das göttliche Tremendum« (S. 199) betont werde. Hoffmann versteht also den Terminus ›Beicht-‹ oder ›Sündenspiegel‹ nicht im gattungsspezifischen Sinne als Namen für Werke, die auf systematische Kategorisierung menschlicher Fehlverhalten unter dem Aspekt von Beichte, katechetischen Maximen und Sündenschemata abzielen. Vgl. dazu auch unten Kap. 4, Anm. 306.
153 Vgl. dazu Weidenhiller, S. 19 f.
154 Als spezielle Ausformungen der Hauptlaster erscheinen die Standessünden vor allem dadurch, daß in den einzelnen sozialen Schichten bestimmte Sündenknechte auftauchen. Vgl. dazu unten Kap. 3.3.
155 Vgl. unten Kap. 4.

werken, mit denen es in den Literaturgeschichten gewöhnlich zusammengestellt wird, nicht zuletzt wegen der typischen Anlage und systematischen Bezugsfunktion seiner ersten Teile eine Sonderstellung ein.

Konrad von Ammenhausen, dessen »Schachzabelbuch« nach gängiger Forschungsmeinung in vielem für TN vorbildlich gewesen sein soll[156], räumt zum Beispiel »den katechetischen Lehrstücken in seinem Werk keinen Platz ein«[157]. Zwar sind seine Ständelehren unter einen »gemäßigt geistlichen«[158] Aspekt gestellt, nicht aber in einer mit TN vergleichbaren, im Werk selbst sichtbar gemachten Form auf die katechetischen Formulare christlicher Sittenlehre bezogen. – Heinrich Wittenwiler nimmt dagegen in seinen »Ring« die wichtigsten Stücke der Glaubenslehre auf: Bertschi Triefnas muß vor Eintritt in die Ehe sicheres Glaubenswissen beweisen. Dazu gehören neben dem *Pater noster*, dem *Ave Maria* und dem *Credo*[159] auch die zehn Gebote[160] und der Katalog der Hauptsünden[161]. Im Gegensatz zu TN werden diese katechetischen Stücke aber lediglich in ihrer Kurzform ohne exegetische Kommentare referiert[162]: als Lehrstoff unter vielem anderen, was Bertschi *lernen scholt*[163]. Den ersten Teilen in TN sind sie kaum vergleichbar, da sie lediglich als Versatzstücke in einen Handlungsabschnitt eingefügt, nicht aber für das Werkganze von systematischer Bedeutung sind. – Hugos von Trimberg »Renner« schließlich, mit TN in Zusammenhang gebracht, weil hier wie dort »die Tugend nur von der Sünde her erläutert wird«[164], ist insgesamt nach dem Schema der Hauptlaster gegliedert. Dieses ist – anders als in TN – jedoch weniger als ›katechetisches Bezugssystem‹ denn als Darstellungsgerüst eingesetzt, das von unterschiedlichen, aus geistlichen und weltlichen Quellen gespeisten Morallehren überwuchert wird. Den einzelnen Sünden werden assoziativ moralische Betrachtungen verschiedenster Art zugeordnet, die oft mit den jeweiligen Lasterkategorien in keinem unmittelbaren Zusammenhang stehen. Es mangelt demnach dem »Renner« an einer mit TN vergleichbaren Systematik. Alles in allem geht es Hugo ja auch nicht um die in TN angestrebte Kategorisierung verschiedenster menschlicher Fehlverhalten unter dem Aspekt des göttlichen Gesetzes[165] bzw. katechetischer Lehrstücke; nicht um einen klar gegliederten ›Sündenspiegel‹, in dem die Hauptsündenreihe als eine unter mehreren systematischen Größen erscheint; sondern um eine enzyklopädische Morallehre, für die das Lasterschema lediglich eine grobe Einteilung liefert.

Der ausschnitthafte, auf die Hauptstücke der Glaubenslehre bezogene Vergleich bestätigt also, was sich bei werkimmanenter Betrachtung für TN bereits abzeichnete: Durch eine stärkere Rückgebundenheit an ›Konventionsformen‹ des katechetischen Schrifttums ist TN deutlich abgehoben von der übrigen didaktischen Großepik des ausgehenden Mittelalters.

---

156 Vgl. unten Kap. 13.3.
157 Hoffmann, S. 201.
158 Hoffmann, S. 259.
159 Heinrich Wittenwilers Ring. Nach der Meininger Handschrift. Hrsg. von E. Wiessner. Leipzig 1931; Kommentar zu Heinrich Wittenwilers Ring von E. Wiessner. Leipzig 1936 (DLE Reihe: Realistik des Spätmittelalters, 3 und Ergänzungsband) Unv. Nachdr. Darmstadt 1964. V. 3810 ff. 160 »Ring«, 3985 ff.
161 »Ring«, 4020 ff.   162 Vgl. dazu auch Hoffmann, S. 196 ff.
163 »Ring«, 3847.   164 Rupprich, S. 304.
165 *gotes bote* werden im »Renner« zwar expressis verbis, aber doch nur nebenbei erwähnt; vgl. z. B. »Renner«, 2327.

1.3 Typologische Rückbindungen des Ständeteils

Nach der communis opinio der Teufelsnetz-Forschung ist »ein minuziös gegliedertes Ständebild« bzw. »die Ständerüge« das »Hauptanliegen des Autors«[166]. Für die Interpretation ebenso wie für typologische Einordnungsversuche werden daher vornehmlich der Ständeteil und seine charakteristische Anlage geltend gemacht. Da sich dieser Teilkomplex unbestreitbar an Form- und Inhaltsmuster anlehnt, wie sie für die Ständedidaxe typisch sind, erscheint TN von daher insgesamt als ein Werk der »Gruppe von ›gattungsreinen‹ Stände- und Standesdichtungen«[167] des Spätmittelalters, das im einzelnen Beziehungen zur dramatischen Ständesatire, zur Reihenform der Totentänze und vor allem zu Konrads von Ammenhausen »Schachzabelbuch« aufweise[168].

Angesichts dieser Forschungslage scheint sich eine neuerliche Untersuchung des Ständeteils – seiner typologischen Rückbindungen ebenso wie seines Stellenwerts in TN – zu erübrigen. Für die hier angestrebte Gattungsbestimmung des Ganzen ist sie aber in mehrfacher Hinsicht unerläßlich. Zum einen, weil sich einige der bisherigen, die Affinitäten zur Ständedidaxe betreffenden Forschungsthesen bereits für den Ständeteil allein als korrekturbedürftig erweisen: Der Typ dieses Teilkomplexes ist durch diese zum Teil auf recht oberflächlichen Beobachtungen beruhenden Thesen nicht hinreichend erfaßt und beschrieben. Zum anderen aber auch, weil die Forschung bisher dem Umstand zu wenig Rechnung getragen hat, daß der Ständeteil, bei nahezu ›gattungsrein‹-ständedidaktischer Orientierung, in diesem Werk doch auch bestimmte, typologisch relevante Verbindungen mit Form- und Inhaltsmustern anderer didaktischer Art eingeht. Das heißt: Die ständedidaktischen Elemente sind bisher in unzulässiger Weise für das Werkganze und dessen Typcharakterisierung verabsolutiert worden. Kritik an bisherigen Forschungsthesen und damit eine neuerliche Untersuchung des Ständeteils ist also nötig, um letztlich die Sonderstellung des Gesamtwerks gegenüber der Ständedidaxe zu erweisen[169].

13.1 Beziehungen zur Ständedidaxe in den Teufelsszenen mittelalterlicher Osterspiele[170]?

In den deutschen Osterspielen des Mittelalters ist der Darstellung von Christi Höllenfahrt häufig eine ›Höllenfüllszene‹ angeschlossen. Sie ist motiviert durch den Umstand, daß Christus die Altväter aus der Hölle erlöst hat, diese damit ziemlich leer geworden ist, und Luzifer, auf Rache sinnend, versucht, sie mit neuen Sündern zu füllen. Er schickt daher »seine Unterteufel in die Welt (...) mit dem Auftrag,

---

166 Hoffmann, S. 23; vgl. oben Anm. 152.
167 Heinemann, S. 290.
168 Die Stellennachweise zu diesen Thesen finden sich unten in den Anmerkungen zu Kap. 13.1; 13.2; 13.3.
169 Eine ausführliche Beschreibung von Aufbau und Inhalt des Ständeteils erübrigt sich aber an dieser Stelle. Vgl. oben Teil I, Kap. 2.1 (Tabelle) und Heinemann, S. 334 ff.
170 Den Teufelsszenen mittelalterlicher Osterspiele wurde TN in der Forschung unter mehrfachem Aspekt verglichen. Ich greife hier zunächst nur denjenigen heraus, der ständische Elemente betrifft. Ein anderer Aspekt wird später zu behandeln sein. Vgl. Kap. 3.1.

so viele Menschen, als sie erwischen können, dem Himmel abzujagen«[171]. Wo solche Befehle – wie zum Beispiel im »Innsbrucker Osterspiel«[172] – genau und ausführlich ausfallen, enthalten sie »eine namentliche Aufzählung fast aller Vertreter der geistlichen und der Laienstände«[173]. Meistens ist Luzifers Auftrag an die Unterteufel aber nur kurz und allgemein gehalten, so daß von einer Ständeaufzählung im eigentlichen Wortsinn nicht gesprochen werden kann.

Bei ihrer Rückkehr in die Hölle schleppen dann die Unterteufel einzelne arme Seelen, Vertreter verschiedener Berufsstände, vor Luzifers ›Thron‹[174]. Erst hier beginnt die eigentliche Ständesatire: Die einzelnen Sünder werden gezwungen, vor dem Höllenfürsten Beichten über ihre berufsspezifischen Laster abzulegen und erhalten dafür die ihnen gebührende Strafe. In diesem Punkt besteht weitgehende Übereinstimmung zwischen den verschiedenen Spielen: Szenisch vorgeführt wird immer nur eine kleine Gruppe von Sündern, nur ein geringer Teil der Stände, die Luzifer in seinen Befehlen genannt hat, und dabei ist in allen Dramen, die diese Szene haben, »die Auswahl der Berufe (...) ähnlich«[175]. Es handelt sich zumeist um städtische Gewerbetreibende, denen sich zuweilen auch ein Vertreter geistlichen Standes hinzugesellt.

Mit dieser dramatischen Szene ist TN von der Forschung in doppelter Weise in Zusammenhang gebracht worden. Zum einen gaben die ausführlichen Ständeaufzählungen in Luzifers Befehlen an die Unterteufel, das heißt, die »Vielzahl der Stände und Berufe«, Anlaß zu der Annahme, der Ständeteil in TN sei vom »Innsbrucker Osterspiel« (wo insgesamt 51 Stände aufgezählt werden!) »oder einem sehr ähnlichen Teufelsspiel angeregt oder befruchtet«[176]. Zum anderen wurde aber der umfangreichste Teilkomplex in TN auch mit der eigentlichen Ständesatire im Spiel, mit der szenischen Vorführung einzelner, vor Luzifer ihre Sünden beichtender Berufsvertreter verglichen: Der in TN gegebene »Typ der satirischen Ständerevue« sei »in den Teufelsszenen (...) vorgebildet« gewesen, und es sei im Vergleich »lediglich ein quantitativer Unterschied in der Zahl der Sünder (...) zu bemerken«[177].

Beide Aspekte sind nicht ganz von der Hand zu weisen: Die Ständeaufzählung zum Beispiel im »Innsbrucker Osterspiel«[178] ist mit derjenigen in TN insofern vergleichbar, als hier wie dort auf eine relativ systematische und umfassende Nennung aller sozialen Schichten Wert gelegt wurde und so in beiden Fällen ein Gesamtbild gegeben ist, das »ungefähr der mittelalterlichen Ständeordnung«[179] entspricht. Dabei werden jedoch in TN noch sehr viel mehr (in A doppelt soviele) Stände als im »Innsbrucker Osterspiel« aufgezählt. Zudem wird jeder Stand aus-

---

171 R. M. Kulli, Die Ständesatire in den deutschen geistlichen Schauspielen des ausgehenden Mittelalters. Bern 1966 (Basler Studien 31). S. 18 f.
172 Das Innsbrucker Osterspiel. Hrsg., übersetzt, mit Anmerkungen und einem Nachwort versehen von R. Meier. Stuttgart 1962. (Reclams Universal-Bibliothek 8660/61). V. 388 ff.
173 Kulli, S. 26.
174 Luzifer sitzt auf bzw. in »einem Faß, in das er sich vermutlich in den Pausen auch verkroch« (Kulli, S. 18).
175 Kulli, S. 19.
176 Rosenfeld, Ständesatire, S. 203.
177 Heinemann, S. 342 f. Ähnlich auch Müller, S. 58; Werner, S. 21; Rupprich, S. 304.
178 Ähnlich auch: Das Redentiner Osterspiel. Hrsg. von W. Krogmann. Leipzig 1937. V. 1118 ff., wo 32 Stände genannt werden.
179 Kulli, S. 27.

führlich charakterisiert und gerügt. Diese Ausführungen zu den einzelnen Standeslastern, auf die es in TN vor allem ankommt, haben aber im Spielbereich – weder im »Innsbrucker Osterspiel« noch in irgendeinem anderen – keine Parallelen. Ein paar inhaltliche Entsprechungen finden sich freilich zwischen der eigentlichen Ständesatire und einzelnen Ständekapiteln in TN, insofern sich nämlich die Berufsvertreter im Spiel ähnlicher bzw. derselben Laster bezichtigen, wie sie in unserem Werk an den Ständen gerügt werden: So sagt etwa der Fleischer im »Innsbrucker Osterspiel«, er habe *eyne vynnechte sw* (Sau) beim *swvr vf dy trwe syn* für *eyn reynes burgelin* ausgegeben[180]; in TN wird von den Metzgern entsprechend berichtet, daß sie *pfinnige würst* (9465) verkaufen bzw. altes Fleisch für teures Geld als frisches hergeben (9500 ff.). Ähnliche Parallelen gibt es auch für die anderen standesspezifischen ›Untaten‹: für das Backen zu kleiner Brötchen, für die schlechte Besohlung der Schuhe, für den Stoffdiebstahl der Schneider, etc. Diese Entsprechungen brauchen hier jedoch nicht eigens aufgezeigt zu werden. Sie können weder Abhängigkeiten noch unmittelbare Typähnlichkeiten zwischen TN und Osterspielen beweisen, da sie auf nichts weiter als auf gemeinsame Lebens- und Realitätserfahrungen zurückzuführen sind, die auch in anderen ständedidaktischen Kontexten ihren Niederschlag gefunden haben. Das heißt: Es werden hier wie dort die kleinen Tricks und Gaunereien mittelständischer Gewerbebetreibender aufgezählt, mit denen jeder Mensch im alltäglichen Leben in Berührung kam, über die man sich allgemein im klaren war und immer wieder zu ärgern hatte[181].

Neben diesen oberflächlichen Entsprechungen sind zwischen TN und der Ständesatire im Spiel jedoch mehr Unterschiede als Gemeinsamkeiten festzustellen. Es sind dies keineswegs nur Differenzen quantitativer Art; vielmehr solche, die für verschiedenartige Akzentsetzungen, letztlich für gattungsbedingte Besonderheiten symptomatisch sind und daher die Annahme einer direkten Beziehung zwischen ständesatirischen Elementen im Spiel und in TN verbieten. Die Unterschiede sollen hier kurz umrissen werden:

Da es in den Spielen darauf ankam, ein Publikum anzusprechen, das sich aus städtischen Bereichen rekrutierte, war die Auswahl der szenisch vorgeführten Berufsvertreter so beschaffen, daß städtische Zuschauer mit den vor Luzifer ihre Beichten ablegenden Sündern bestimmte Vorstellungen verbinden konnten. So erschienen denn – als partes pro toto für die Gesamtgesellschaft – einige städtische Gewerbebetreibende, »typenhafte Vertreter von Berufen, die eine ganz unmittelbare und elementare soziale Funktion haben, die nämlich, den Menschen zu nähren und zu kleiden«[182]; und die Sünden dieser Ständevertreter entsprachen den »kleinen Gaunereien des Alltags«[182], wie sie jeder kannte, jeder auch begehen konnte.

Im Zusammenahng der Osterspiele müssen diese Szenen für eine Art *comic relief* gesorgt haben: Die branchenüblichen Listen und Tricks – hier als ›schwere‹ Sünden gebeichtet – können auch einem mittelalterlichen Publikum nicht als gar so schlimm erschienen sein. Da aber zugleich auch deutlich wurde, daß Luzifer diese kleinen Untaten in sehr grausamer Weise bestrafte, daß also simpelste Vergehen der nächsten Nachbarn in letzter Instanz doch schwer wiegen, konnten diese

---

180 »Innsbrucker Osterspiel«, 485 ff.
181 Vgl. dazu unten Kap. 13.3.
182 H. Linke: Die Teufelsszenen des Redentiner Osterspiels. Jahrbuch des Vereins für niederdeutsche Sprachforschung 90, 1967, S. 89–105; hierzu S. 100.

Ständedarstellungen von einem zeitgenössischen Publikum wohl nicht nur als erheiternd aufgefaßt, sondern mußten auch als Warnungen vor Höllenstrafen ernstgenommen werden: Szenisch-exemplarisch, nämlich an ausgewählten, für ein städtisches Publikum gewissermaßen ›hautnahen‹ Beispielen, kam auf diese Weise zur Darstellung, »daß alle und jeder ständig durch den Teufel gefährdet«[183] und von diesem letztlich für die kleinsten Vergehen ebenso wie für schwere Sünden grausam bestraft werden konnten.

Die Höllenfüllszenen und in ihnen die Ständesatire sind demnach – bei aller Komik im einzelnen – keineswegs nur als lustiges Zwischenspiel aufzufassen. Sie dienten auch dem moraltheologischen Zweck der Abschreckung vor der Sünde, indem in ihnen die ›höllischen Konsequenzen‹ lasterhafter Lebensführung dargestellt wurden. Das »ständische Element« wird dabei »nur in der Funktion einer Zweitgröße«[184] benutzt. Es dient als Mittel zum Zweck, als Konkretisierung der allgemeinen Warnungen vor Teufel und Sündenstrafen. Verbal – in Luzifers ausführlichen Ständeaufzählungen – wurde diese Warnung auf *alle* sozialen Schichten bezogen: Die Unterteufel sollen ja in allen Standesbereichen nach Sündern Ausschau halten. Aber nicht auf eine Gesamtdarstellung der Verderbnis der Zeit, nicht auf ein umfassendes Bild der Sünden aller Stände, sondern auf eine exemplarische Abschreckung vor sündhafter Lebensführung und ihren Konsequenzen kommt es in diesen dramatischen Szenen an.

Anders liegen die Akzente in TN: Hier ist das ständische Element im umfangreichsten Teil des Werks nicht ›Zweitgröße‹, sondern *dominierender* Faktor. Als Gliederungsprinzip dieses Teils ist die lange Aufzählung geistlicher und weltlicher Stände primäres Gerüst sowohl einer Gesamtdarstellung aller nur denkbaren Standessünden als auch einer dezidiert auf die einzelnen *ordines* zugeschnittenen Warnung vor lasterhaftem Leben und seinen Folgen. Mit der Ständesatire im Spiel ist dieser Abschnitt nur in letzterem Punkt der beabsichtigten Abschreckung vor der Sünde vergleichbar, insofern auch hier die Standeslaster einer unmittelbaren Beurteilung und Verspottung durch den Teufel unterliegen und dieser – wie Luzifer in den Höllenfüllszenen – den einzelnen Ständesündern für ihre zum Teil nur geringfügigen Laster grausame Strafen androht. Diese Strafandrohungen bleiben in TN keineswegs nur auf den Hinweis der Gefangennahme mit dem Netz beschränkt. Der Teufel malt darüber hinaus drastisch aus, was mit den einzelnen Sündern in der Hölle passieren wird: daß sie nämlich *eweklich brinnen und switzen, in der gluot sitzen und braten, im helschen für hin und her geworfen, mit swebel und bech* überschüttet werden, usw.[185]. Dies steht an realistisch geschilderter Grausamkeit den Strafen, die Luzifer in den Spielen den verschiedenen Berufsvertretern auferlegt, nichts nach. Im »Redentiner Osterspiel« wird etwa dem *schrodere syn recht* gegeben, indem er *an der helle grunt* geworfen wird und *an der ewigen hette braghen* muß[186]; der Wirt wird *bi beyden dumen* aufgehängt[187], der Bäcker *an den gloendeghen aven* gesetzt[188], etc. In den Spielen ebenso wie in TN wird so

---

183 Kulli, S. 28.
184 Heinemann, S. 290.
185 Stellennachweise erübrigen sich; solche Strafandrohungen sind durchgängig in fast jedem Kapitel gegeben.
186 »Redentiner Osterspiel«, 1448 ff.
187 »Redentiner Osterspiel«, 1498.
188 »Redentiner Osterspiel«, 1376.

verdeutlicht, daß man besser, um solchen furchterregenden Bestrafungen zu entgehen, von vornherein Sünde – auch noch die geringsten standesspezifischen Vergehen – vermeidet.

Dies ist jedoch nur die eine Seite des Ständeteils in TN. Auf der anderen kommt es hier – anders als im Spiel – vor allem auf eine unter ständischen Aspekt gerückte Darstellung dessen an, was Sünde sei. Zu erkennen, was in der eigenen Lebensführung als Laster zu begreifen ist, gehört zu den unabdingbaren Voraussetzungen eines gottgefälligen Lebens. Der Teufel formuliert dies am Anfang des Ständeteils folgendermaßen:

2867   Won der sünd nit für sünd hat
        Das ist die aller grœst missetat
        Die der mensch mag began.

Das heißt: Wo man nicht weiß, was man *für sünd han* muß, oder die eigenen Sünden wissentlich nicht als solche anerkennt, macht man sich der bewußten oder unbewußten Unbußfertigkeit schuldig; und dies ist gleichbedeutend mit einer bewußten oder unbewußten Abkehr von Gott[189].

Nachdem in den ersten Abschnitten von TN allgemein definiert worden ist, daß jede Abweichung vom göttlichen Gesetz als Sünde gilt, wird nun im Ständeteil für einen jeden Stand gesondert gezeigt, was dieser *für sünd han* muß. Ganz allgemein sagt der Teufel am Anfang, er könne so viele Menschen fangen, weil *nieman sin rechten orden* (2888) hält. Da die *ordines* als gottgegeben bzw. gottgewollt galten, wurden Verstöße wider die Standesgrenzen wie die Haupt- und Dekalogsünden als *widerwertig leben wider got und sinü bott* (13168) angesehen. Was es aber im einzelnen heißt, den *rechten orden* nicht zu halten, stellt der Teufel hier in detaillierter Form dar. Er orientiert sich dabei eindeutig an den in den ersten Kapiteln entwickelten Maßstäben: Die Hauptsünden erscheinen – personifiziert oder auch nur in verbaler Aufzählung, einzeln oder in Gruppen – in vielen Standeskapiteln; zudem wird auch immer wieder diese oder jene Standessünde als unmittelbare Abweichung von *gotz bot* bezeichnet. Das heißt, die standesspezifischen Fehlverhalten werden deutlich als besondere Ausformungen der in den ersten Teilen behandelten Sündenkategorien begriffen. Im systematischen Sinne ist jedoch der Ständeteil als Darstellung einer *eigenen* Sündenkategorie den Haupt- und Dekalogsündenabschnitten nebengeordnet[189a].

Die Unterschiede zur dramatischen Ständesatire ergeben sich aus dieser anders gearteten didaktischen Tendenz: Nicht exemplarisch soll hier vor Sünde gewarnt, sondern systematisch ein jeder Stand in einem umfassenden ›Sündenspiegel‹ erfaßt werden. Es entsteht so, im Gegensatz zur szenischen Ständedarstellung im Spiel, ein allein von der Sünde her entwickeltes Gesamtbild der spätmittelalterlichen Gesellschaft bzw. eine fast lückenlose Darstellung dessen, was für einen jeden Menschen im alltäglichen Leben Sünde sei.

---

[189] Der Teufel bringt dies deutlich genug immer wieder dadurch zum Ausdruck, daß er konstant auf die Pflicht zur Reue, Beichte und Buße hinweist und sagt, wer dazu nicht bereit sei, gehe unweigerlich ins Teufelsnetz. Vgl. dazu auch unten Kapitel 13.3.
[189a] Vgl. dazu oben Kap. 12.3.

13.2 Die Ständereihe als Gliederungsprinzip – Beziehungen zu den Totentänzen?

Wie alle Teile im Einsiedler-Teufel-Dialog von TN, so ist auch der umfangreichste einem Aufreihschema unterworfen. Über die katechetischen Reihungssysteme der ersten Abschnitte wurde bereits gesprochen. Hier gilt es nun, der Ständereihe als Gliederungsprinzip des Ständeteils Aufmerksamkeit zu schenken, denn sie hat in der Forschung Anlaß zu Vergleichen mit bestimmten Werkgruppen gegeben, die den Charakter von typologischen Zuordnungen haben. Unter anderem wurde behauptet, TN erinnere »an die Reihenform der Totentänze«[190], das heißt, an die Ständerevue in diesem literarischen Bereich.

Bereits die altfranzösischen »Vers de la mort« des Helinand von Froidemont waren einem ständischen Schema unterworfen: »Nach Ständen geordnet werden hier die Menschen vorgeführt in ihrer Sündhaftigkeit und Vergänglichkeit«[191]. Für die seit dem 13. Jahrhundert auftauchenden *Vado-mori*-Gedichte war diese Ständereihung dann dominantes, gattungsprägendes Merkmal: Das »Memento-mori-Motiv, in dem die Vergänglichkeit des menschlichen Daseins aufgezeigt wird, (wurde) nach den wichtigsten Ständen der menschlichen Gesellschaft behandelt, wobei jeder Vertreter eines Standes ein Distichon in den Mund gelegt erhält, das mit *Vado mori* beginnt und schließt und den Gedanken des Todes je nach dem Stand des Vertreters variiert«[192]. Auch in den nachfolgenden Totentänzen treten Repräsentanten aller Stände als Sterbende bzw. Tote selbst redend – im Gespräch mit dem Tod oder einem Toten; auch monologisierend – auf und beklagen das ihnen allen trotz ständischer Unterschiede im Leben gleiche Schicksal des Todes.

Der Gedanke, »den Begriff der Menschheit durch Zerlegung in die einzelnen Stände zu differenzieren, stammt aus der mittellateinischen Schullogik«[193], ist demnach kein Spezifikum, dennoch aber ein Gattungscharakteristikum der Totentanzliteratur. Da sich manchmal in die Klagen der Toten auch Sündenbekenntnisse mischen oder im Gespräch mit dem Tod den Ständevertretern ihre speziellen Laster vorgehalten werden[194], ist diese Ständerevue in begrenztem Maße derjenigen im Spiel vergleichbar. Auch die Repräsentanten der einzelnen *ordines* in den Totentänzen sind ›Individuen‹, die bei ihrem Auftritt ihren Namen nennen, das heißt, ihren Stand bezeichnen, und als solche Namensträger Revue passierend eine Ständereihe konstituieren, in der sozusagen ›szenisch‹ ein Stück der mittelalterlichen Gesellschaft abgebildet – wo Sünden zur Sprache kommen, auch ein Teil der Verderbnis der Zeit dargestellt – wird. Anders als im Spiel ist diese Ständerevue jedoch breiter angelegt, bezieht sich auf die wichtigsten, nicht wie dort nur exemplarisch auf einige wenige Stände des Mittelalters. Als solche ist sie in den Totentänzen strengen Formprinzipien unterworfen: Den Ständevertretern wird je eine Passage von gleichbleibender Länge und Struktur in den Mund gelegt, und sie treten nach einem wohlgeordneten, geistlich-weltlichen Abwechslungsschema in hierarchischer Folge auf. Als Gruppe demonstrieren sie die Allgemeingültigkeit des *Memento-mori*-Gedankens; jeder für sich ist dabei Träger eines für jeden Stand spezifischen Inhalts.

---

190 Rupprich, S. 305; Müller, S. 58; Perjus, Sp. 406; u. a.
191 Vgl. R. Rudolf: Ars Moriendi. Köln/Graz 1957 (Forschungen zur Volkskunde 39). S. 30.
192 Rudolf, S. 49 f.   193 Rudolf, S. 30.
194 Vgl. z. B. den bei Rosenfeld als Nr. 6 abgedruckten »Oberysselschen Totentanz«. H. Rosenfeld: Der mittelalterliche Totentanz. Entstehung – Entwicklung – Bedeutung. Münster/Köln 1954 (Beihefte zum Archiv für Kulturgeschichte 3). S. 335 f.

Trotz der oberflächlichen Ähnlichkeit sind die Vergleichspunkte zwischen der Ständereihe in TN und dieser Ständerevue in den Totentänzen gering. Zum einen hat keine Fassung von TN im Ständeteil eine strenge, zwischen geistlichen und weltlichen *ordines* abwechselnde Gliederung. Es werden hier zunächst die geistlichen und dann die Laienstände genannt[195] und dabei sehr viel differenzierter gegliedert als in den Totentänzen. Zum anderen wird hier *über* Stände gesprochen, und die einzelnen Ständekapitel sind, im Gegensatz zu den kurzen Redepassagen der Ständevertreter in den Totentänzen, umfangreicher und von unterschiedlicher Länge. Schließlich bestehen auch erhebliche Differenzen bezüglich der Funktion der Ständereihe hier und dort. In den Totentänzen dient sie der Konkretisierung des alle und jeden betreffenden Todesmotivs, und die Ständerevue selbst ist durch dieses speziell eingefärbt: *Tote* bzw. *Sterbende* konstituieren hier eine Ständereihe. In TN dagegen ist die in den Überschriften gegebene Namensnennung eines jeden Standes und die dadurch konstituierte Ständeaufzählung zunächst nur eine objektive Gesamtdarstellung aller sozialen Schichten. Als solche ist sie das System einer breit angelegten Sündendarstellung bzw. das von Sünden- und Dekalogteil abgesetzte Reihungsschema der hier behandelten Sündenkategorie.

Die in der Forschung behauptete Ähnlichkeit zwischen TN (eigentlich nur seines Ständeteils) und den Totentänzen beschränkt sich also einzig und allein auf den Umstand, *daß* in beiden Fällen eine ständische Reihenform vorliegt. Das *Wie* und *Wozu*, die Anlage und Funktion der Ständereihe hier und dort sind aber so verschieden, daß von einer bewußten Angleichung bzw. unmittelbaren Typverwandtschaft nicht gesprochen werden kann.

13.3 Konrads von Ammenhausen »Schachzabelbuch« als Quelle für »Des Teufels Netz«?

Ferdinand Vetter war der erste Vertreter der bis heute in der Forschung fast kritiklos wiederholten These, TN sei im Rückgriff auf das »Schachzabelbuch« Konrads von Ammenhausen entstanden. Nach seiner Ansicht hat sich der Teufelsnetz-Dichter vom Ammenhauser, »neben manchen Einzelheiten, insbesondere die Anordnung seiner Sittenlehren nach den verschiedenen menschlichen Ständen abgesehen«[196]. Dieser These ist jedoch mit methodischer wie sachlicher Kritik zu begegnen[197].

---

195 Vgl. die Tabelle in Teil I, Kap. 2.1.
196 Das Schachzabelbuch Kunrats von Ammenhausen. Nebst den Schachzabelbüchern des Jakob von Cessole und des Jakob Mennel. Hrsg. von F. Vetter. Frauenfeld 1892 (Bibliothek älterer Schriftwerke der deutschen Schweiz. Ergänzungsbd. Serie 2). S. XXII. Vetter folgen: Baechthold, S. 181; Ehrismann: Geschichte der deutschen Literatur bis zum Ausgang des Mittelalters (Schlußband). München 1935. S. 637; Heinemann (mit Vorbehalten; vgl. unten Anm. 197), S. 329, Anm. 1; Hoffmann, der an verschiedenen Stellen nachdrücklich daran »erinnert, daß die *Schachallegorie* nachweislich Quelle für die *Teufelssatire* ist« (S. 253, Anm. 18), ohne dafür jedoch schlüssige Beweise zu erbringen; Thiel, S. 3 u. ö.; Rupprich, S. 304; u. a.
197 In der gesamten Teufelsnetz-Forschung ist Heinemann der einzige, der Kritik an dieser These angemeldet hat. Er glaubt zwar – wie Vetter und alle ihm nachfolgenden Forscher – an inhaltliche Beziehungen zwischen TN und dem »Schachzabelbuch« (vgl. Heinemann, S. 329, Anm. 1), nicht aber an eine unmittelbare Abhängigkeit, die über die »Anordnung der Sittenlehren nach den verschiedenen Ständen« laufen soll (vgl. Heinemann, S. 341). Er nimmt vielmehr an, die Anregung zur »satirischen

An erster Stelle ist zu sagen, daß die oben bereits als ›Konventionsform‹ erwiesene (vgl. Kap. 13.1 und 13.2) Ständereihe auch im engeren Bereich der Schachallegorien nicht das originäre Eigentum Konrads von Ammenhausen, sondern ein Hauptcharakteristikum aller Werke dieses Typs ist: Bereits das Schachbuch des Jacobus de Cessolis weist dieses Aufreihschema auf; und alle ihm nachfolgenden, nicht nur deutschen Übersetzer und Bearbeiter behalten es in ähnlicher Form grundsätzlich bei. Konrad von Ammenhausen ist zwar der bedeutendste deutsche Schachzabel-Dichter, keineswegs aber der einzige, von dem sich der Teufelsnetz-Verfasser das ständische Gliederungsprinzip hätte absehen können!

Zum anderen ist aber noch grundsätzlicher die Frage zu stellen, ob für TN in diesem Punkt der ständischen Gliederung überhaupt die Schachallegorien vorbildlich waren. Die Ständereihe war ja eines der beliebtesten Formmuster der spätmittelalterlichen Ständedidaxe: In den Höllenfüllszenen, in den Totentänzen, als Gliederungsprinzip für Teilpassagen in nicht streng ständeorientierten episch-didaktischen Werken[198], in Predigtkompendien[199], usw. ist dieses Aufreihschema nachzuweisen. Bei dieser Beliebtheit und Verbreitung der Ständegliederung ist es also kaum wahrscheinlich zu machen, daß sich TN ausgerechnet an einem Literaturzweig orientiert haben soll, in dem das Schachspiel als Abbild der gradualistisch gegliederten Gesellschaft allegorisiert wurde und dabei die Ständeaufzählung und -behandlung im Zuge einer Bild(Schachfigur)-Stand-Assoziierung erfolgte, das heißt, bestimmt, ja ›aufgesogen‹ war durch die Ordnung dieses Spiels und seiner Allegorese. Viel eher glaubhaft zu machen wäre doch ein Rückgriff auf ständedidaktische Werke, in denen die Aufzählung der *ordines* wie in TN *ohne* allegorische Bezüge[200] gegeben war[201].

Schließlich ist auch der Umstand, daß in TN die Ständereihe mit einer Aufzählung der *geistlichen ordines* beginnt und diesen in allen Fassungen des Werks ein gutes Viertel des Ständeteils gewidmet ist, ein eklatantes Unterscheidungsmerkmal zu Konrads von Ammenhausen »Schachzabelbuch« und allen anderen Werken dieses Genres: In den Schachallegorien werden die ›edlen‹ ebenso wie die ›gemeinen‹ Schachfiguren ausschließlich mit *weltlichen* Ständen parallelisiert; die Klerikalstände werden zwar gelegentlich erwähnt, nicht aber in die Ständereihe aufgenommen[202].

Die These, daß über die in beiden Werken gegebenen Anordnungen der Sittenlehren nach menschlichen Ständen direkte Beziehungen zwischen Konrads »Schachzabelbuch« und TN bestehen, ist also methodisch zu kritisieren, weil hier ein allgemein verbreitetes, konventionelles Formmuster der Ständedidaxe vereinseitigend für die Konstruktion eines direkten Abhängigkeitsverhältnisses geltend gemacht wird. Sachlich ist ihr zudem entgegenzuhalten, daß bei der Aufzählung der Stände

---

Ständerevue« in TN sei von der Seite der dramatischen Ständesatire her erfolgt« (vgl. Heinemann, S. 342 f.); eine These, die ihrerseits zu bezweifeln ist und oben (vgl. Kap. 13.1) bereits kritisiert wurde.

198 Vgl. z. B. den »Wälschen Gast«, 2639 ff.
199 Vgl. z. B. das im nächsten Kapitel behandelte »Buch der Rügen«.
200 Allegorische Bezüge sind freilich im Ständeteil von TN zahlreich gegeben (vgl. dazu **Kap. 3.3** dieser Arbeit); aber sie haben keinen Einfluß auf die *Gliederung* dieses Teilkomplexes.
201 Vgl. zum Beispiel das im nächsten Kapitel behandelte »Buch der Rügen«.
202 Im Exkurs über Habsucht spricht Konrad von Ammenhausen zum Beispiel über ververschiedene Geistliche (»Schachzabelbuch« 4543 ff.), ohne diesen jedoch, wie etwa den Königen, den Rittern oder niederen Handwerkern, je eigene Abschnitte zu widmen oder sie je bestimmten Schachfiguren zuzuordnen.

doch nur partielle Ähnlichkeiten bestehen. Das formale Indiz der Ständereihe läßt demnach keine Behauptung eines genetischen Zusammenhangs zwischen beiden Werken zu.

Bleibt zu fragen, wie es mit den ›Einzelheiten‹ steht, die sich der Teufelsnetz-Dichter von Konrad abgeschaut haben soll. Nach einhelliger Forschungsmeinung sind dies vor allem inhaltliche Momente aus den *venden*-Kapiteln im »Schachzabelbuch«. Dabei werden »Parallelen bei der Schilderung der Betrügereien der Handwerker«[203] und der anderen niederen Stände, die den Schachbauern bei Konrad zugeordnet und auch in TN breit behandelt sind, zum Beweis einer unmittelbaren Beziehung angeführt. So tadelt etwa Konrad die Metzger dafür, daß sie *vleisch das nicht gar schôn ist vür gar schônes* verkaufen[204]. Entsprechend wird in TN, wie oben bereits dargestellt[205], gesagt, daß die Fleischer *pfinnige* Würste und schlechtes Fleisch feilbieten[206]. In beiden Fällen wird auch übereinstimmend an den Schustern getadelt, daß sie dünnes Leder durch Hitzeeinfluß aufschwellen und auf diese Weise die Schuhsohlen als dicker und besser erscheinen lassen[207]. Zudem werden in beiden Werken die Schneider dafür gerügt, daß sie vom Stoff ihrer Kunden größere Stücke stehlen und sich aus der allmählich angehäuften Flickensammlung selbst Gewänder nähen[208]; usw. – Diese und andere Parallelen bei der Schilderung der niederen Stände können aber nichts beweisen: Es sind dies genau dieselben Sünden, die an den städtischen Gewerbetreibenden auch im Spielbereich[209] und in anderen ständedidaktischen Kontexten[210] gerügt werden. Das heißt: TN ebenso wie das »Schachzabelbuch« bieten in diesen Fällen Konventionelles; sie halten sich an die üblichen Inhaltsmuster der Ständedidaxe, die letztlich auf reale Erfahrungen mit diesen mittelständischen Berufen zurückgehen dürften. Eine direkte Abhängigkeit zwischen »Schachzabelbuch« und TN müßte sich – bei der Konventionalität dieser inhaltlichen Parallelen – erst in wörtlichen Entsprechungen erweisen. Solche sind aber zwischen den beiden Werken äußerst selten und gehören ihrerseits – wie die Ausführungen über die Sünden der Handwerker insgesamt – zum Allgemeingut, zum gängigen Formelbestand der spätmittelalterlichen (Stände-)Didaxe und sind daher ebenso wenig beweiskräftig wie die obigen Parallelen[211].

---

203 Heinemann, S. 329, Anm. 1.
204 »Schachzabelbuch«, 11666 ff.
205 Vgl. oben Kap. 13.1.
206 TN, 9460 ff.
207 »Schachzabelbuch«, 11734; TN, 10625 ff.
208 »Schachzabelbuch«, 11613 ff.; TN, 10483 ff.
209 Vgl. oben Kap. 13.1.
210 Z. B. in Bertholds von Regensburg Predigt *»Von zehen kœren der engele unde der kristenheit«*. Vgl. Berthold von Regensburg. Vollständige Ausgabe seiner (deutschen) Predigten (2 Bde.). I: Hrsg. von F. Pfeiffer und J. Strobl. Mit einer Bibliographie und einem überlieferungsgeschichtlichen Beitrag von K. Ruh. Berlin 1965 (Deutsche Neudrucke. Reihe: Texte des Mittelalters). – Die Predigt von den ›zehn Engelchören‹: I, S. 140 ff.
211 Für solche wörtlichen Entsprechungen hier nur ein Beispiel, das von Helga Thiel u. a. zum Beweis einer direkten Abhängigkeit zwischen dem »Schachzabelbuch« und TN angeführt wurde (H. Thiel, S. 3):
TN 430 ff.   Waistu nit wie die geschrift sait
...
›Gitikait ist ain wurz aller boshait‹
Das hat dir sant Paulus fürgelait.

Die These, Konrads »Schachzabelbuch« sei »nachweislich Quelle für«[212] TN gewesen, ist demnach als nicht schlüssig zurückzuweisen. Ja sogar die darin behauptete *Typähnlichkeit*, die sich aufgrund der genannten Form- und Inhaltsmuster zwischen dem »Schachzabelbuch« und dem Ständeteil in TN ergeben müßte, ist grundsätzlich in Frage zu stellen. Der Umstand, daß der Ständeteil wie Konrads Werk und alle anderen Dichtungen dieses Genres predigthafte Form- und Stilelemente aufweist[213], kann noch nicht für eine Typverwandtschaft im engeren Sinne genommen werden. Eine solche müßte sich erst in Übereinstimmungen bezüglich ganzer Merkmal*bündel* erweisen. Solche umfassenden Entsprechungen, die als distinktiv gegenüber anderen, ebenfalls aus der Predigtliteratur erwachsenen Ständedichtungen gelten könnten, sind aber zwischen Konrads »Schachzabelbuch« und dem Ständeteil in TN nicht gegeben:

Konrad entwickelt seine Ständebelehrungen insgesamt nicht von einer primären Behandlung standesspezifischer *Laster* her. Ständerüge, wie sie für alle Kapitel des umfangreichsten Teils in TN charakteristisch ist, nimmt in den ersten, den ›edlen‹ Schachfiguren zugeordneten Abschnitten in Konrads Werk eine nur untergeordnete Stellung ein. Diese ersten Kapitel enthalten vornehmlich Ausführungen über Tugenden und Aufgaben der herrschenden Stände, wobei sich in die ständeorientierten Belehrungen *bîspel*-Erzählungen allgemein-ethischer Thematik mischen. Diesen Abschnitten über die weltlichen Herrscher kommt also eher der Charakter eines umfassenden *Tugend*spiegels als der einer breit ausgeführten Ständekritik zu.

Bestenfalls die *venden*-Kapitel im »Schachzabelbuch« sind – nun aber nicht mehr in einem genetischen Sinne! – mit dem Ständeteil in TN in (typologischen) Zusammenhang zu bringen. Zum einen, weil hier die speziellen *Sünden* der den Schachbauern zugeordneten niederen Stände vorrangig sind und die Ausführungen – wie diejenigen in TN insgesamt – »in Einzelfällen satirischen Charakter«[214] annehmen. Zum anderen weisen diese *venden*-Abschnitte in Teilpassagen auch eine ähnliche äußere Anlage wie der Ständeteil auf. Dies trifft vor allem für das Kapitel über den dritten Fenden zu: Hier widmet Konrad dem Weber, dem Färber, dem Tuchscherer, dem Bartscherer und anderen städtischen Gewerbetreibenden je einen eigenen Abschnitt[215]. Dabei ist dieser Teil nicht wie alle anderen Abschnitte des Werks mit den *bîspel*-Erzählungen allgemeiner ethischer Orientie-

---

»Schachzabelbuch« 4458 ff.

Sant Paulus vil davôn ouch seit
...
das gîtekeit eine wurze sî
aller bôsheit ...

Die Konventionalität dieser Bibelstelle (1. Tim. 6.10) wurde oben bereits für katechetische Geiz-Kommentare aufgezeigt (vgl. Kap. 12.1 Anm. 132). Sie kann daher nicht für eine direkte Beziehung zwischen beiden Werken sprechen.

212 Hoffmann, S. 253 Anm. 18.
213 Predigthafte Elemente in TN sind: direkte Publikumsapostrophen; Berufung auf Autoritäten; ganz selten auch eingestreute Predigtmärlein. Vgl. Heinemann, S. 341 Anm. 1.
214 Heinemann, S. 327.
215 In diesem Punkt weicht Konrad von seinem lateinischen Vorbild ebenso wie von allen anderen Schachallegorien ab, insofern diese den mittelständischen Gewerbetreibenden lediglich summarische Abhandlungen widmen. Vgl. dazu Heinemann, S. 321 ff.; »Schachzabelbuch«, S. 503 ff.

rung durchsetzt und überwuchert. Das heißt: Die Kapitel über die niederen Handwerker schließen sich in dieser Teilpassage ausnahmsweise zu einer ähnlichen, rein ›ständischen‹ Reihe zusammen wie die Einzelabschnitte im Ständeteil von TN.

Die Vergleichspunkte zwischen Konrads »Schachzabelbuch« und dem Ständeteil bleiben auf solche Einzelheiten beschränkt. Alles in allem mangelt es dem Werk des Ammenhausers jedoch an einer mit dem größten Teilkomplex in TN vergleichbaren, strengen Stand-für-Stand-Gliederung. Diese wird im »Schachzabelbuch« von der Ordnung des Schachspiels übergriffen und ist zudem durch die zahllosen *bîspel*-Abschnitte durchbrochen. Außerdem fehlt in Konrads Werk die für TN charakteristische, *einseitige* Konzentration auf die Ständesünden. Trotz gemeinsamer Rückgriffe auf konventionelle Form- und Inhaltsmuster im einzelnen erlauben die unterschiedlichen Anordnungen und didaktischen Ansatzpunkte beider Ständebelehrungen also keine unmittelbare typologische Parallelisierung des »Schachzabelbuchs« mit dem Ständeteil in TN.

13.4 Das »Buch der Rügen« und der Ständeteil

Nur ein einziges Mal und auch hier nur in einer undifferenzierten Nebenbemerkung[216] – wurde in der Forschung das »Buch der Rügen« zum Vergleich mit TN herangezogen. Dies ist erstaunlich, weil die gegen Ende des 13. Jahrhunderts entstandene deutsche Übersetzung der lateinischen *»Sermones nulli parcentes«*[217] bei weitem mehr Vergleichspunkte als alle bisher mit TN in Zusammenhang gebrachten Ständedichtungen bietet. Nicht als Quelle, sondern als typverwandtes Werk, das Aufschluß über die typologische Nähe des Ständeteils zur predigthaften Ständedidaxe geben kann, soll im folgenden das »Buch der Rügen« mit dem größten Abschnitt in TN verglichen werden[218].

Das »Buch der Rügen« versteht sich wie seine lateinische Vorlage als Anweisung für die *fratres praedicatorum,* denen es »Anregungen zur Gestaltung ihrer Predigten«[219] gibt. Im Prolog findet sich der Hinweis, *daz diu arme kristenheit (...) von maneger hande bôsheit*[220] befallen sei, und die Prediger werden aufgerufen, solche Bosheit mit Hilfe möglichst eingängiger, aktuell gestalteter Sündenpredigten zu bekämpfen. *Von dem papst untz an den minnisten schůlaer, von dem keiser untz an den minnisten gepaur*[221] sollen sie darin einem jeden Menschen klarmachen, *ob er des lebens des er lebt mit got ist oder von im strebt*[222]. In einer detaillierten Aufzählung geistlicher und weltlicher *ordines* wird den Predigern Anweisung gegeben, an *wen* sie sich zu wenden haben; dabei ist einem jeden Standesnamen ein eigenes Kapitel zugeordnet, in dem dargestellt wird, *was* und *wie* sie jedem einzelnen Stand predigen sollen. In diesen Abschnitten wird

---

216 Heinemann, S. 341: Dort heißt es, TN »dürfte – wie schon das Buch der Rügen – auf die Predigt zurückgewirkt haben; denn der Prediger konnte aus dieser literarischen Materialsammlung nach Belieben Anregungen für die Gestaltung seiner Mahn- und Bußpredigten holen«.
217 Das Buch der Rügen (mit *Sermones nulli parcentes*). Hrsg. von Th. v. Karajan. ZfdA 2, 1842. S. 6–92.
218 Daß TN »formal und dem sozialen Anliegen nach« in predigthafter Tradition stehe, wurde von Heinemann (S. 341) betont, jedoch nicht weiter ausgeführt.
219 Heinemann, S. 309.
220 »Buch der Rügen«, 22 ff.
221 Vgl. die Überschrift zum »Buch der Rügen« bei Karajan, S. 45 unten.

primär aufgedeckt, worin ein jeder Stand *von got strebt*. Insgesamt entsteht so ein Kompendium von Musterpredigten über standesspezifische Sünden.

Wie seine lateinische Vorlage ist das »Buch der Rügen« in 28 Ständekapiteln eingeteilt. Der Ständeteil in TN hat dagegen in allen Fassungen fast dreimal soviele Einzelabschnitte. Aber solche quantitativen Unterschiede [223] sind für die behauptete Typverwandtschaft beider Werke nicht gravierend. Vergleichbar sind der Ständeteil und das »Buch der Rügen« in folgenden Punkten: Beide sind voll und ganz einer strengen Stand-für-Stand-Gliederung unterworfen, die von keinem anderen Gliederungsgerüst – im Gegensatz etwa zu den Schachallegorien oder zu Bertholds von Regensburg Predigt *»von zehen kœren der engele«* [224], u. a. – zusätzlich überspannt ist. In beiden Fällen wird *allen* Gesellschaftsschichten Aufmerksamkeit geschenkt [225], wobei allerdings TN die einzelnen *ordines* noch kleinteiliger in verschiedene *status* untergliedert und diesen je eigene Kapitel widmet [226]. Wichtig ist dabei der Umstand, daß das »Buch der Rügen« ebenso wie TN – aber anders als alle von der Forschung zum Vergleich herangezogenen Ständedichtungen – zunächst die *geistlichen ordines* und erst im zweiten Teil die *weltlichen* behandeln. In beiden Werken sind dabei Ansätze zu einer systematischen Gegenüberstellung der Stände – Papst:Kaiser, Kardinal:König, Bischof: Fürst, usw. – zu erkennen [227], die sich aber nicht wie in den Totentänzen aus einem weltlich-geistlichen Abwechslungsschema bei der Aufzählung, sondern aus der blockhaften Parallelisierung der jedesmal hierarchisch geordneten, zunächst geistlichen und dann weltlichen Reihe der *ordines* ergeben. Im übrigen sind diese systematischen Gleichordnungen in beiden Werken nur für die herrschenden Stände gegeben.

Neben diesen Entsprechungen mehr formaler bzw. systematischer Art sind für die postulierte Typähnlichkeit vor allem auch Aspekte des Inhalts und der didaktischen Tendenz wichtig. Im »Buch der Rügen« lautet die allgemeine Anweisung an die Prediger:

159 ir seht und hœret alle wol
    daz diu werlt ist bôsheit vol:

---

222 »Buch der Rügen«, 165 f.
223 Heinemann hat zu den Kapitelzahlen beider Werke zahlensymbolische Überlegungen angestellt, die aber m. E. nicht viel hergeben (vgl. Heinemann S. 310 ff.; S. 339 ff.). Zumindest für TN sind sie wertlos: für Handschrift A nimmt Heinemann – wie mir scheint recht willkürlich – die Zahl 100 als Kapitel-Ständezahl an und glaubt an eine zahlensymbolische Grundlegung des dekadischen Systems. Die anderen Fassungen – mit abweichenden Kapitelzahlen – werden nicht in Rechnung gestellt; gerade sie können aber beweisen, daß für TN insgesamt ein solches ›symbolisch‹-dekadisches System nicht konstitutiv gewesen ist. (Vgl. zu den Zahlenverhältnissen noch einmal die Tabelle oben in Teil I, Kap. 2.1).
224 Vgl. oben Anm. 210.
225 Darin unterscheiden sich beide Werke z. B. von den Schachallegorien oder auch von der dramatischen Ständesatire.
226 Auch im »Buch der Rügen« werden einzelne *ordines* in *status* untergliedert (z. B. die *prelaten*, 385 ff.; die *kaufleute*, 1287 ff.; usw.); aber es wird den Teilgruppen dabei nicht wie in TN je ein eigener Abschnitt gewidmet. Vgl. dazu auch Heinemann, S. 310 ff.
227 Vgl. zu TN die Tabelle in Teil I, Kap. 2.1 der vorliegenden Untersuchung; zum »Buch der Rügen« Heinemann, S. 311.

> dâ von bit ich unde rât,
> sît iu got enpholhen hât
> ze lêren die kristenheit,
> daz ir eim ieglîchem seit,
> ob er des lebens des er lebt
> mit got ist oder von im strebt.

Die im folgenden gegebene Ständeaufzählung gibt dem Begriff der *werlt* bzw. der *kristenheit* spezielle inhaltliche Füllung. Die einzelnen Standesbelehrungen differenzieren zugleich den Begriff *bôsheit*, insofern in jedem Einzelkapitel vorwiegend von Stände*sünden* die Rede ist. Die Prediger werden auf diese Weise über *maneger slahte sünden*[228] und zugleich über die speziellen Zuordnungen von *vitium* und *ordo* unterrichtet.

Die Verhältnisse im Ständeteil von TN sind ähnlich: Vor Beginn der Ständeabhandlungen beteuert der Teufel noch einmal, er könne *all die welt* (2827), gleichgültig ob *gaistlich* oder *weltlich* (2828), in sein Netz jagen. Der Einsiedler verlangt dann *von ieglichem (orden) besunder* (2893) zu hören; der allgemeine Begriff *welt* wird auch hier durch die Ständeaufzählung spezifiziert. Ähnlich wie im »Buch der Rügen« wird dabei einem jeden Stand eine in sich geschlossene Sündendarstellung zugeordnet. All diese Einzelkapitel zusammengenommen ergeben wie dort ein umfassendes, unter ständischen Aspekt gerücktes Sündenbild bzw. eine einseitig auf die Laster konzentrierte, systematische Gesellschaftsdarstellung.

In beiden Werken werden an den verschiedenen Ständen auch dieselben Sünden gerügt: an den herrschenden Geistlichen die allgemeine Verletzung ihrer Amtspflichten (sie vermitteln nicht den rechten Christenglauben, zudem gehen sie auch mit schlechtem Beispiel voran, insofern sie selbst der Sünde verfallen), Ungerechtigkeit, Simonie, Hoffart, Geiz und Unkeuschheit; am niederen Klerus Mißachtung der Ordensregeln, allzu weltliche Lebensführung, Unzucht, Überheblichkeit; an geistlichen und weltlichen Frauen Hoffart, Unkeuschheit, Neid und Haß; an weltlichen Herrschern Mißachtung ihrer Schirmherrschaftspflichten, üppige Lebensweise, unrechtmäßige Kriegführung, Mißachtung geistlicher Übermacht oder überhaupt geistlicher Interessen; an den niederen Laikalständen Ungehorsam gegenüber der Obrigkeit, die kleinen Betrügereien des Alltags; usw. Diese Sünden brauchen hier nicht im einzelnen aufgezeigt zu werden. Die Übereinstimmungen bei den Zuordnungen von *ordo* und *vitium* ergeben sich zwischen dem »Buch der Rügen« und TN nicht etwa aus einer direkten Abhängigkeit zwischen beiden Werken. Sie können zudem auch nicht *allein* die These von ihrer Typähnlichkeit stützen, weil dieselbe Parallelisierungen von Stand und Sünde auch in anderen ständedidaktischen Zusammenhängen vorgenommen werden, demnach also zum Allgemeingut der Ständedidaxe gehören[229].

Als distinktive Typmerkmale sind dagegen – neben den oben behandelten formalen und systematischen Entsprechungen – die in beiden Werken gleichen didaktischen Ansatzpunkte und Tendenzen zu werten. Anders als in den Schach-

---

[228] »Buch der Rügen«, 157.
[229] Zum Vergleich wären etwa Bertholds Ständepredigt »*Von zehen kœren der engele*« (vgl. oben Anm. 210), die Schachallegorien (nur für weltliche Stände; vgl. oben Kap. 13.3), die dramatische Ständesatire (nur für niedere Stände; vgl. oben Kap. 13.1) u. a. heranzuziehen.

allegorien, wo – bei jedenfalls predigthafter Ausrichtung – die Ständebelehrungen von der *Tugend* her entwickelt werden, stehen das »Buch der Rügen« ebenso wie der Ständeteil in TN einseitig unter dem Aspekt der *Sünde*. Der Unterschied, daß im »Buch der Rügen« die Ausführungen über die Laster in der Form direkt an die einzelnen *ordines* gerichteter Mahn- und Bußpredigten, in TN dagegen im Gespräch *über* die Stände erfolgen, fällt dabei kaum ins Gewicht. Zum einen wird ja auch im »Buch der Rügen« im Grunde *über* die Stände gesprochen, insofern die Einzelabschnitte als Musterpredigten für die *praedicatores* gedacht, das heißt, primär an diese gerichtet und nur formal direkt auf die einzelnen *ordines* zugeschnitten sind. Zum anderen werden aber auch in TN die Stände zum Teil direkt angesprochen: Der Teufel wendet sich an sie häufig genug per *ir* oder *du*, läßt in solchen Fällen seinen Gesprächspartner, den Einsiedler, außer acht, um die *ordines* in unmittelbaren Apostrophen für ihre speziellen Sünden zu tadeln[230]. Insgesamt haben seine Ausführungen – diejenigien in der *ir*-Form ebenso wie die in der dritten Person Singularis bzw. Pluralis – dabei denselben Mahn- und Bußpredigtcharakter wie die Einzelabschnitte im »Buch der Rügen«: Der Teufel weist am Ende von fast jedem Ständekapitel darauf hin, daß die von ihm dargestellten Sünden unweigerlich ins Teufelsnetz und damit *in die ewige helle* (3417, 4131, u. ö.) führen. Konstant betont er aber auch, daß Reue, Beichte und Buße probate Mittel gegen ihn selbst, den Teufel, sowie gegen alle Höllenstrafen seien. Er gebärdet sich also nicht anders als der Bußprediger, der im »Buch der Rügen« die Musterpredigten erstellt. Dieser fügt ebenfalls einer jeden Sündenrüge die Drohung mit der *bitteren, grundelôsen helle* und ihrer *gluot* an[231], um damit den Aufruf zur Lebensbesserung bzw. zu Reue, Beichte und Buße[232] zu verbinden.

Im einzelnen geht es also in beiden Werken darum, für einen jeden Stand gesondert zu definieren, was im »Buch der Rügen« als *von got strebn*, in TN als *widerwertig leben wider got und sîn bott* (13168) bezeichnet wird. Beide zielen zudem darauf ab, jeden einzelnen *ordo* zur Abkehr von der Sünde aufzurufen. Insgesamt entsteht so in beiden Fällen ein Gesamtbild der *bôsheit der werlt*, das durch die Ständereihe und durch die speziellen Stand-Sünden-Zuordnungen systematisch strukturiert ist. Im »Buch der Rügen« ist dieses Gesellschafts- und Lasterbild primär – wenn vielleicht auch nicht ausschließlich – als Materialsammlung für Bußprediger gedacht[233]. In TN dagegen ist es nur ein Teil einer umfassenden, nicht ausschließlich ständeorientierten Sündensumme, die wohl eher auf unmittelbare Laienunterweisung abzielt[234]. Solche Unterschiede in der Gebrauchsfunktion würden keine *totale* Typ-Parallelisierung von »Buch der Rügen« und TN erlauben[235]. Trotzdem ist zwischen dem Predigtkompendium und dem Ständeteil in TN eine engere typologische Beziehung gegeben als zwischen diesem und den sonst in der Forschung zum Vergleich herangezogenen Ständedichtungen. Übereinstimmende Merkmalbündel (Stand-für-Stand-Gliederung; einseitige Konzentration auf Sünden; der Mahn- bzw. Bußpredigt-Charakter) lassen es zu, den umfangreichsten Teilkomplex in TN als ein dem »Buch der Rügen« vergleichbares, in sich geschlossenes Kompendium predigthafter Ständerügen zu begreifen.

---

230 Vgl. z. B. die Kapitel über Prälaten (3488–3505); über Chorherren (3916–3989) u. a.
231 »Buch der Rügen«, 590, 702, 754, u. ö.
232 »Buch der Rügen«, 701 f., 1254 f., u. ö.
233 Vgl. oben Anm. 216.   234 Vgl. dazu auch unten Kap. 4.
235 Vgl. dazu das nächste Kapitel dieser Arbeit.

*13.5 Der Stellenwert des Ständeteils in »Des Teufels Netz« –
Das Werkganze eine »gattungsreine« Ständedichtung?*

Die aufgezeigten Rückbindungen an konventionelle Form-, Stil- und Inhaltsmuster der spätmittelalterlichen Ständedidaxe zeichnen den umfangreichsten Teil in TN – isoliert betrachtet – als ›gattungsreine‹ Ständedichtung mit besonders enger Beziehung zum Sondertyp der speziell sündenorientierten Ständepredigt aus. Als ein solcher, von den katechetischen Teilen am Anfang deutlich typverschiedener Abschnitt nimmt der Ständeteil in TN zwar eine quantitative Vorrangstellung ein, fungiert aber aufs ganze gesehen dennoch nur als ›Zweitgröße‹ in einem keineswegs ausschließlich ständebezogenen Werk.

Wie die ihm vorangehenden Teile ist er dem für den gesamten Einsiedler-Teufel-Dialog charakteristischen Frage-und-Antwort-Verfahren unterworfen; und darin hat man nicht nur eine formal-technische Äußerlichkeit zu sehen. Vielmehr ist dies als Ausdruck einer Vorstellung von der inneren Zusammengehörigkeit der heterogenen Einzelteile zu werten: Die offensichtliche typologische Unterschiedlichkeit der Teilkomplexe wird zwar durch das gleichbleibende Dialogschema nur oberflächlich überdeckt, dennoch dadurch erreicht, daß der Ständeteil und die katechetischen Abschnitte als gleichrangige Bestandteile innerhalb der umfassenden Darstellung von verschiedenen Arten lasterhafter Abkehr von Gott erscheinen. In der Sündensumme, die in diesem Einsiedler-Teufel-Dialog entsteht, sind also die ›gattungsrein‹-ständedidaktischen Elemente in gleicher Weise wie die katechetischen funktionalisiert: Die Ständereihe erfährt dabei als eigentlich ständedidaktisches Formmuster eine Parallelisierung mit den katechetischen Reihungssystemen; sie dient wie diese als systematisches Gliederungsgerüst bei der Erfassung einer ganz bestimmten Sündenkategorie. Ebenso sind auch die predigthaften Ständerügen den Einzelabschnitten im Sünden- und Dekalogteil gleichgestellt, insofern sie wie diese als systematische Teilgrößen innerhalb der Sündenkategorisierung fungieren. Neben diesen funktionalen Gleichordnungen bestehen zudem die oben erwähnten inhaltlichen Wechselbeziehungen zwischen den Einzelteilen [236], die zu erkennen geben, daß Sünden-, Dekalog- und Ständeteil trotz typologischer Unterschiede eine substantielle Einheit bilden. Das heißt: Bei Berücksichtigung dieser werkimmanenten Relationen ist es nicht angebracht, den Ständeteil als den allein wichtigen, alles bestimmenden Teilkomplex in diesem Werk zu begreifen [237].

Demnach können die typischen Merkmale des umfangreichsten Abschnitts in TN auch nicht für eine Gattungsbestimmung des Gesamtwerks verabsolutiert werden: In keinem Werk der ›gattungsreinen‹ Ständedichtung finden sich Entsprechungen zu der für TN typischen Kombination selbständiger katechetischer Stücke mit in sich geschlossenen ständedidaktischen Teilen. In den Schachallegorien fehlen zum Beispiel die katechetischen Lehrstücke vollständig [238]. Und auch im »Buch der Rügen«, das mit dem Ständeteil am ehesten vergleichbar ist, werden Hauptsündenaufzählungen und Hinweise auf Gottes Gebote [239] zwar in die Stände-

---

[236] Die Ständesünden werden als Sonderformen der Haupt- und Dekalogsünden begriffen; umgekehrt auch die Laster in den ersten Abschnitten häufig unter ständischem Aspekt dargestellt. Vgl. dazu oben Kap. 12.3; 13.1; unten Kap. 3.3.
[237] Die Überlieferung des Werks beweist, daß TN auch zu seiner Zeit nicht ausschließlich von seinem Ständeteil her interpretiert wurde: Vgl. oben Teil I, Kap. 22.3; 33.2.
[238] Vgl. dazu oben Kap. 12.3.   [239] »Buch der Rügen«, 181 ff.; 690 ff.; u. a.

predigten aufgenommen, den katechetischen Stücken aber nicht wie in TN eigene Abschnitt gewidmet. Anregungen für die systematische Gleichordnung von Sünden-, Dekalog- und Ständeabschnitten, die insgesamt eine umfassende Sündensumme ergeben, können wohl nicht aus der ›gattungsreinen‹ Ständedichtung erfolgt sein. Ja es muß sogar bezweifelt werden, ob für dieses Werk überhaupt eine Vorbildlichkeit der episch-didaktischen Moraldichtung – auch einer solchen nicht primär ständeorientierter Prägung – angenommen werden kann. Daß es seiner Anlage und Tendenz nach insgesamt – nicht nur in seinen ersten Sünden- und Dekalogabschnitten – eher Beziehungen zur katechetischen, speziell zur Beichtliteratur des Spätmittelalters aufweist, wird in späterem Zusammenhang noch ausführlich zu besprechen sein [240].

2. Der Christus-Teufel-Dialog im Schlußteil

Der dem Einsiedler-Teufel-Dialog (nur in A, C, D – nicht in B!) angeschlossene Schlußteil zerfällt in zwei größere Teilkomplexe: Der erste (13155–13490) hat als Exegese bzw. inhaltliche Zusammenfassung des vorhergehenden Gesprächs zu gelten. Er setzt sich weitgehend aus Passagen zusammen, die bereits im ersten Dialog vorkamen [241]. Zunächst erfahren das Teufelsnetz (13167 ff.) und die Teufelsknechte (13195 ff.) allegorische Ausdeutungen [242]. Dann werden in der Form von Ständeaufzählungen und kurzen -charakterisierungen noch einmal alle diejenigen Menschen benannt, die vom Teufel und seinen Gesellen verführt und damit zu des Teufels *hofgesind* (13385) gezählt werden (13231 ff.). Schließlich setzt der Teufel noch zu einer längeren Rede an, in der er zusammenfassend zeigt, daß sich sein Verführungsbestreben vor allem darauf richtet, alles, was *Cristus tett sprechen* (13425), in der Welt zunichte zu machen (13396 ff.). Daß sich dieser erste Abschnitt des Schlußteils durch Unstimmigkeiten in der Erzählhaltung auszeichnet, insgesamt als relativ uneinheitliches Konglomerat von Erzählungen und direkten Reden des Teufels erscheint, wurde oben bereits erwähnt [243].

Der zweite Teilkomplex (13491 bis Schluß) hat demgegenüber als ein in sich geschlossener, vergleichsweise einheitlicher Abschnitt zu gelten. In ihm wird die Begegnung vorgeführt, von der im Prolog II (Einleitung zum Schlußteil) bereits die Rede war:

13158   Wie der tüfel zuo unserm herrn ist komen
           Und hat in umb ain gab gebetten,
           Das er in liesz die bœsen us den guoten jetten.

Vom Einsiedler-Teufel-Dialog ist dieser Schlußdialog zwischen Christus und dem Teufel seiner Form und seinem Inhalt nach typverschieden und verdient deshalb hier besondere Beachtung: Er besteht aus etwa gleichwertigen Redeabschnitten des Teufels und Christi (im Gegensatz zum Frage-und-Antwort-Verfahren im ersten Dialog, wo der Teufel ›fast immer der Erzählende‹ war, der Einsiedler

---

240 Vgl. dazu unten Kap. 4.
241 Vgl. 13187 ff. und 49 ff.; 13284 ff. und 7857 ff.; u. a.
242 Vgl. dazu unten Kap. 3.
243 Vgl. oben Teil I, Kap. 33.1.

aber nur kurze Fragen stellte) und hat nicht mehr die Darstellung von Sünden, sondern die Vorführung von deren Konsequenzen beim Weltgericht zum Inhalt.

Von daher ist es erstaunlich, daß H. Werner diesen Schlußdialog für einen Rückgriff auf ein *Teufelsspiel* von der Art hielt, wie sie in mittelalterliche Passions- und Osterspiele häufig eingeflochten wurden[244]. Die Bitte des Teufels, die *bœsen us den guoten jetten* (13160) zu dürfen, bezieht Werner dabei auf die Situation der ›Höllenfüllszenen‹[245]: Nachdem Christus die Altväter aus der Hölle erlöst hat, will der Teufel »seine Hölle wieder füllen. Er bittet daher Christus um die Erlaubnis, seine Gesellen aussenden zu dürfen, um die Bösen aus den Guten auszuscheiden«[246]. Die hier beschriebene Situation ließe sich, wenn überhaupt, bestenfalls mit dem Seelenfangmotiv, wie es im Einsiedler-Teufel-Dialog angedeutet und am Anfang des Schlußteils noch einmal zusammenfassend dargestellt ist, in Zusammenhang bringen[247]. Der Situation des Schlußdialogs in TN entspricht sie aber nicht! Die Personenkonstellation Christus-Teufel stimmt zwar mit den ›Höllenfüllszenen‹ überein; der Inhalt des abschließenden Gesprächs in TN läßt aber keine Parallelisierung mit diesen zu: Es geht nicht um des Teufels ›Höllenfüllprogramm‹, sondern um die Scheidung der guten von den bösen Seelen beim Jüngsten Gericht.

Nicht mit einem Osterspiel, sondern am ehesten mit einem (freilich aus jenem letztlich hervorgegangenen) *Weltgerichtsspiel* ist der Schlußdialog in TN seinem Inhalt nach in Zusammenhang zu bringen. Zwar ließe sich aufgrund inhaltlicher Momente auch an Rückgriffe auf prosaische Weltgerichtsdarstellungen der didaktischen, namentlich der Predigtliteratur des Spätmittelalters denken. Die totale Auflösung in Dialog, zudem auch die Versform und die typische Situation des Gesprächs legen aber eher den Gedanken nahe, daß es sich an dramatische Vorbilder anlehnt. Auf einige Parallelen zum »Berner Weltgerichtsspiel« (BW)[248], das hier lediglich zum exemplarischen Vergleich, nicht als mutmaßliche Quelle angeführt wird, sei im folgenden kurz hingewiesen. Mit der eigentlichen Weltgerichtsszene dieses Spiels[249] ist der Schlußdisput in TN in folgenden Punkten vergleichbar:

1) Außer Christus und dem Teufel sind auch noch andere *dramatis personae* anwesend.

    BW: Maria, Engel, die guten Seelen; Luzifers Unterteufel, die bösen Seelen. Sie alle treten selbstredend auf.

    TN: Die bösen Seelen und des Teufels Gesellen sind als anwesend gedacht. Zwar treten sie nicht selbstredend auf, werden aber vom Teufel direkt apostrophiert (vgl. auch 2.e):

---

244 Werner, S. 19.
245 Vgl. dazu oben Kap. 13.1 und unten 3. 1.
246 Werner, S. 19.
247 Vgl. aber die Kritik hierzu oben Kap. 13.1 und unten 3.1.
248 Berner Weltgerichtsspiel. Aus der Handschrift des 15. Jahrhunderts hrsg. von W. Stammler. Berlin 1962 (Texte des späten Mittelalters 15).
249 Sie beginnt mit Vers 347 unter der Überschrift:
Denne so gant die gütten vnd die bösen zegericht vnd stand da vnd beittend des richters trurenklich. Denne so kumet vnser herr Jesus Cristus vnd siczet ze gericht . . . (vor 347).

		(an die bösen Seelen gerichtet)
13 554		Ir hand nie gehalten iwern orden.
Ir wærend mit der welt behaft,
Ir enruochtend was der brediger klaft;
Darumb so muossend ir switzen
In der helle der hitze.
		(an die Teufelsknechte)
13 561		Darumb, ir lieben gesellen,
Ziehends her all in die helle.
(vgl. auch 13 601 f.; 13 576 ff.; u. a.).

2) Es geht um die Scheidung der guten von den bösen Seelen.
a) Die guten Seelen werden von Christus gelobt (im BW mit direkter Hinwendung zu ihnen; in TN, indem Christus über sie spricht).

BW:	379	Jr hand getan den willen min
TN:	13 610	Die zehen gebott tatents tragen
Und stetis in ir herz haben,
Der tætend si kains brechen.
BW:	380	Hoffart hand ir uermitten,
Nide hand ir widerstritten,
Zorn hand ir uerlassen,
Tragheit hand ir uerwassen,
Trunkenheit waz üch gar schwer,
Frasheit waz üch gar vnmer,
Vnküscheit liessent jr sin,
Darumb fliet üch der helle pin.
TN:	13 624	(C) (Si) hütend sich vor den siben hauptsunden
	13 624	(A) (Si) hütend sich vor den nün fremden sünden
BW:	388	Diemûtikeit was üch gar lieb,
Minne sich von üch nie schied,
Frides hütten ir gedultenklich,
Jr übtent üch gar genczlich.
TN:	13 632	Si sind gehorsam und diemütig gar,
Das felt in nit umb ain har;
Si wend all fridsam sin,
Darumb haissends die kinder min.
BW:	392	Almûsen gaben ir ze menger stund,
Vasten minnet üwer mund,
Küsch vnd rein sint jr gewesen.
TN:	13 636	Si tuond veiran und vasten
Und land ir lib seltan rasten;
Si tuond miltlich durch got geben.
	13 630	Si sind luter, künsch und rain.
BW:	412	Dje werck der erbarmherczikeit
Hand ir dik an mich geleit.
TN:	13 616	Und die sechs werch der barmherzikait
Die behütends vor allem laid.

In TN werden zudem die *acht sælkait und zwelf ræt* (13 614), die *siben gaben des hailigen gaist* (13 618), die *fünff sinn, die zuo göttlicher minn gekehrt werden* (13 622 f.) und der *rechte Cristan globan* (13 626) als Glaubensstücke aufgezählt, die von den guten Seelen befolgt wurden. Sowohl im BW als auch in TN bilden demnach katechetische Lehrstücke den Maßstab für die Beurteilung der Menschen beim Weltgericht. TN scheint sich dabei noch enger als das BW an die in den Beichtformularen erwähnten Stücke der Glaubenslehren zu halten [250].

b) Christus verspricht den guten Seelen das Himmelreich (im BW wiederum direkt an sie gewandt; in TN über sie sprechend).

BW: 371 Gand har zů, ir lieben kint,
Die hie ze der rechten siten sint!
Jr sônd hüt von mir lon enpfan
Vnd mit mir frôlich gan!
Min uatter kumpt üch engegen
Vnd bringt üch sinen segen.
Jr sônd billich gesegnet sin!
Jr hand getan den willen min.

TN: 13 529 Sid nun die minen recht hand getan,
So sond si och billich mit mir gan
In mines vatters rich.
13 646 Den geb ich den ewigen segen
Und wil ir in dem himel pflegen.

c) Der Teufel (Luzifer) steht Christus als Ankläger der bösen Seelen gegenüber und fordert sein Recht, diese mit sich in die Hölle abführen zu dürfen.

BW: 669 Das sy minen willen gern tatten,
Davon sônd sy hüt lon enpfan,
Ich fůr sy, da sy sechen weder sunnen noch man.
674 Herre, sy sônd billich sin by mir,
Sy wolten nie gedienen dir.
Din wunden hand sy dik verschworn
Vnd ŏch verdienet dinen czorn.
Sy sônd gar billich sin verlorn.
Hoffart, trackeit vnd zorn,
Wenne ich jnen riet vnküscheit,
So warent sy gar wol gemeit,
Karg und fresam alle tag!
Mit warheit ich sy schelten mag.

TN: 13 491 Nun luog, almechtiger got,
Also stand allüs minü bot.
Wiltu mir joch die lan,
Die sich tuond frœlich began

---

[250] Man vergleiche etwa die bei Weidenhiller, S. 46 ff. abgedruckten Formulare aus cgm 121.

      Und der dinen kain acht wend han
      Und durch dich wend tuon noch lan
      Und dich scheltent und answerend
      Dich und din muoter enderend?
      Herr, die raisz solt mir geben,
      Si ziehend mit den dinen nit eben!
  13 518 Sol ichs nit ziehen all an mich
      Und dich, herr, an in rechen
      Umb ir mistat und übel sprechen?

d) Christus befiehlt dem Teufel (Luzifer), die bösen Seelen in die Hölle abzuführen.

 BW: 648 Lucifer, ich gebüt dir hüte,
      Das du fachest dise lüte,
      Vnd für sy in der helle pin;
      Da sond sy mit dir verdampnet sin
      Vnd mit dien tüfflen allen!
      Da sond sy essen gallen!
      Jr sond sy martren jemer me,
      Daz sy fast schryent ach vnd we!
      Nu fůrent sy in der helle grund,
      Das gebüt ich üch an dire stund!

 TN: 13 523 Nun die verfluochten ietz zuo diser frist
      Zuo dir ind' hell, das in berait ist.
   13 539 Ja, für si in das helsche für,
      Da in allü frœd ist tür;
      In den ewigen tod,
      Da hand si angst und not.
      Si tuond ir zen ze samen bissen
      Und in selb das har us rissen;
      Und in sie giessen swebel und bech,
      Damit so werdends niemer grech;
      Darzuo brinnen und braten,
      Also tuot ir guottat geraten.

e) Der Teufel (Luzifer) tadelt die Verdammten und fordert seine Gesellen auf, letztere in die Hölle abzuführen.

 BW: 880 An minem dienst sint jr gesin,
      Jr hand getan den willen min.
    902 (Got) gab üch gůt vnd ere
      Vnd da by vil gůt lere.
      Das wolten jr erkennen nit,
      Darumb hat got ab üch gericht
      Vnd hat gebotten an dire stund,
      Das ich üch füre in der helle grund.
      Da sol üch wesen heis vnd kalt.
      Gesellen, fůrent sy hin bald!

TN: 13 549 ... Nun wol an,
Min aller liepsten dienstman,
Si sigind gaistlich oder weltlih,
Ir kumend mir all gelih!
Uns ist nie mer als wol worden,
Ir hand nie gehalten iwern orden,
Ir wærend mir der welt behaft,
Ir enruochtend was der brediger klaft.
Darumb so muossend ir switzen
In der helle der hitze;
Ie ze haisz denn ze kalt,
Werffen wirs us aim ins ander bald.
Darumb, ir lieben gesellen,
Ziehends her all in die helle.

3) Einige (fast) wörtliche Entsprechungen.

BW: 530 Ich leg üch in der helle für
Fröid vnd selde wirt üch tür.
TN: 13 539 Ja, für si in das helsche für,
Da in allü frœd ist tür.

BW: 412 Die werck der erbarmherczikeit
Hand ir dik an mich geleit.
TN: 13 628 Si sind milt und voller barmherzigkait
Das lob ist wol an in angelait.

BW: 546 Gand hin in der helle pin!
Da sônd die tüfel mit üch sin!
TN: 13 657 Hiemit ker ich mit den minen hin
In der bittren helle pin.

BW: 673 Jemer müssen sy haben leid vnd pin.
TN: 13 563 Si muossend iemer liden pin.

Die unter Punkt 3 aufgeführten, fast wörtlichen Entsprechungen könnten *allein* keinen engeren typologischen Zusammenhang mit der dramatischen Weltgerichtsszene beweisen: Ähnliche Formulierungen kommen auch in anderen spätmittelalterlichen Weltgerichtsdarstellungen vor und erklären sich aus einer für alle gemeinsamen, mehr oder weniger engen Bezogenheit auf dieselben biblischen Quellen (Apokalypse und Matthäus 25,31 ff.). Alle Parallelen zusammengenommen bestätigen aber doch die oben ausgesprochene Vermutung, daß sich der Schlußdialog in TN eng an den oben vorgestellten Szenentyp des mittelalterlichen Dramas anlehnt, ja vielleicht sogar aus einem solchen unmittelbar übernommen wurde. Freilich sind die im Spiel auf mehrere *dramatis personae* verteilten Texte in TN zusammengestrichen und allein Christus und dem Teufel in den Mund gelegt worden. Es fehlen in TN vor allem die an Matthäus 25,31 ff. anknüpfenden Wechselgespräche zwischen Christus und den guten bzw. bösen Seelen, denen im Weltgerichtsspiel breiterer Raum zugemessen wird[251]. Aber immerhin sind auch in TN die bösen Seelen und die Teufelsknechte als anwesend gedacht (vgl. Punkt 1),

---

251 »Berner Weltgerichtsspiel«, 411 ff. und 548 ff.

und in den Passagen, die die Gerechten betreffen, scheint lediglich ein Wechsel des Personalpronomens vorgenommen worden zu sein (vgl. Punkt 2. a und b). Zudem wurde für TN auch ein anderes Tempus in den Überschriften bzw. Einleitungen zu den einzelnen Redeabschnitten gewählt. Während im »Berner Weltgerichtsspiel« – wie in allen Spielhandschriften – die Sprecher durch *präsentische* Überschriften eingeführt werden[252], heißt es in TN: *Der tüfel sprach* (Überschrift aus C vor 13 491; 13 549; usw.) oder *Cristus sprach* (13 604; 13 522; usw.). Durch diese geringfügige Tempusverschiebung erscheint das Christus-Teufel-Gespräch in TN als *erzählter* Dialog, der damit dem ersten Gesprächskomplex notdürftig angeglichen wurde.

Die typologischen Unterschiede zu diesem bleiben jedoch unverkennbar: Nicht nur die aufgezeigten Parallelen zum Weltgerichtsspiel, sondern auch ein ausgewogeneres Verhältnis zwischen Rede und Gegenrede lassen den Christus-Teufel-Dialog als vergleichsweise ›dramatisch‹ erscheinen. Das heißt: Die von der Forschung für TN insgesamt postulierte – für das eher katechetische Lehrgespräch, das den Hauptteil ausmacht, aber kaum zutreffende – Nähe zum dramatischen Bereich des Mittelalters läßt sich bestenfalls für den abschließenden Dialog geltend und glaubhaft machen.

Bleibt zu fragen, welche Beziehungen man zwischen den beiden typologisch verschiedenen Gesprächskomplexen gesehen hat, als man sie in TN (in A, C, D) miteinander verband. Es scheinen dies vor allem Beziehungen zu sein, die auf inhaltlicher Ebene liegen: Der Schlußdialog läßt sich als sinnvolle – wenn auch schon nicht notwendige (vgl. sein Fehlen in B!) – Abrundung und Überhöhung der im Prolog I angesagten *lere* begreifen[253].

Kam es im ersten Gesprächskomplex vor allem auf die Darstellung verschiedener Sündenkategorien an, so wird nun am Schluß das Thema der Auswirkungen lasterhafter Lebensführung beim Weltgericht aufgenommen. Dabei werden die *verfluochten* (13 523) – konstrastiv zu den *gerechten* (13 528) – von Christus nach denselben Maßstäben verurteilt, nach denen der Teufel im ersten Dialog die Menschen als Sünder charakterisiert: Den *bœsen* wird als Kardinalvergehen an erster Stelle vorgehalten, daß sie im Leben Gottes *gebott hieltend für ainen spott* (13 525 f.). Haupt- und andere Sünden werden ihnen außerdem angekreidet, schließlich auch darauf hingewiesen, daß sie ihren rechten *orden nie gehalten* (13 554) haben. Diese Fehlverhalten waren es, die im ersten Gesprächskomplex als Bedingungen für die Gefangennahme des Menschen durch den Teufel und seine Knechte mit Hilfe des Netzes bezeichnet wurden. Bei der ›Abrechnung‹ am Jüngsten Tag erweisen sie sich als Voraussetzungen, nach denen Christus entscheidet, wer endgültig in des Teufels *raisz* (13 499 u. ö.) gehört und mit dem Teufel *in das helsche für* (13 539), *in den ewigen tod* (13 541) gehen muß. Die im ersten Gespräch wiederholt ausgesprochene Warnung vor der Sünde wird auf diese Weise am Schluß auf die Ebene der höchsten und letzten Instanz transponiert. Bereits im Einsiedler-Teufel-Dialog war wiederholt darauf hingewiesen worden, daß diejenigen Menschen, die nicht zu *rüw, bicht und buosz* bereit sind, am *jungsten tag* für *ir schanbar leben* letztendlich *rechnung geben* (3214 ff.) müssen. Dies zur konkreten Darstellung zu bringen, ist die eine Funktion der abschließenden Weltgerichtsszene.

---

252 »Berner Weltgerichtsspiel«, vor 648: *Denne spricht vnser herre zu lucifer*; vor 658: *Denne so antwürt lucifer der tüfel;* usw.
253 Vgl. hierzu und zum folgenden oben Teil I, Kap. 3.2.

Zum anderen fungiert sie auch als inhaltliche Überformung und Beglaubigung dessen, was in der Rahmenerzählung zum ersten Gesprächskomplex bereits exemplarisch zum Ausdruck gekommen war: Kontrastiv zu der innerhalb des ersten Gesprächs dargestellten, nahezu unumschränkt wirkenden Macht des Teufels wurde in dem Rahmenexempel verdeutlicht, daß der Teufel angesichts der Frömmigkeit des Einsiedlers diesem keinen *schaden tuon* (168) konnte bzw. der Einsiedler durch seinen festen Glauben und sein Vertrauen in *gotz gewalt* gegen die teuflischen Machenschaften immunisiert war. In grundsätzlicherer und verallgemeinerter Form kommt dies noch einmal am Schluß zur Darstellung: Alle Menschen, die im Leben *rechten Cristan globan* (13 626) bewiesen haben, zählt Christus zu seiner *schar* (13 602), von der der Teufel *kains verseren* (13 603), niemanden in seine *raisz* überführen kann noch darf. Der Teufel selbst ist *gotz gewalt* unterworfen: Zwar ist er befugt, die Menschen zu versuchen und denjenigen, die ihm erliegen, ihren ›lon‹ (13 537) zu geben, aber er hat beim Weltgericht Christi Befehle abzuwarten, ist letztlich machtlos und wie die Sünder *verfluocht*. In dem der mittelalterlich-dualistischen Auffassung entsprechenden, vordefinierten Verhältnis von Gott und Teufel ist dieser der Unterlegene; er muß letztlich *mit den sinen,* mit seinem *hofgesind* und seinen *gesellen,* zurück *in die bittren helle pin* (13 657) fahren. – Wie das Rahmenexempel für den Einsiedler-Teufel-Dialog übernimmt also dieser abschließende Gesprächskomplex zwischen Christus und dem Teufel für das Ganze die Funktion einer Relativierung der einseitig auf die Sünden und damit auf eine eigene, große Macht in der Welt konzentrierten ›leren‹ des Teufels [254].

Die hier aufgezeigten, inhaltlich-funktionalen Zusammenhänge lassen demnach die in A, C, D vorgenommene Anfügung des Schlußdialogs als durchaus plausibel erscheinen. Im Sinne der Gattungsfrage bleibt aber dennoch diese Weltgerichtsszene am Schluß von TN problematisch. Ein engerer typologischer Zusammenhang scheint zwischen ihr und dem katechetischen Lehrgespräch am Anfang nicht zu bestehen. Bestenfalls ein mittelbarer Konnex ließe sich konstruieren: Zwar ist der Christus-Teufel-Dialog formal wie inhaltlich bei weitem nicht so direkt wie der erste Gesprächskomplex auf die spätmittelalterliche Katechese gezogen, aber dennoch – genau wie das Weltgerichtsspiel, mit dem er verwandt ist – in einigen Punkten der katechetischen Konvention der Zeit zu folgen (vgl. z. B. Punkt 2. a) [255]. Das heißt: Diese zwar ungleichgewichtige, aber immerhin für beide Gesprächskomplexe gegebene Bezogenheit auf das tertium comparationis der Katechese könnte eventuell daran denken lassen, daß nicht nur inhaltliche Gründe, sondern auch Vorstellungen von einer engeren typologischen Zusammengehörigkeit der beiden Dialoge zu ihrer Verknüpfung in A, C, und D geführt haben.

---

254 Vgl. dazu auch oben Kap. 11.1 und unten Kap. 3.3.
255 Hoffmann, S. 200 Anm. 150, nimmt für die Passage 13610 ff. (Preis der *gerechten*) an, daß als »Vorlage dieses Abschnitts eine mittelhochdeutsche Beichte« gedient habe.

3. Form und Funktion der Allegorie in »Des Teufels Netz«

Den unterschiedlichen, literarhistorischen bzw. -typologischen Rückbindungen und damit der Heterogenität der Einzelteile in TN haben die bisherigen Ausführungen vor allem gegolten. Dabei konnte schon darauf hingewiesen werden, daß die Verschiedenartigkeit der Teilkomplexe auf der Ebene der Darbietungsform teilweise nivelliert wurde und daß diese zunächst nur rein technisch-äußerlich wirkende Gleichordnung Ausdruck einer bestimmten Vorstellung von der inneren Zusammengehörigkeit der Einzelabschnitte ist. Einen zusätzlichen Beweis hierfür kann eine Analyse der allegorischen Bezüge in TN liefern; denn sie sind es, die wie kein anderer Faktor im Werk dessen substantielle Einheit unterstreichen, ja sogar zum Teil erst bedingen [256].

3.1 Seelenfang, Teufelsknechte, Teufelsnetz – Beziehungen zu den Teufelsszenen mittelalterlicher Osterspiele [257]?

Das Bild vom Teufel, der seine Knechte zum Seelenfang ausgeschickt und ihnen befohlen hat, mit Hilfe des Zugnetzes *alle die welt* (239) einzufangen und in die Hölle zu befördern, findet nach einhelliger Forschungsmeinung »in den Teufelsszenen der Osterspiele eine auffällige Parallele« [258]. In TN durchzieht dieses Motiv – kaum episch entwickelt, dafür aber um so häufiger in seinen formelhaften Rudimenten wiederholt – den gesamten Einsiedler-Teufel-Dialog: als dessen ›roter Faden‹, der die heterogenen Einzelteile auf erzählerisch-inhaltlicher Ebene zusammenschließt; zugleich aber auch als allegorisches Korrelat zu dessen Struktur und Inhalt, indem es den ganzen Gesprächskomplex auf Bildebene überspannt [259].

Wie nun schon häufiger erwähnt, knüpfen die Teufelsszenen der Spiele mit diesem Motiv an die Vorstellung an, daß nach Christi Höllenfahrt und »durch die Erlösung der Altväter die Hölle ziemlich leer geworden ist, daß also die Teufel ein großes Verlangen danach spüren müssen, sich für den an ihnen durch Christum begangenen Raub zu entschädigen und ihre Hölle so schnell wie möglich wieder zu füllen« [260]. So sendet denn Luzifer seine Unterteufel, die wie in

---

256 Ich stecke im folgenden lediglich den engeren literarischen Umkreis der Allegorie ab, das heißt, versuche festzustellen, ob und inwieweit sie auf konventionellen ›allegorischen Mustern‹ beruht, um dann (in Kap. 3.3 vor allem) ihre spezielle Ausprägung und Einheit stiftende Funktion in TN um so klarer herausstellen zu können. Die Untersuchung erhebt dabei *nicht* den Anspruch, in die (philosophische) Diskussion zur Allegorie im Mittelalter in einem grundlegend *theoretischen* Sinne einzugreifen. Hierzu vgl. vor allem H. R. Jauss: Entstehung und Strukturwandel der allegorischen Dichtung. Heidelberg 1968 (GRLMA IV). S. 146–244, besonders die Einleitung S. 146–151.
257 Hiermit wird eine in der Teufelsnetz-Forschung zum Allgemeinplatz gewordene These in die Untersuchung aufgenommen, die, genau wie die in dieselbe Richtung zielende, die ständischen Elemente betreffende (vgl. oben Kap. 13.1), einer kritischen Überprüfung m. E. dringend bedarf.
258 Heinemann, S. 342 f.; ebenso schon Barack, S. 445 f.; Perjus, Sp. 406; Thiel, S. 60; Werner, S. 21; sehr vorsichtig, in Anlehnung an Barack formuliert, auch bei Rupprich, S. 304; u. a.
259 Unten im Kapitel 3.3 komme ich darauf ausführlicher zurück.
260 Rudwin, S. 27.

TN als *gesellen*, *genossen* und *knecht* bezeichnet werden, in die Welt und auf Beute aus[261]; und er befiehlt ihnen, indem er – häufig in langen Katalogen[262] – die Standesbereiche der Gesellschaft aufzählt, sich in allen sozialen Schichten nach Opfern umzusehen. Die Unterteufel machen sich an die Arbeit und kehren schließlich mit wenigen Opfern zurück, die sich dann vor Luzifers Richterstuhl zu verantworten haben.

Die Motivparallelen zu TN liegen auf der Hand; und der Umstand, daß hier häufiger ein *osterspil* (4278, 4998, 11 869 B, 12 231 B) erwähnt wird[263], deutet darauf hin, daß dem Verfasser und den Bearbeitern des Gedichts dramatische Vergegenwärtigungen des Ostergeschehens zumindest nicht ganz unbekannt waren[264]. Dennoch kann kaum glaubhaft bewiesen werden, daß, wie in der Forschung vermutet wird, das Seelenfangmotiv, so wie es in TN als *Allegorie* erscheint, »überhaupt erst aus einem geistlichen Schauspiel, einem Osterspiel, geschöpft«[265] wurde. Allzu deutlich fallen die trotz aller Motivähnlichkeit gegebenen Unterschiede ins Auge.

Vor allem fehlt im Spielbereich das Netzmotiv, dieser für die Allegorie in TN wichtigste Faktor[266]. Zudem zeichnen sich aber auch die Teufelsknechte, die in der Forschung gewöhnlich als direkte Verwandte der Unterteufel im Drama angesehen werden, durch eine deutliche Andersartigkeit gegenüber ihren angeblichen dramatischen Vorfahren aus: Die Knechte in TN sind personifizierte Haupt- und andere Sünden, die in geordneter Reihe nebeneinander stehen; ihr jeweiliger Name bezeichnet einen genau definierten Tätigkeitsbereich, und jeder Teufelsknecht hat ausschließlich darauf hinzuwirken, daß möglichst viele Menschen der durch ihn verkörperten Sünde verfallen. Zwar wird dieser ›Arbeitsvorgang‹ kaum episch-handlungsmäßig zur Darstellung gebracht, aber es wird immer wieder betont, daß eine strenge Arbeitsteilung zwischen den Teufelsgesellen besteht. Teamwork ist freilich trotzdem möglich: Manchmal sind mehrere Knechte zugleich in ein und demselben Standesbereich tätig[267].

Die Spiele dagegen kennen keine Gruppierung der Unterteufel, die sich mit obigen Verhältnissen in TN vergleichen ließe. Zwar sind die von Luzifer auf

---

261 Vgl. z. B. »Innsbrucker Osterspiel«, 291 ff.; »Redentiner Osterspiel«, 1086 ff.; zu weiteren Beispielen vgl. Rudwin, S. 30 f.
262 Vgl. oben Kap. 13.1 und Anm. 178. Wie dort bereits betont, werden von den Unterteufeln später nur wenige Ständevertreter in die Hölle gebracht.
263 Schon H. Rosenfeld (Ständesatire, S. 200 ff.) hat darauf aufmerksam gemacht, daß *osterspil* in TN nicht immer im konkret-technischen Sinne, sondern oft in übertragener Bedeutung für ›Freude‹, ›Spaß‹ verwendet wird. Ergänzend ist dies zu bestätigen durch die Tatsache, daß im Falle der Verse 11869 und 12231 nur B *osterspil* hat, während die anderen Handschriften stattdessen *blater spil* (Dudelsackspiel) aufweisen. Beide Begriffe würden an dieser Stelle in ihrem konkreten Sinn nicht passen. Irgendeine Art von *spil* konnte also in übertragener Bedeutung ›Spaß‹ heißen.
264 Friebertshäuser (S. 109) nimmt an, der Verfasser von TN habe »entweder als Zuschauer oder sogar als Akteur den Schauspielen beigewohnt«; eine Vermutung, die m. E. jeder stichhaltigen Begründung bzw. Beweisbarkeit entbehrt.
265 Werner, S. 21.
266 Nur ein einziges Mal kommt m. W. das Teufelsnetz im Spielbereich vor, dort jedoch verbal erwähnt, ohne in die Handlung integriert zu sein. Vgl. das »Tiroler Vorspiel«, V. 174–176 in: Altdeutsche Passionsspiele. Hrsg. von J. E. Wackernell. Graz 1897. S. 435–472. Siehe auch die Bemerkung bei Rudwin, S. 144.
267 Vgl. die entsprechenden Zitate unten in Kap. 3.2.

Beute ausgeschickten *knecht* immer auch Verkörperungen von Lastern, und es hat auch hier »jeder Teufel eine besondere Tätigkeit, die auch in vielen Fällen mit seinem Namen in Einklang steht«[268], aber eine strenge Unterscheidung in dem für TN typischen, systematischen Sinne besteht in den Teufelsszenen nicht: Oft verkörpern mehrere Unterteufel in ein und derselben Szene ein und dasselbe Laster, oder ein einziger ist Repräsentant mehrerer Untugenden zugleich[268]. Als Gruppe haben diese Unterteufel im Spiel ihre ausschließliche Bedeutung und Funktion als Handlungsträger, als Luzifer zu Dienste stehende, manchmal hierarchisch unterschiedlich auf diesen bezogene Seelenfänger.

Insgesamt stellt sich daher das Seelenfangmotiv in TN einerseits und in den Teufelsszenen andererseits in gänzlich unterschiedlicher Weise dar: Im Spiel wird gezeigt, wie Sünder von den Unterteufeln zwar nicht in flagranti ertappt und eingefangen, aber immerhin doch – zum Teil konkret gefesselt – in die Hölle und vor Luzifers Richterstuhl geschleppt werden. Das Faktum der Gefangennahme als Folge der Sünde kommt auf diese Art zum Ausdruck; die Knechte Luzifers und dieser selbst werden in dieser dramatischen Handlung als Strafvollzieher vorgeführt. In TN dagegen spielen das Fangmotiv selbst und damit auch die Teufelsknechte als Träger einer Handlung eine nur untergeordnete Rolle: Nicht der tatsächliche Seelenfang, nicht der konkrete Umgang mit Stricken und Netz, sondern diese als Metaphern für das Wirken der Teufelsknechte und damit für Ursprung und Verbreitung der Sünde in der Welt, kommen zur Darstellung. Bestimmte Lasterhaltungen werden so vor allem gezeigt. Auf das Seelenfangmotiv bezogen heißt dies: Es geht in TN mehr um die Gründe als um die Tatsache der Gefangennahme; mehr um die Sünden selbst als um die darauf folgende Bestrafung.

All dies läßt darauf schließen, daß sich die Differenzen zwischen TN und den Teufelsszenen offenbar nicht auf den einfachen Gegensatz ›episch‹–›dramatisch‹ festlegen lassen. Der Unterschied liegt vielmehr in einer verschiedenartigen Funktionalisierung des Seelenfangmotivs: Im Spiel ist es als reine Handlung dargeboten, die die Konsequenzen der Sünden vergegenwärtigt und sich als Warnung vor Höllenstrafen versteht; in TN dagegen konstituiert es eine kaum handlungsmäßig entwickelte Allegorie, die durch das Teufelsknechte-Team systematische Gliederung erfährt und vornehmlich darauf abzielt darzustellen, was Sünde sei und wie sie in der Welt verbreitet ist. Wie wenig dabei an eine direkte Abhängigkeit von den Teufelsszenen oder auch nur an eine unmittelbare Parallelität zu denken ist, geht schon aus dem Umstand hervor, daß sich das oberflächlich so ähnlich erscheinende Seelenfangmotiv in TN aus Elementen rekrutiert (Teufelsnetz und Fischzug), die im Spielbereich keine nennenswerten Entsprechungen haben.

Die These von der nahen Verwandtschaft zwischen TN und den Teufelsszenen läßt sich nach all dem wohl nicht mehr halten; ich stelle ihr im folgenden eine andere entgegen: daß nämlich TN mit den letztgenannten Motiven und deren allegorischer Ausdeutung an *homiletische* Tradition anzuknüpfen scheint. Dies soll an einigen, in der Teufelsnetz-Forschung bisher außer acht gelassenen Parallelen aus der Predigtliteratur der Zeit exemplarisch demonstriert werden.

---

268 Rudwin, S. 99.

3.2 Homiletische Parallelen

Das Bild vom großen Menschenfischzug der Teufel läßt sich gegenbildlich auf die biblische Erzählung vom Menschenfischertum der ersten Jünger Christi zurückbeziehen[269]; und manches in TN wirkt wie eine schlichte Umkehrung allegorischer Ausdeutungen dieser Bibelstelle, wie sie sich in der mittelalterlichen Homiletik häufiger finden. Ich führe zum Vergleich eine Predigt der »Oberaltacher Sammlung« aus dem 13. Jahrhundert an[270]. Da heißt es über die Fischer, welche Christus in Galiläa zu seinen Jüngern (Menschenfischern) macht:

> ... die vischer die bezeichent die lerær der christenheit die uns mit guter ler und mit guten pilden uz der bosheit diser werlt hintz dem stade dez ewigen libes ziehent[271].

Und das von diesen Fischern durch die Welt gezogene Netz wird als *daz netz des heiligen gelauben*[272] bezeichnet, das zerreißt, wenn darin Menschen eingefangen werden, die *den heiligen gelauben nicht behielten*[273], das aber *die sæligen die ze dem himelrich choment*[274] sicher umschließt[275].

Genau reziprok zu diesen Andeutungen verhalten sich die Aussagen über die Teufelsknechte (Menschenfischer) und die *segi* in TN: Die Knechte sind Lehrer *von bœser art* (270), die die Menschen *uff untugend wisind* (4156) und sie letztlich *in das helsche für* (13 539), *in den ewigen tod* (13 541) befördern. Das von ihnen gezogene Netz ist dazu angetan, *die bœsen us den guoten (ze) jetten* (13 160): Wer aber *lützel ist* (47 u. ö.) - und das heißt auf der Bedeutungsebene in TN soviel wie ›rein‹ - kann mit dieser *segi* nicht eingefangen werden; als ein Netz des Unglaubens ist sie dem Glauben und der Reinheit gegenüber zu großmaschig:

> 13167 Die segi ist nüt anders eben
>   Denn widerwertig leben
>   Wider got und sinü bott.

Diese zunächst nur punktuell erscheinenden antithetischen Entsprechungen müssen freilich im Gesamtzusammenhang der Gegenbildlichkeit gesehen werden: Christus einerseits und der Teufel andererseits geben den von ihnen in den Dienst genommenen ›Fischern‹ und ihren ›Netzen‹ erst ihre spezifische Bedeutung; jeder der beiden so gegensätzlichen ›Fischzüge‹ erhält also seine spezielle, in den Allegoresen zum Ausdruck gebrachte Definition als gut oder böse durch den jeweils dahinterstehenden ›Organisator‹.

Der Typ der Seelenfangallegorie in TN läßt sich demnach aus einem solchen

---

269 Matt. 4, 18 ff.; Mark. 1, 16 ff.; Lukas 5, 1 ff. Diese Beziehung ist in der Forschung von Thiel, S. 59 und von Heinemann, S. 342, Anm. 5 (hier wird auch die im folgenden zitierte Predigt erwähnt) gesehen worden, ohne daß sie jedoch Anlaß gegeben hätte, obige These von der nahen Verwandtschaft zu Teufelsszenen zu relativieren.
270 Altdeutsche Predigten. Hrsg. von A. Schönbach. Zweiter Band: Texte. Graz 1888. Nr. 48. S. 130 ff.
271 Schönbach II, 130, 33 ff.
272 Schönbach II, 132, 29.
273 Schönbach II, 132, 30 f.
274 Schönbach II, 132, 33 f.
275 Eine ähnliche Allegorese findet sich auch in Schönbach I, Nr. 239.

Umkehrungsverhältnis ableiten. Doch muß man sich dies nicht als einen von den Verfassern dieses Werks ad hoc vorgenommenen Akt denken. Die Vorstellung vom Fischzug der Teufel und von deren Umgang mit Stricken und Netzen hatte zum Zeitpunkt der Entstehung von TN bereits eine lange, eigenständige Tradition: Sie war zum Allgemeinplatz der mittelalterlichen, namentlich der didaktischen Literatur geworden und als zur konventionellen Formel erstarrte Metapher in verschiedenste Zusammenhänge eingegangen[276]; zum andern wurde sie in der Homiletik auch mit ganz anderen Bibelstellen als der oben zitierten assoziiert. Sie wurde demnach längst nicht mehr als ›Umkehrung‹ in obigem Sinne verstanden.

Auch in *allegorischer* Ausgestaltung war das so verselbständigte Motiv vom Netz und Fischzug der Teufel in der für TN typischen Weise, als Modell für allegorische Sündendarstellungen, bereits vorgebildet. Dies läßt sich ebenfalls anhand von Parallelen aus dem homiletischen Bereich demonstrieren. Zum exemplarischen Vergleich bietet sich eine Predigt von Berthold von Regensburg an, die in mehrfach abgewandelter Form sowohl lateinisch wie deutsch überliefert ist[277]. Ich greife hier diejenige Fassung heraus, die mir für den Vergleich mit TN am geeignetsten erscheint[278], beziehe aber einige Belege auch aus den anderen Berthold-Predigten desselben allegorischen Typs mit ein. Sie alle haben als Thema folgende Psalmenstelle:

> Anima nostra sicut passer erepta est de laqueo venantium (Ps. 123,7); unser sêle sint enbunden von dem stricke der jagenden als der spar ûz dem netze[279].

Berthold nimmt dies zum Anlaß, um zu lehren, *wie wir uns ouch hüeten sullen vor der tiuvele stricke*[280]. Er führt aus, daß die Teufel *mit dem angel* und *mit der s e g e n e* (Sperrung von mir!)[281] die Menschen zu fangen suchen, daß sie dies

---

276 Es kann hier unmöglich auf die zahllosen Stellen verwiesen werden, wo in der mhd. Literatur von Stricken der Teufel die Rede ist. Von Interesse dürfte aber der von Geffcken (Anhang S. 1 ff.) beschriebene Heidelberger »Bilderkatechismus« in diesem Zusammenhang sein. Dort heißt es an einer Stelle wörtlich, die Menschen sollen sich vor dem Teufel hüten, denn dieser habe *vil netze ader strike* (Geffcken, Anhang S. 13). Auf den diesem ›Katechismus‹ im Dekalogteil beigegebenen Bildern wird der tatsächliche Umgang der Teufel mit Stricken dargestellt: Jeweils ein Engel, der das gerade behandelte Gebot ausspricht (Spruchband!) und ein Teufel, der das Gegenteil behauptet, sind auf diesen Bildern im wechselseitigen Bemühen um den Menschen dargestellt. Dabei versucht der Teufel häufig mit Seil oder Strick den Menschen an sich zu ziehen; ein Motiv, das auch auf mittelalterlichen Wandkatechismen (z. B. auf dem gerade neu restaurierten aus dem 15. Jahrhundert in der Pfarrkirche zu Strümpfelbach im Remstal) häufiger erscheint. Ähnliche Bilder hätte man auch für den Dekalog- und eventuell den Sündenteil in TN (vgl. die hierfür freigelassenen Lücken in Handschrift A) erwarten können. Sie sind vom Motiv her im übrigen auch den Illustrationen in der Kopenhagener Handschrift des »Spiels vom jüngsten Gericht« (= »Berner Weltgerichtsspiel«) nicht unähnlich (vgl. Königliche Bibliothek zu Kopenhagen, Thott 112).
277 In deutscher Fassung ist sie überschrieben als die Predigt »*Von den vier stricken*« (Berthold von Regensburg I, S. 408 ff.; S. 474 ff.; und II, S. 137 ff.). Zur lateinischen Fassung vgl. A. Schönbach: Studien zur Geschichte der altdeutschen Predigt. Wien 1900 ff. 4. Stück: Die Überlieferung der Werke Bertholds von Regensburg I. SB. Wien 151,2, 1905. S. 104 ff.: »*De tribus laqueis diaboli.*«
278 Berthold von Regensburg II, 137 ff.
279 Zitiert nach Berthold von Regensburg I, 474, 1–3.
280 Berthold von Regensburg II, 137, 18 f.

aber *stille swîgende* tun und *sich weder sehen noch hœren (lânt), darumbe daz ir sie an keinen dingen fürhtent*[282]. Nur diejenigen Menschen, die in ihrem Glauben an Gott unerschütterlich sind, vermögen die Teufelsstricke und die mit ihnen verbundenen Gefahren zu erkennen:

> dâ von sprichet ein heilige, der dâ sâch, daz alliu
> diu werlt vol stricke lac. ›Owê, herre, sprach er,
> mac ieman genesen vor disen stricken allen[283]?‹

Ganz ähnlich heißt es im Prolog I von TN:

31   Do sant Anthoni die strik ansach
           Wie bald er do sprach:
           ›Wer mag den striken allen usgan?‹
           Unser herre sprach: ›Ain recht diemütig man‹.

Auch Berthold läßt in seiner Predigt deutlich werden, daß es für den Menschen durchaus die Möglichkeit gibt, sich den Teufelsseilen zu entziehen: Wo die Menschen *übel und guot erkennent*[284] und sich zum Gehorsam gegenüber Gott, also bewußt für das *guot* entscheiden, sind sie gegen die teuflischen Verstrickungen gefeit.

Zur Warnung und zur Erläuterung dessen, was die Stricke bedeuten, greift Berthold nun einige von ihnen heraus und erklärt sie, und zwar diejenigen, die er für die *aller schedelîchesten*[285] hält. In der hier behandelten Predigt sind dies 1. der Strick *unkiusche*, 2. *hôchvârt* und 3. *gîtikeit*[286], in den anderen Predigten kommen noch *untriuwe*[287] und *ûfschiube der buoze*[288] hinzu. Welches also die schädlichsten Teufelsseile sind, scheint doch nicht so ganz festzuliegen: *âne zal*[289] sind diese Sündenstricke – Berthold kann nur einige exemplarisch vorführen. Denkt man sie sich aber alle zusammengenommen, so ergeben sie eben die *segene*, von der am Anfang der Predigt die Rede war: ein Sündennetz also, das genau wie das in TN *nüt anders eben* bedeutet, *denn widerwertig leben wider got und sinü bott* (13 167 ff.).

Auch wenn Berthold vornehmlich die *einzelnen* Stricke behandelt und in TN dagegen meistens pauschal auf die *segi* hingewiesen wird, kann hier von Übereinstimmung bezüglich des allegorischen Modells gesprochen werden. Denn auch in TN werden einzelne *strikke* und *garne* mit bestimmten Sünden identifiziert,

---

281 Berthold von Regensburg II, 137, 21 f.
282 Berthold von Regensburg II, 138, 4–7. Ähnlich in TN über den Knecht Neid und Haß: der ist *so klain gefuoge getan*, daß ihn bei seiner Arbeit *nieman gesehen kan* (363 f.).
283 Berthold von Regensburg II, 138, 14–16. In einer anderen Predigt des Mittelalters wird gesagt, warum die Menschen die Teufelsstricke nicht sehen können: *swer (...) dem tiefel dient, der ist und haizet wol von rehte blint* (Schönbach III, S. 55, 7 f.).
284 Berthold von Regensburg II, 138, 23.
285 Berthold von Regensburg II, 138, 29.
286 Berthold von Regensburg II, 139, 5 ff.; 141, 17 ff.; 142, 36 ff. Es werden zwar vier Stricke angekündigt, dann aber nur diese drei behandelt. Diese Predigt steht damit der lateinischen Fassung am nächsten. Vgl. oben Anm. 277.
287 Berthold von Regensburg I, 478, 29.
288 Berthold von Regensburg I, 421, 6.
289 Berthold von Regensburg II, 137, 24.

indem sie nämlich den Sündenknechten zugeordnet, als deren Besitz bezeichnet werden. So heißt es im Kapitel über die Bischöfe:

3324 Hoffart und Gitikait
    Hand *ir* strik an si gelait.

Eine ähnliche Stelle findet sich im Grafen-Kapitel:

7710 Zorn und och Hoffart
    Hand *ir* strik nit gespart.
    Darzuo Unkünsch und Gitikait
    Hand mirs (dem Teufel) in die segi gelait.

Auch unter den *Kirchenherren (Pfarrern) und Lütpriestern* wirft *Gitikait s i n strik* (4166) aus. Dies mag genügen, um zu zeigen, daß sich die *segi* auch hier aus ganz bestimmten Sündenstricken zusammensetzt: Jeder Teufelsknecht hilft gewissermaßen das Netz mit seinem speziellen Strick knüpfen, das er dann mit seinen Kollegen durch die Welt zieht.

Aber diese Identifikation von Seilen und Sünden, die hier wie dort der pauschalen Netzmetapher speziellere allegorische Ausdeutung gibt, ist nicht die einzige Ähnlichkeit zwischen TN und Bertholds Strickepredigten. Übereinstimmungen bestehen auch in der Art und Weise, wie diese Stricke und die Teufel als Strickeleger im Gesamtzusammenhang des Jagd- bzw. Fischzugsmotivs funktionalisiert sind. Da heißt es bei Berthold:

> Unde rehte ze glîcher wîse als ein ieglich wildener und ander weideliute, alse sie ieglîchem wilde sîne stricke sunder müezent haben, als künnent ouch die tiuvel wol ieglîcher hande liuten ir stricke legen, dar nâch alse ez sich füeget. Die jeger unde die weideliute, die dâ mit sô getânen dingen umbe gênt, die legent in ir stricke und ir lâge dar nâch ir gelegenheit wol gezîmet. Den grôzen tieren in dem walde müezent sie grôze stricke legen, wan sie zerbræchen die kleinen (...). Sô müezent sie dem vische in dem wâge aber einen andern legen (...). Alsô tuont ouch die tiuvel. Die legent den alten liuten sunder stricke unde den jungen ouch ander. Daz tuont sie dar umbe, daz sie der werlte vil deste mêre gevâhen [290].

Nach Lebens- und Sozialständen wird unterschieden, wer mit welchem Teufelsstrick gefangen wird. So scheint das *untriuwe*-Seil besonders geeignet, *arme liute* zu umgarnen, und darunter fallen diejenigen, die *schuohe machen, rok machen, verkoufen;* außerdem auch die *diern oder knehte, tagewürhten, gebûres liute,* usw.[291]. Der Strick *unkiusche* entspricht dagegen mehr den jungen Leuten, *hôchvart* den *rîchen*, etc.

In TN sind die Verhältnisse ähnlich; auch hier gehen die Teufelsgesellen nach Plan vor. Es wurde bereits gezeigt, daß Hoffart und Geiz ihre Stricke unter den Bischöfen und, von Zorn und Unkeuschheit unterstützt, auch unter den Grafen auslegen. Hoffart hat es zudem auch besonders auf die Herzöge abgesehen und ›ringt‹ mit ihnen (7676), Geiz *verlait* auch die *Amman* (8875), usw. Die Beispiele ließen sich um viele mehr ergänzen; diese wenigen reichen aber aus, um zu demonstrieren, daß auch in TN bestimmte Stricke(leger) den einzelnen Standesbereichen zugeordnet werden.

---

290 Zitiert nach Berthold von Regensburg I, 478, 3–18.
291 Berthold von Regensburg I, S. 478–480.

Ich fasse zusammen: Keine Abhängigkeit, sondern lediglich eine Typähnlichkeit sollte mit dem Vergleich der allegorischen Modelle in TN und in Bertholds Predigten bewiesen werden. Das Vergleichbare besteht einmal darin, daß hier wie dort die Stricke und Netze als Metaphern für Sünden erscheinen; zum andern und vor allem aber darin, daß sie im Kontext einer angedeuteten allegorischen Handlung – im Zusammenhang des Jagd- oder Fischzugsmotivs – in ganz ähnlicher Weise den einzelnen Gruppen der menschlichen Gesellschaft entsprechen: Bestimmte Standeslaster erscheinen damit als spezifische Konkretisierungen der Hauptsünden – letzlich also als besondere Netzstricke. Eigentliche ›Handlungsmomente‹ spielen dabei freilich in beiden Fällen eine nur untergeordnete Rolle. Nicht *wie*, sondern *daß* die Menschen je nach Alter und Stand von dieser oder jener Sünde mehr oder weniger befallen werden, kommt zum Ausdruck. Das Fischzug-Motiv ist hier wie dort nur der allegorische ›Aufhänger‹ für eine Darstellung verschiedener Kategorien der Laster; die Stricke(leger) haben darin als Sündenmetaphern bzw. -personifikationen vornehmlich gliedernde Funktion: Sie geben auf Bildebene der Netzmetapher, auf Bedeutungsebene der Sündensumme systematische Strukturen.

Ein bisher noch zu wenig unterstrichener Unterschied verdient zum Schluß noch besondere Hervorhebung: Daß nämlich in TN – anders als in Bertholds Strickepredigten – eine Verknüpfung des allegorischen Fischzug- und Netz-Motivs mit dem Modell *personifizierender,* das Schema der Hauptlaster zugrundelegender Sündenallegorie gegeben ist. TN nimmt damit einen allegorischen Typ auf, der im Mittelalter eine eigenständige, letztlich auf Prudentius' *»Psychomachie«* zurückgehende Tradition hat und der erst sekundär (erst in TN?) mit der oben behandelten Seelenfangallegorie verbunden wurde. Was diesen allegorischen Typ selbst betrifft, so knüpft TN damit an späte, volkssprachlich-christliche Entwicklungen der Prudentius-Rezeption an, in deren Verlauf sich das Personifikationsschema von seiner ausschließlichen Festlegung auf die Haupttugenden und -laster ebenso wie von seinem durch die *»Psychomachie«* und ihre Nachfolger begründeten episch-handlungsmäßigen Formen (Kampf der Tugenden gegen die Laster – um die menschliche Seele) weitestgehend ablöste [292].

Auch in diesem Punkt ist an eine Vorbildlichkeit der Homiletik für TN zu denken. Berthold kann hier wieder als Kronzeuge – nicht als Quelle! – angeführt werden; etwa mit seiner Predigt *»Von zwelf juncherren des tiuvels«* [293], in der

---

[292] Vgl. dazu H. R. Jauss: Form und Auffassung der Allegorie in der Tradition der *Psychomachia* (von Prudentius zum ersten *Romanz de la Rose*). Heidelberg 1960 (Medium Aevum Vivum. Festschrift für W. Bulst. Hrsg. von H. R. Jauss und D. Schaller). S. 179–206. Für die deutsche *»Psychomachie«*-Tradition fehlt leider bisher ein solcher Überblick.

[293] Vgl. Berthold von Regensburg I, 520 ff. Ich gebe hier eine kurze Inhaltsangabe der Predigt: Als Thema liegt ihr Röm. 6,23 zugrunde. *Der lôn nâch den sünden ist der tôt, aber diu gnâde gotes ist daz êwige leben* (520, 1 f.). Im Anschluß daran diskutiert Berthold das Problem freier Willensentscheidung zwischen Gott und Teufel, Tugend und Sünde. Im Hauptteil der Predigt wird unter Zuhilfenahme des prudentianischen Personifikationsschemas gezeigt, wie sich der Konflikt zwischen Gut und Böse für den Menschen darstellt: *zwelf juncherren des tiuvels* (allesamt personifizierte Haupt- und andere Sünden) treiben in der Welt ihr Unwesen. Niemand ist vor ihnen gefeit, es sei denn, man entscheidet sich bewußt und kompromißlos dazu, die zwölf von Gott geschickten Jungfrauen (personifizierte Tugenden), die den Teufelsjunkern ihr Handwerk zu legen imstande sind, mit ganzer Kraft zu *minnen*. Kampf-

sich das prudentianische Personifikationsschema in einer mit TN direkt vergleichbaren Form darstellt: als ›Gerüst‹ für einen systematisch gegliederten ›Sündenspiegel‹²⁹⁴, in dem die personifizierten Laster (Teufelsjunker) als ›Systemgrößen‹, nicht primär als Träger einer allegorischen Handlung fungieren. Sie werden nacheinander vorgestellt und mit denselben Epitheta wie in TN auf den Teufel bezogen²⁹⁵, bilden aber als solche Personifikationen lediglich den Ausgangspunkt von Einzelabschnitten, in denen die durch sie verkörperten Sünden theoretisch (katechetisch) erklärt und durch Beispiele aus Bibel, Geschichte und alltäglichem Leben sinnfällig – jedoch kaum mehr allegorisch! – erläutert werden. Das Personifikationsschema wird als Predigtschema benutzt, und gerade darin liegt das Vergleichbare zu seiner Ausgestaltung und Verwendung in TN: Auch hier erscheint es im Sündenteil als reines Gliederungsprinzip. Daß und wie es in seiner Bezogenheit auf die das Ganze übergreifende Netzmetapher für diese zusätzliche strukturierende Funktion übernimmt, konnte oben gezeigt werden.

---

los (!) stehen sich diese personifizierten Tugenden und Laster gegenüber: *1. nît und haz – diu wâre minne; 2. zorn – gedultikeit; 3. trâkeit an gotes dienest – snellikeit an gotes dienest; 4. frâzheit – mâze;* usw. Dem Menschen ist die Entscheidung im Konflikt zwischen ihnen überlassen: Wo er sich voll und ganz den Jungfrauen anschließt, verhilft er ihnen zum Sieg und wird selbst den gerechten Lohn, das ewige Leben erhalten; wo er aber den Dienst an ihnen vernachlässigt, leistet er der Gegenseite Vorschub und verdient sich damit den ewigen Tod, da er die Verbreitung der Sünde in der Welt nicht verhindert. Auf die Darstellung dessen, was Sünde sei und wie sie in der Welt verbreitet ist, kommt es Berthold vor allem an. Indem er aber zu jeder Sünde auch die entsprechende Tugend anführt, erhält diese Predigt, die vornehmlich wie ein umfassender ›Sündenspiegel‹ wirkt, zusätzlich eine etwas ›optimistischere‹ Färbung: Die Möglichkeit eines Streites des mit den Tugenden verbündeten Menschen gegen die Laster wird angedeutet, ohne daß jedoch diese allegorischen Handlungsmomente von Berthold episch ausgeführt wären.

Eine ebenfalls von Berthold verfaßte Predigt zu derselben Römerstelle sei hier noch erwähnt. Sie handelt von *sehs mordæren* (vgl. Berthold von Regensburg I, 124 ff.) Als Mörder werden hier sechs schwere Laster personifiziert (keine Hauptsünden!). Wie in obiger Predigt fungiert auch in dieser das Personifikationsschema vornehmlich als Gliederungsprinzip eines ›Sündenspiegels‹, in dem aber die oben beschriebene ›gute Seite‹ außer acht gelassen ist: Den Sünden sind keine personifizierten Tugenden gegenübergestellt – ähnlich also wie im Sündenteil von TN.

294 Vgl. Anm. 293. Auch in TN wird den personifizierten Lastern gelegentlich eine Tugend gegenübergestellt, jedoch nicht als Personifikation (zur Hoffart: *diemuot*, 339; zum Geiz: *gelten und widergeben*, 481; zum Zorn: *lieb*, 712; u. a.). Auch hier wird demnach in dem als ›Sündenspiegel‹ angelegten Hauptsündenabschnitt ein Hinweis auf ›bessere Möglichkeiten‹ gegeben.

295 Auch in TN werden die Knechte zum Teil als ›Junker‹ des Teufels bezeichnet (vgl. z. B. *der erst haist junkher Hoffart* – 339); andererseits werden bei Berthold die Teufelsjunker auch wie in TN *kneht, gesellen*, etc. genannt (vgl. Berthold von Regensburg I, 526, 16, 19, etc.; 524, 17; 525, 27; usw.). Nicht die genaue Bezeichnung des Dienstverhältnisses, sondern vielmehr nur die Tatsache, *daß* diese Knechte, Junker, Gesellen etc. im Dienst des Teufels stehen, ist wichtig, da damit demonstriert wird, wo der Ursprung der Sünde liegt.

3.3 Allegorie und Werkstruktur –
»Des Teufels Netz« unter dem Aspekt seiner Titel-Metapher

Als selbständig und originell erweist sich TN gegenüber den oben zum Vergleich herangezogenen Predigten vor allem durch eine andersartige ›Inszenierung‹ der Allegorie: Hier ist es der Teufel selbst, der dem Einsiedler über sein Netz und die Knechte berichtet; die allegorischen Bezüge sind eng mit seiner besonderen Rolle in diesem Gedicht verknüpft und in ihren spezifischen Ausformungen davon abhängig. Zum einen erscheinen die Gesellen (= Sündenpersonifikationen) und die *segi* verglichen mit obigen Predigten als ›realer‹ – als genauso ›wirklich‹ nämlich wie der Teufel selbst, wenn er sich ›tatsächlich‹ zum Einsiedler schleicht und diesen zu verführen sucht. Bezogen auf ein mittelalterliches Publikum mag dadurch die Allegorie an Eindringlichkeit im Sinne ihres Zwecks, der Warnung, gewonnen haben. Doch führt diese Verknüpfung mit der Teufelsrolle zugleich auch zu einer Relativierung der Sündenallegorie und ihrer einseitigen ›Bedrohlichkeit‹: Als Dialogpartner des Einsiedlers gibt der Teufel eine recht klägliche Figur ab; er muß selbst zugeben, von dem frommen Mann überlistet, *gelestert und geschent* (728) zu sein. Und wie er, der eigentlich so tückische und erfolgreiche Menschenverführer, hier *selber geafft* (128) wird – das drückt er an einigen Stellen auch ›allegorie-immanent‹ aus. So, wenn er dem Einsiedler erklärt:

903 (Du) brichest mir strik und sail,
 Wan du hest denn an allen tugenden tail.

Oder wenn er droht, er werde sich, erst einmal wieder in der Hölle, rächen und seine Gesellen vor denjenigen Mitteln warnen, mit denen der Eremit ihm das Handwerk gelegt hat:

729 Kæm ich wider zuo minen gesellen
 Nider in die helle
 Ich wolt si och warnen
 Vor *dinen* striken und garnen.

Durch diese Übertragung der Stricke-Metapher auf den Einsiedler werden die allegorischen Bezüge in ihr Gegenteil verkehrt; sie bringen noch einmal auf Bildebene zum Ausdruck, was die den Dialog umrahmende Erzählung bereits exemplarisch vorgeführt hat. Der Teufel kann gegenüber der kompromißlosen Frömmigkeit nichts ausrichten; metaphorisch: dem Teufelsnetz wird als Gegenmittel ein ›Netz des Glaubens‹[296] (als Summe der ›Seile‹ des Einsiedlers) entgegengehalten. Wir haben darin eine Entsprechung zu dem zu sehen, was wir oben für das Personifikationsschema von *zwelf juncherren des tiuvels* in Bertholds Predigt feststellen konnten[297]: Wie dort wird auch hier im allegorischen Kontext der ›bösen‹ eine ›gute‹ Seite entgegengestellt; nur mangelt es TN dabei an einer mit jener Predigt – und mit dem prudentianischen Allegorie-Schema ganz allgemein – vergleichbaren Punkt-für-Punkt-Systematik und Direktheit der Gegenüberstellung (wie sich diese hier ja ohnehin nicht primär auf die personifizierten Sünden bezieht). Die ›besseren Möglichkeiten‹ werden hier vornehmlich in der Rahmen-

---

296 Diese Umdeutung der Netzmetapher entspricht also in etwa den Allegoresen zum biblischen Motiv vom Menschenfischzug der Jünger Christi; vgl. oben Kap. 3.2.
297 Vgl. oben Anm. 293.

erzählung am Beispiel des Einsiedlers demonstriert; erst indem der Teufel in diesem Rahmenexempel die Rolle des Unterlegenen spielt und dies – wie oben gezeigt – auch metaphorisch zum Ausdruck bringt, wird die Sündenallegorie, in diesem Falle die Netzmetapher, relativiert und erhält auch hier ihr ›Gegenbild‹[298].

Der Entwurf dieser Gegenbildlichkeit geht freilich über Andeutungen nicht hinaus. Auf die Darstellung der ›bösen‹ Seite kommt es in diesem Gedicht vor allem an; sein zeitgenössischer Titel – »*Des tiuvels segi*« –, wie er in den Handschriften überliefert ist, bringt dies ja auch schon deutlich zum Ausdruck[299]. Das Teufelsnetz unterstreicht, ja *ist* selbst das vornehmliche Anliegen dieses Werks. Daß es die substantielle Einheit des Gedichts ausmacht und wie dies geschieht, soll hier nun genauer gezeigt werden.

Abhängig von der besonderen ›Inszenierung‹ der Allegorie, erscheint die *segi* im gesamten Einsiedler-Teufel-Dialog im Grunde ›nicht-allegorisch‹ – rollenbedingt ausschließlich als Fangwerkzeug des Teufels. Es wird von diesem als ›faktisch‹ und ›real‹ aufgefaßt, ohne daß vom Teufel selbst oder überhaupt im Zusammenhang des Gesprächs bereits ein Bezug von Bild und Bedeutung hergestellt würde. Zu Beginn des Dialogs sagt der Teufel:

238   Ich tuon ain sege machen
      Da ich alle die welt inn vach.

Und er führt dieses Bild im Sinne eines ›Handlungsentwurfs‹ weiter aus, indem er detailliert schildert, warum die Menschen ins Netz gehen und wen er im einzelnen fängt; was also die von ihm erstellte *segi* alles umgreift. ›Leitmotivisch‹ in jedem Abschnitt des Teufelsberichts erwähnt, bildet das Netz auf erzählerischer Ebene das durchgängige Inhaltsmoment, das die verschiedenen Dialogteile im Kontext der schwach angedeuteten Handlung als gleichgeordnete Stücke zusammenbindet: Haupt-, Dekalog- und Ständesünden führen allesamt und unterschiedslos ins Netz. Was aber dieses selbst bedeutet, das bringt erst die Allegorese im Schlußteil zum Ausdruck:

13 167   Die segi ist nüt anders eben
         Denn widerwertig leben
         Wider got und sinü bott.

13 171   Wan als die segi mit garn wirt gewürkt
         Und mit knöpffen ze samen gestrickt,
         Also wirt widerwertig leben
         Wider got mit sinnen streben,
         Mit worten und mit gedenken
         Tuond si sich selb versenken
         In das nidrost abgründ.

Der rollenbedingten, handlungsbezogenen Aussage des Teufels: Sünde *führt*

---

[298] Daß im Verlauf des Dialogs – vom Teufel! – gelegentlich auch auf die Tugend-Entsprechungen zu den behandelten Sünden hingewiesen, zudem auch immer wieder Reue, Beichte und Buße als Mittel genannt werden, der *segi* zu entgehen, sei hier noch einmal erwähnt. Auch dies ist eine Betonung ›besserer Möglichkeiten‹, die jedoch nicht Punkt für Punkt allegorisch erfolgt.
[299] Vgl. Hs. C. fol. 100ʳ; ebenso Hs. B fol. 1ʳ. Barack hat diesen Titel – ins Neuhochdeutsche übersetzt – für seine Ausgabe mit Recht (vgl. obigen Text) beibehalten.

ins Netz – steht hier die Ausdeutung gegenüber: Sünde *ist* das Netz. Und genau auf diesen Doppelaspekt kommt es an.

Die *segi des tiuvels* erscheint damit unter verschiedenen Gesichtspunkten als das zentrale, verbindende Element. Zum einen als inhaltliche Konstante – bildliche Folie –, auf die die Variablen im Sünden-, Dekalog- und Ständeteil zunächst nur rein handlungsmäßig bezogen sind. Zum anderen als vereinheitlichender Faktor im Sinn- und Bedeutungszusammenhang: Vor dem Hintergrund der Allegorese erweist sich die *segi* als Summe aller Sünden und der gesamte Teufelsbericht als deren ›Entfaltung‹.

Insgesamt bezeichnet und repräsentiert das titelstiftende Teufelsnetz die spezifische Einheit des Werks in umfassender Weise: Es korreliert allegorisch mit der Werkstruktur – und dies bezogen auf Form und Inhalt zugleich; auf die Anlage des Ganzen ebenso wie, kleinteiliger, auf die einzelnen Abschnitte. *Wan als die segi mit garn wirt gewürkt und mit knöpffen ze samen gestrikt* – so entsteht auch dieses Werk: in einem komplizierten Additions- und Assoziationsverfahren. Jeder Einzelabschnitt leistet dabei eine spezielle inhaltliche Füllung, stellt einen bestimmten Bestandteil der Sündensumme dar; auf Bildebene: einen besonderen *strik* der *segi*. Titelbezogen sind alle Teilkomplexe und deren Kapitel gleichwertig, alle in derselben Weise der *segi* zugeordnet[300]. Als solche sind sie aber zugleich auch für den Rahmen der Sündensumme = Teufelsnetz beliebig benutzbar, frei verfügbar. Die Überlieferung legt davon ein beredtes Zeugnis ab. Durch Auslassung, Hinzufügung, Umorganisation von Teilen und Abschnitten wird das sogenannte ›Werkganze‹ als ›Sündennetz‹ immer wieder neu und anders ›gewirkt‹ und ›geknüpft‹. So erscheint es in Handschrift B ohne die Dekalogsünden (-Stricke); der ursprünglich auf die Siebenzahl festgelegte Hauptsündenteil (vgl. 51; 241; 13 193) wird als Bestandteil der *segi* in allen Fassungen durch vier weitere ›Netzstricke‹ ergänzt; die den Ständeteil betreffenden ›Lasterseile‹ erscheinen in den Codices in verschiedener Anzahl und Anordnung; usw.[301]. Sub specie *tiuvels segi* stellt sich demnach die ›Einheit‹ des Werks nicht als feste Größe, sondern als grundsätzlich variabel dar. Die Fassungen sind also trotz, ja wegen ihrer unterschiedlichen Resultate allesamt als gleich ›authentische‹ Konkretisierungen, als gleichwertige Repräsentation der prinzipiell offenen Form, der Netzstruktur zu begreifen. Die Herstellung oder Rekonstruktion *eines* authentischen Textes geht daher (methodisch) an den Gegebenheiten des Werks vorbei[302].

Wenn so der allegorische Bezug zwischen Werktitel und -struktur für die Anlage des Ganzen ein zwar flexibles, aber doch eher nur mechanistisch-additives Verfahren erkennen läßt, so zeigt sich in der Detailorganisation darüber hinaus auch ein im Rahmen der Netzallegorie vollzogenes assoziatives Prinzip. Nicht nur das gesamte Werk, sondern auch jeder Teilkomplex stellt wieder ein Netzgefüge dar, das, je nach übergeordnetem Gesichtspunkt (Hauptsünden, Dekalog, Stände) ›sachgruppenspezifisch‹ gefüllt und angelegt ist. Durch den gemeinsamen Bezug

---

300 Handlungsmäßige Verankerungen der Teilkomplexe, wie z. B. die durch das Personifikationsschema gegebenen im Sündenteil, heben sich unter dem Aspekt der Netzmetapher ebenso auf wie die im ersten Kapitel beschriebenen typologischen Unterschiede. Für sich genommen sind der Sünden-, Dekalog- und Ständeteil je spezifische Detaileinheiten, ihre einzelnen Kapitel aber auf das Ganze des Sündennetzes bezogen alle gleichgeordnet, nämlich ›Lasterstricke‹.

301 Für weitere Beispiele vgl. noch einmal die Tabelle in Teil I, Kap. 2.1.

302 Vgl. dazu auch Teil I, Kap. 2.3.

auf das Ganze (Sündennetz bzw. -summe) sind die Detail-›Einheiten‹ als zusammengehörig gekennzeichnet, darüber hinaus aber auch im einzelnen in komplizierter Weise miteinander verknüpft. Zwar dominiert in jedem von ihnen ein bestimmter, in den Reihungssystemen zum Ausdruck gebrachter Aspekt; was aber zu diesem in jedem Kapitel ausgeführt wird, bezieht immer wieder Elemente aus den anderen Sachgruppen mit ein. Querverbindungen werden durch Wiederholungen hergestellt, etwa in der Form, daß zum Beispiel Todsünden auch an standesspezifischem Verhalten exemplifiziert, Ständesünden andererseits auch unter den Kategorien von Dekalog- und Hauptsünden angeprangert werden. So sind zwar die Laster der meisten mittelständischen Berufe ohne direkten Bezug auf die vorrangigen Hauptsünden- und Dekalogkapitel geschildert (das Backen zu kleiner Brote für die Bäcker, der Verkauf zu schlechten Fleisches für die Metzger, etc.); daneben werden aber z. B. als Standeslaster der *Korherren* folgende Hauptsünden angeführt: *hoffart, übermuot, nid und hasz, zorn, unkünschhait* (4097 bis 4101); für die *Pfarrer und Lütpriester* ähnlich: *hoffart* und *gitikait*, ebenso auch für die Bischöfe; für die Grafen darüber hinaus noch *zorn* und *unkünschhait*; usw. Auf der anderen Seite wird z. B. die dritte Dekalogsünde, das Brechen des Feiertagsgebotes, nicht nur allgemein, sondern auch eigens als spezifisches Standeslaster der Geistlichkeit (in einem eigenen Kapitel! Vgl. 1644 ff.) geschildert, zudem auch die Hoffart im Sündenteil beispielhaft als Laster von *gaistlich wib und man* dargestellt.

Das titelstiftende und zugleich als inhaltliche Konstante fungierende Teufelsnetz liefert also für die Gesamt- wie für die Detailanlage des Werks Verweiszusammenhänge verschiedenster Art: auf Bild-, Bedeutungs- und Strukturebene. TN unterscheidet sich darin typisch von anderen didaktischen Werken mit ebenfalls allegorischen Titeln: So hat etwa der »Edelstein« für Ulrich Boners gleichnamige Fabelsammlung weder ›strukturierende‹ noch ›bildliche‹ Funktion im Zusammenhang des Werks; er bringt lediglich den Wert der Fabel-Lehren auf einen bildlich-gegenständlichen Begriff. – Heinrich Wittenwilers »Ring« umgreift – verglichen mit TN – eine größere Vielfalt an Themen, die in den drei Einzelteilen nach sachsystematischen Prinzipien abgehandelt und durch einen strenger geschlossenen Handlungsrahmen zu einer ›Einheit‹ verbunden werden; in seiner Doppelbedeutung *orbis/anulus* ist der allegorische Titel pauschal auf Handlung und Lehrkompendium in diesem Werk bezogen, ohne jedoch mit dessen Struktur zu korrelieren oder in ihm als durchgängiges Inhaltsmoment aufzutauchen. – In dieser Hinsicht am ehesten mit TN vergleichbar ist wohl Sebastian Brants »Narrenschiff«, indem auch hier die Titelallegorie, obwohl sie im Werkzusammenhang nur selten ›angesagt‹ wird, als bildliche Folie fungiert, auf die die Einzelkapitel bezogen sind[303]. Aber es ist hier im Grunde nicht so sehr das Schiff als vielmehr der Narrenbegriff, der eine mit der *segi* in TN vergleichbare Konstante darstellt, der die Variablen der Narrenreihe zugeordnet und vor deren Hintergrund die Einzelabschnitte ähnlich frei verfügbar sind wie diejenigen in TN im Rahmen der Netzallegorie.

Keines der genannten Werke ist demnach mit TN direkt vergleichbar[304]; keines

---

303 Vgl. dazu auch U. Gaier: Satire. Studien zu Neidhart, Wittenwiler, Brant und zur satirischen Schreibart. Tübingen 1967. Vor allem S. 227 ff.

304 Der »Renner« wurde hier nicht genannt, obwohl auch dieses Werk in allegorischem Rahmen steht. Sein Titel stammt jedoch nicht von Hugo selbst (sondern von Michael de Leone) und hat keinen mit TN gleichen Bezug zum Werkganzen und seiner Allegorie.

von ihnen weist ähnlich raffinierte Bezüge zwischen Werkstruktur und Titel auf. TN scheint in diesem Punkt einmal gänzlich originell zu sein. Wenn man überhaupt nach ›Ehrenrettungen‹ für dieses unter dem Aspekt eines wertenden Originalitätsbegriffes so oft als qualitätslos abgetane Werk sucht, so muß man wohl an erster Stelle auf diese Erfindung der Netzmetapher und ihre allegorische Durchführung verweisen.

4. Schlußbemerkung zur Gattungsstellung von »Des Teufels Netz«

Im Gegensatz zur bisherigen Forschung hat die vorliegende Arbeit die Heterogenität von TN zum zentralen Problem der Gattungsbestimmung erklärt. Es zeigte sich, daß sich dieses Werk aus verschiedenartigen Konventionsformen der spätmittelalterlichen Literatur zusammensetzt, die per se noch keine typologischen Zuordnungen erlauben, in ihrer spezifischen Auswahl und Organisation aber zumindest für die einzelnen Teilkomplexe relativ eindeutige typologische Rückbindungen erkennen lassen: Für Sünden- und Dekalogteil wurde eine engere Bezogenheit auf typische Form- und Inhaltsmuster des katechetischen, namentlich des Beichtschrifttums, für den Ständeteil Verwandtschaft zum Sondertyp speziell sündenorientierter, predigthafter Ständedidaxe, für den Schlußdialog eine Nähe zum Weltgerichtsspiel festgestellt.

Koinzidenzen *aller* heterogenen Einzelteile und -elemente zu einer stimmigen Form-Inhalt-Stil-Geschlossenheit, die eine *eindeutige* Charakterisierung bzw. gattungsmäßige Einordnung des Gesamtwerks gestattet hätten, waren von vornherein nicht zu erwarten[305]. Die Feststellung *dominanter* Merkmale kann jedoch auch für TN in toto wenigstens zu gattungstypologischen ›Annäherungswerten‹ führen: Die Dialogform, die asyndetische Reihung von Kapiteln und Teilkomplexen, die komplizierten allegorischen Verweiszusammenhänge, die einseitige Konzentration auf die Darstellung von Sünden und deren Konsequenzen sowie die damit verbundene, konstante Ermahnung zu Reue, Beichte und Buße wurden als solche Dominanzen, die TN in allen seinen Teilen übergreifen, herausgearbeitet. Als ›Hohlformen‹ inhaltlicher oder formaler Art scheinen sie für die Kompilation der unterschiedlichen Materialien in TN ›Richtmaß-‹ bzw. ›Gerüstfunktion‹ gehabt zu haben. Die Heterogenität des Werks ist in ihnen zwar materialiter nicht total aufgehoben, erscheint durch sie aber sowohl technisch-äußerlich als auch allegorisch-inhaltlich, durch Gleichordnungen und vielfache Querverbindungen zwischen den Einzelteilen und -abschnitten, werkimmanent und -spezifisch ›bewältigt‹. Diese dominanten Merkmale haben damit als Ausdruck der Vorstellung von der inneren Zusammengehörigkeit der heterogenen Teile und Materialien zu gelten.

Von daher erscheint die Kombination der unterschiedlichen Stücke des Gedichts nicht mehr als zufällig, sondern als offensichtlich planvoll und intendiert, wenn schon nicht – wie die Unterschiede zwischen ›Minimalbestand‹ und erweiterten Fassungen beweisen – in ihren genauen Abgrenzungen bzw. Anordnungen durch ein ›Original‹ normativ festgelegt. In diesem sehr eingeschränkten Sinne kann eben diese Zusammenstellung heterogener Teilkomplexe als für TN distinktiv

---

305 Vgl. hierzu und zum folgenden noch einmal die Einleitung, Anm. 21.

gelten und muß, wie oben mehrfach gezeigt, notwendig zur Ablehnung der früheren Gattungsbestimmungen führen, die jeweils auf der Verabsolutierung nur dieses oder jenes Teiles bzw. (konventionellen) Merkmals für die Gesamteinordnung beruhten: Sie verwiesen einerseits in den Bereich der Höllenfüll- bzw. Teufelsszenen der Osterspiele, andererseits in den der moral- bzw. ständedidaktischen Großepik. Weder in diesem noch in jenem hat aber die für TN charakteristische Kombination verschiedener Teile zu einer umfassenden Sündensumme und deren Überformung durch eine Weltgerichtsszene typische Parallelen.

Die nächsten Entsprechungen – wenn auch nicht gerade ›Kongruenzen‹ – finden sich in der spätmittelalterlichen Beichtliteratur, was oben (vgl. diesen Teil Kap. 12.3 und 13.5) bereits mehrfach betont und als vorläufige, neue Gattungshypothese formuliert wurde. Hier gilt es nun, dies abschließend zu begründen und durch Vergleiche zu erhärten[306].

306 Der Hinweis auf Beziehungen des Werks zur spätmittelalterlichen Beichtliteratur scheint von der früheren Teufelsnetz-Forschung schon vorweggenommen: H. Hoffmann hat, wie oben erwähnt (vgl. oben Anm. 152), in seiner synoptischen Untersuchung von Konrads von Ammenhausen »Schachzabelbuch«, Heinrich Wittenwilers »Ring« und TN letzteres mehrfach als ›Beicht-‹ oder ›Sündenspiegel‹ (S. 27 f.; 199, u. ö.) bezeichnet und darüber hinaus auch für einzelne Passagen Rückgriffe auf die mittelalterliche Beichte (S. 200, Anm. 150) nachgewiesen. Insgesamt charakterisiert Hoffmann TN aber als ein Werk, das mit Konrads von Ammenhausen »Schachzabelbuch« in einem »quellenmäßige(n) Zusammenhang« (S. 19) stehe und in dem »die Ständerüge« nach seiner Auffassung »das Hauptanliegen des Autors« (S. 23) gewesen sein dürfte. Anders als Heinemann und andere Teufelsnetz-Forscher unterläßt er jedoch eine explizite Pauschalcharakterisierung von TN als ›Ständedichtung‹. Er neigt eher der allgemeiner gefaßten These G. Müllers zu, daß man in TN eine »Moralsatire« (S. 23) zu sehen habe. – Auf die Feststellung der unterschiedlichen Stellungnahmen spätmittelalterlicher Didaktiker zu ihrer als »krankhaft« empfundenen »Gegenwart« (S. 18) kommt es Hoffmann in seinem Vergleich vor allem an. Entsprechend dieser Themenstellung berücksichtigt er aber keine typologischen Unterschiede zwischen den von ihm verglichenen Werken. Differenzen zwischen ihnen begreift er einseitig als Ausdruck der verschiedenartigen »Einstellung der Dichter« (S. 19) bzw. als Folge unterschiedlicher Reaktionen der »Weltverbesserer jener Tage auf die Bedrängnis ihrer Epoche« (S. 29). Für den Teufelsnetz-Dichter gelangt er dabei u. a. zur Feststellung eines »gesteigerten Sündenbewußtseins« (S. 216): Dieser Dichter sei »unter den Didaktikern« der einzige, der sich »psychologisierend mit der Sünde« befasse, was man als »ein Anzeichen für die wachsende Bedrängnis und größere Bewußtheit« zu werten habe (S. 216). Wenn Hoffmann in diesem Zusammenhang TN als einen »Sündenspiegel« bezeichnet, von dem sich »der Dichter (...) heilsame Wirkung« (S. 216) verspreche, so wird deutlich, daß dies als Beschreibung von inhaltlichen Gegebenheiten bzw. der Grundhaltung des Teufelsnetz-Verfassers, nicht aber primär oder ausdrücklich als Typabgrenzung gemeint ist. Dasselbe gilt auch für die Bezeichnung des Werks als »Beichtspiegel, den der Dichter seinen Zeitgenossen rücksichtslos v o r h ä l t« (S. 27 f.; Sperrung von mir!). Hier wird der typologische *terminus technicus* ›Spiegel‹ bzw. ›*Speculum*‹ von Hoffmann eher wörtlich-metaphorisch denn als gattungsmäßige Charakterisierung verstanden. – Entgegen dem äußeren, verbalen Anschein bleibt Hoffmann also insgesamt – was die Typbestimmung von TN anbelangt – im Rahmen der traditionellen Großepik. ›Beicht-‹ bzw. ›Sündenspiegel‹ werden von ihm lediglich als Termini einer ausschließlich inhaltsbezogenen Beschreibung verwendet. Der Nachweis, daß sie im Sinne ihrer gattungstypologischen Implikationen auf TN angewendet werden können, bleibt demnach immer noch zu erbringen.

Der für sich genommen eher ›gattungsrein‹ ständedidaktische, umfangreichste Teilkomplex stellt für diese These nur scheinbar ein Problem dar. Im Umkreis der als ›Beicht-‹ bzw. ›Sündenspiegel‹ überlieferten oder als solche zu begreifenden Werke des Spätmittelalters spielt der Hinweis auf die absolut verbindlichen, weil als gottgegeben angesehenen Standesgesetze und -pflichten eine große Rolle. So wie der Teufel in TN bemerkt, nicht nur Haupt- und Dekalogsünden, sondern auch der Umstand, daß *nieman sin rechten orden* (2888) halte, gelte als schwerer Verstoß gegen Gottes Willen und führe damit genau wie jene Laster ins Netz, so wird auch in den Beichtbüchern der Zeit dieselbe Gleichordnung von Haupt-, Dekalog-, Ständesünden vielfach zum Ausdruck gebracht. Die »*Gute Peicht*« reiht etwa unter die sechs vor der Beichte zu erfüllenden, *alle* potentiell zu begehenden Sünden betreffenden Regeln der Gewissenserforschung auch die ein, nach der *sich der mensch betrachten (sol), was hanntbergk, was stanndts, ambts oder wirdigkaytt er sey und wie er sich dar jnn gehalten hab*[307]. Ähnlich wird auch in der »Unterweisung der Laien«, einem freilich nur im weitesten Sinne zur Beichtliteratur gehörenden Text, betont, daß ein jeder erwachsene Christ seinem Stand gemäß zu leben habe, um sich nicht wider Gott zu versündigen. Die Passage ist unmittelbar an eine Dekalogerklärung angeschlossen, was die oben erwähnte Parallelisierung der zehn Gebote und der Standesgrenzen bzw. -gesetze als beide gottgegeben und daher absolut verpflichtend unterstreicht:

> (Es) sol eyn yeder mensch, der seyn vernunfft håt wissen und künnen was seinem standt zů gepürd. Eyn lay, er sey ein amptman oder arbayter, was ym zugepürd, und wie er sich yn seinem stant halten sol, da mit er verdien gottes huld, und dye ewige säligkait[308].

Die in TN gegebene, ausführliche *Aufzählung* der einzelnen Stände und ihrer Vergehen findet jedoch sowohl per se als auch in der Kombination mit Haupt- und Dekalogsünden-Katalogen und -Kommentaren in den soeben genannten und m. W. auch in anderen *deutschen* Beichtbüchern bzw. Sündenspiegeln keine Parallelen. Aber Geffcken verzeichnet im Zusammenhang des Kapitels über »Bücher für ungelehrte Beichtväter zum unmittelbar practischen Gebrauch«[309] einige Texte der *lateinischen* Beichtliteratur, die sich zum wenigstens partiellen Vergleich anbieten. Gemeint sind die als ›Beichtspiegel‹ für Beichtpriester, das heißt, als Anleitungen für diese zu begreifenden Werke des Antonin von Florenz, des Bartholomäus von Chaym und des Jakob Philipp von Bergamo. Sie alle weisen einen ähnlichen Inhalt und Aufbau auf und stehen alle in demselben Funktionszusammenhang. Da sie sich ihrem Typ nach nicht unterscheiden, genügt es, eines von ihnen, das im Mittelalter sehr weit verbreitete »*Confessionale*« des Antonin von Florenz[310], hier für den Vergleich mit TN kurz vorzustellen. Der in einer der ersten gedruckten Ausgaben zu findende Titel bringt den Zweck des Werks deutlich zum Ausdruck: *Tractatus de instructione seu directione simplicium confessorum*[311]. Der folgende Text gliedert sich in vier Hauptteile, die ihrerseits in verschiedene Kapitel unterteilt sind. 1) Allgemeine Anweisungen für den Beichtvater: a) *de potestate et auctoritate confessoris;* b) *de scientia confessoris;* c) *de bonitate con-*

---

307 Weidenhiller, S. 57.
308 Weidenhiller, S. 159.   309 Vgl. Geffcken, S. 34 f.
310 Hain verzeichnet über 70 Ausgaben dieses Beichtbuches. Vgl. Repertorium bibliographicum I–IV. Reprograf. Abdruck. Milano 1966.
311 Zitiert nach Geffcken, S. 34.

fessoris. 2) *Undecim excommunications reservate sedi apostolicæ* (...) *deinde sequuntur excommunicationes reservatae episcopis uniuscuiusque diocesis.* 3) Die eigentlichen Beichtfragen, das *Interrogatorium:* a) *de interrogationibus fiendis a confessore* (in der Reihenfolge des Dekalogs); b) *de septem vitiis capitalibus;* c) *de statibus.* 4) *De restitutionibus*[312]. Auf den dritten Teil des Werks kommt es in diesem Zusammenhang vor allem an: Dem Beichtvater wird empfohlen, neben Fragen über die zehn Gebote und über die sieben Hauptsünden an die Beichtkinder auch solche über standesspezifische Vergehen zu richten. So werden denn unter 3.c die speziellen Fragen für die einzelnen Stände aufgezählt. Dabei kommt folgende Reihe zustande:

1) ad conjugatos
2) de principibus rectoribus et baronibus
3) de iudicibus
4) de advocatis procuratoribus et notariis
5) de doctoribus et scholaribus
6) de medicis et aromatoriis
7) de mercatoribus camporibus ...
8) de artificibus et mechanicis
9) de lanificibus
10) de setaiolo
11) de tabernario et hospite
12) de macellario
13) de pistore
14) de sutore pannorum
15) de aurificibus
16) de cerdonibus
17) de fabris
18) de locatoribus equorum
19) de histrionibus
20) de cytharizantibus
21) de servitoribus et laboratoribus
22) de rusticis et agricolis
23) de pueris et puellis
24) de clericis in communi
25) de beneficiatis et canonicis
26) de religiosis masculis et feminis
    Einschübe: de voto paupertatis
                de voto castitatis
                de voto oboedientiae

                de officio divino
                de exercitio
                de oratione et confessione
                de amore parentum
27) de prelatis in communi
28) de episcopis et prelatis superioribus
    Anschließend: die »formae absolutionis«

---

312 Die Beschreibung richtet sich nach der in der Tübinger Universitätsbibliothek befindlichen Inkunabel: Venedig 1480; Hain Nr. 1182 = 1183; GW 2112.

In den auf sie speziell zugeschnittenen Fragen werden die einzelnen Stände kurz charakterisiert, so daß – ähnlich wie in TN – mit der Aufzählung der (potentiell) von den einzelnen *ordines* begangenen Sünden zugleich auch ein Ständebild umfassenderer Art gegeben ist.

Zwar steht der Zehn-Gebote-Teil *vor* den sieben Hauptsünden und auch der den Ständen gewidmete Abschnitt ist erstens anders angeordnet, zweitens weniger differenziert als derjenige in TN. Dennoch kann hier von Übereinstimmungen in der Grobstruktur und im Inhalt gesprochen werden, die als distinktive Typmerkmale zu gelten haben: In der additiv vorgenommenen Kombination von Haupt-, Dekalog- und Ständesündenaufzählungen und -erläuterungen setzen sich das *Interrogatorium* im Werk des Florentiners und TN gemeinsam von allen bisher in der Forschung mit diesem in Zusammenhang gebrachten moral- bzw. ständedidaktischen oder dramatischen Typen und Gattungen ab. Andererseits unterscheiden sie sich dadurch auch von anderen Typen der Sünden- bzw. Beichtspiegel-Literatur des Spätmittelalters: von den zumeist sehr viel umfassenderen Beichtspiegeln (im engeren Sinne der katalogartig aufgezählten Formulare *aller* zu beichtenden Sünden) durch die Selektion nur *dreier* Sündenkategorien [313]; von einigen der unter dem Namen Sündenspiegel laufenden Werke, die das Schema der Hauptsünden und/oder des Dekalogs als *alleinige* Einteilungsprinzipien benutzen, darunter freilich eine Menge anderer Laster subsumieren, durch die systematische *Gleichordnung* von Haupt-, Dekalog- und Ständesünden [314].

Das Werk des Antonin von Florenz hat nachweislich die deutsche Beichtliteratur des Spätmittelalters beeinflußt: Der Verfasser des »Spiegels des Sünders« nennt es als eine seiner Quellen und übersetzt etliche Passagen aus ihm direkt ins Deutsche (ohne dabei jedoch den für das *Interrogatorium* charakteristischen Aufbau mit zu übernehmen!) [315]. Auch die Werke des Bartholomäus von Chaym, des

---

313 Vgl. als Beispiel für umfassendere Beichtspiegel die bei Weidenhiller, S. 239 ff.
314 Als eines der bekanntesten Beispiele für diese Art der Sündenspiegel sei hier der »Spiegel des Sünders« angeführt (vgl. Geffcken, Anhang S. 47–80). Hier wird in den einleitenden Kapiteln allgemein über Beichte, Beichtverhalten und Sünde gesprochen. Es schließt sich eine detailliertere Abhandlung über die sieben Hauptsünden an. Der Hauptteil gilt dem Dekalog, der Darstellung der Sünden wider die zehn Gebote. Andere Sünden werden unter die Haupt- und Dekalogsünden subsumiert; nicht zuletzt auch die Ständesünden (z. B. im Abschnitt über das sechste Gebot, wo die Laster der *klostermenschen, prelaten, kaufleüte, herren,* etc. spezielle Erwähnung finden. Siehe Geffcken, Anhang S. 49 ff.). Haupt- und Dekalogsünden bilden aber das allem anderen übergeordnete Einteilungsprinzip dieses Beichtspiegels.
Ein weiteres Beispiel ist der mittelniederländisch-mittelniederdeutsche »Spiegel der Sünden«. Seine Einteilung in sieben Hauptabschnitte folgt dem Schema der Hauptsünden (vgl. H. Babucke: Spieghel der zonden. Ndd. Jb. 17, 1891, S. 97–136, besonders S. 109). Dieses nicht mehr im engsten Sinne zur Beichtliteratur gehörende, dennoch in seiner Zeit als ›Sündenspiegel‹ bezeichnete Erbauungsbuch subsumiert – in dieser Hinsicht vergleichbar mit dem »Renner« Hugos von Trimberg – unter die Hauptsünden Lehren allgemeiner, moralisierender Art. »Mahnungen und Klagen gegen die Verschuldungen und Fehler aller Stände in der Laienwelt« (L. Wolff: ›Der Spiegel der Sünden‹. VL 4, Sp. 246.) werden dabei ebenso wie Abhandlungen über andere Sündenkategorien in die allgemeinen Belehrungen eingestreut. Doch ist diesen anderen Lastern nicht je ein eigenständiger, systematischer Abschnitt gewidmet. Die Reihe der Hauptsünden ist das alles übergreifende Schema des Werks.
315 Vgl. die bei Geffcken, Anhang S. 49 zitierte Vorrede, wo das Werk des *Anthonii des erczbischoffs von florentin* erwähnt ist.

Jacob Philipp von Bergamo u. a. dürften ähnliche Nachwirkungen in der Beichtliteratur der Volkssprache gezeitigt haben [316]. Es liegt daher der Gedanke nahe, auch für TN einen engeren – vielleicht sogar mittelbar genetischen – Zusammenhang mit diesen oder ähnlich gearteten Anleitungsbüchern für Beichtpriester nicht auszuschließen.

An eine einsträngige oder alleinige Orientierung dieser Art ist freilich weder im quellen- noch im typmäßigen Sinne zu denken. Einer besonderen Erwähnung bedarf in diesem Zusammenhang noch einmal die oben festgestellte, typologische Verwandtschaft zwischen Ständeteil und »Buch der Rügen«: In seinem umfangreichsten Teilkomplex steht TN einem besonderen Zweig der Predigtliteratur nahe, der seiner Gebrauchsrichtung nach mit den oben beschriebenen lateinischen Anweisungsbüchern für Beichtpriester vergleichbar ist. Das »Buch der Rügen« und seine lateinische Vorlage, die »*Sermones nulli parcentes*«, waren wie jene primär als Anleitungsbücher für Geistliche, in diesem Falle für Bußprediger, gedacht. Als speziell ständeorientierte Predigtkompendien dienten sie freilich – auch darin jenen verwandt – sekundär der Unter- bzw. Zurechtweisung der in ihnen angesprochenen geistlichen und weltlichen *status* und *ordines*. Die im einen Falle ausschließliche, im anderen zumindest sehr breite Berücksichtigung der Stände und ihrer Sünden ist als verbindendes Typmerkmal, als das ihrem gemeinsamen Zweck entsprechende Spezifikum dieser besonderen, einerseits für Bußprediger, andererseits für Beichtpriester gedachten Anleitungen zu verstehen.

Daß TN zu Beichtliteratur und Bußpredigt *zugleich* Beziehungen aufweist, wäre bei den zwischen beiden vorauszusetzenden Wechselbeziehungen allein nicht erwähnenswert. Daß es aber durch seinen Ständeteil ausgerechnet mit solchen Sondertypen beider Literaturzweige typverwandt ist, die, in einem engen Gebrauchszusammenhang stehend, übereinstimmend als Hilfs- bzw. Musterbücher für Geistliche und deren seelsorgerische Verpflichtungen gedacht sind, verdient für die gattungsmäßige Eingrenzung des Werks besondere Beachtung. Man wird daraus für TN nicht gerade eine mit den oben genannten Texten total kongruente Zweckrichtung ableiten wollen. Dennoch scheint es seiner Gebrauchsfunktion nach nicht allzu weit davon entfernt angesiedelt zu sein: Als ein trotz aller Heterogenität der Teile in toto relativ eng an die katechetische, namentlich die Beichtliteratur angelehnter ›Sündenspiegel‹ ließ sich TN – vor allem von seinem Ständeteil her – unter anderem auch als Hilfsbuch für Geistliche im Sinne einer für die seelsorgerische Tätigkeit geeigneten Materialsammlung begreifen. Daß es tatsächlich als solches gewirkt hat bzw. teil- oder zeitweise benutzt wurde, läßt sich anhand seiner Überlieferung (vgl. ABD) wahrscheinlich machen: Diese erweist sich als an die Klöster der speziell der Seelsorge verpflichteten, vor allem die Prediger und Beichtväter in den Städten stellenden Bettelorden gebunden.

Eingebettet in ein Rahmenexempel, überhöht von einer Weltgerichtsdarstellung, insgesamt allegorisch eingekleidet und in zwei Handschriften mit Illustrationen überliefert, verweist TN aber über den engsten Bereich katechetischer Zweckliteratur hinaus in den weiteren Umkreis des spätmittelalterlichen Erbauungsschrifttums und dürfte von daher nicht einseitig auf die soeben beschriebene Gebrauchsfunktion festgelegt gewesen sein. Prolog I und II entsprechend wendet es sich – nimmt man dies wörtlich –, an *gaistlich und weltlich* (5), *herren und frowen* (7; 13 155), *jung und alt* (2), *arm und rich* (6), also an ein weder standes- noch alters-

---

[316] Vgl. dazu auch Weidenhiller, S. 3.

mäßig begrenztes Publikum. Es sind dies Anreden, wie sie freilich selbst als ›Konventionsformen‹ angesehen werden müssen. Sie kehren im Spielbereich, in den moraldidaktischen Großepen u. a. vielfach wieder. Gegenüber der oben beschriebenen Zweckliteratur, die sich expressis verbis nur an die *fratres praedicatorum* bzw. Beichtväter wendet, sind sie aber als abgrenzende Kriterien eines Werkes anzuführen, das für den Gebrauch seitens eines breiteren Publikums gedacht war und, wie die meisten Erbauungsbücher seiner Zeit, auf unmittelbare Laienunterweisung wohl primär abzielte.

Als ein in seinen Einkleidungsformen sozusagen ›literarisiertes‹, ein Stückchen in Richtung ›literarischer Autonomie‹ von den Beichtbüchern, Sündenformularen, Katechismustafeln im engsten Wort- und Gebrauchssinn abgerücktes Werk, gehört TN in den Umkreis der »mehr (...) populären Sitten- und Tugendbücher«[317] des ausgehenden Mittelalters: Als umfangreiche allegorische Reimpaardichtung läßt es sich nicht im strengsten Sinne typischer ›Kongruenz‹ mit den Moralkatechismen der Zeit parallelisieren, andererseits widersetzt es sich aber qua dominanter Merkmale, die eine speziellere Ausrichtung, eine engere Orientierung an der »Beichtliteratur des Volkes«[318] beweisen, auch einer unmittelbaren gattungsmäßigen Gleichordnung mit umfassenderen didaktischen Werken von der Art des »Renner«, des »Ring«, des »Narrenschiff« oder der Schachallegorien. TN nimmt zwischen diesen und jenen als ein allegorisch-erbaulicher ›Sündenspiegel‹ seiner Gebrauchsrichtung, seinem Typ nach eine Zwischen- bzw. Sonderstellung ein.

---

317 Kuhn, Literaturtypologie, S. 274.
318 Berg, S. 177. Berg rechnet zu dieser Literatur alles von den »umfassenden Handbüchern des Sittengesetzes für den Leutpriester und den gebildeten Laien, (...) über die Dekalogerklärungen, die Gewissensspiegel, die kommentierten und unkommentierten Tugend- und Lasterkataloge bis hin zu den specula christianitatis« (S. 176 f.).

Literaturverzeichnis

I. Textausgaben und Kataloge

1. Altdeutsche Passionsspiele. Hrsg. von J. E. Wackernell. Graz 1897.
2. Altdeutsche Predigten. Hrsg. von A. E. Schönbach. 3 Bde. Graz 1886, 1888, 1891.
3. Berner Weltgerichtsspiel. Aus der Handschrift des 15. Jahrhunderts hrsg. von W. Stammler. Berlin 1962 (Texte des späten Mittelalters 15).
4. Berthold von Regensburg. Vollständige Ausgabe seiner (deutschen) Predigten. Bd. I, hrsg. von F. Pfeiffer; Bd. II, hrsg. von F. Pfeiffer und J. Strobl. Mit Einleitung, Bibliographie und einem überlieferungsgeschichtlichen Beitrag neu hrsg. von K. Ruh. Berlin 1965 (Deutsche Neudrucke. Reihe: Texte des Mittelalters).
5. Der Edelstein von Ulrich Boner. Hrsg. von F. Pfeiffer. Leipzig 1844 (Dichtungen des deutschen Mittelalters 4).
6. [Ulrich Boners »Edelstein«] Fabeln aus den Zeiten der Minnesinger. Hrsg. von Bodmer und Breitinger. Zürich 1757.
7. Das Buch der Rügen [mit *Sermones nulli parcentes*«]. Hrsg. von Th. v. Karajan. ZfdA 2, 1842. S. 6–92.
8. Heinrich von Langenstein. Erchantnuzz der Sund. Hrsg. von P. R. Rudolf SDS. Berlin 1969 (Texte des späten Mittelalters und der frühen Neuzeit 22).
9. Der Renner von Hugo von Trimberg. Hrsg. von G. Ehrismann. Tübingen 1908 ff. (StLV 247; 248; 252; 256).
10. Das Innsbrucker Osterspiel. Hrsg., übers., mit Anmerkungen und einem Nachwort versehen von R. Meier. Stuttgart 1962 (Reclams Univ.-Bibl. 8660/61).
11. Das Schachzabelbuch Kunrats von Ammenhausen. Mönchs und Leutpriesters zu Stein am Rhein. Nebst den Schachbüchern des Jakob von Cessole und des Jakob Mennel. Hrsg. von F. Vetter. Frauenfeld 1892 (Bibliothek älterer Schriftwerke der deutschen Schweiz. Ergänzungsband Serie 2).
12. Briefwechsel zwischen Jos. Freiherrn von Laßberg und Ludwig Uhland. Hrsg. von F. Pfeiffer. Wien 1780.
13. Der Leyen Doctrinal. Eine mittelniederdeutsche Übersetzung des mittelniederländischen Dietsche Doctrinale. Hrsg. von G. Ljunggren. Lund 1963 (LGF 35).
14. Martin von Amberg. Der Gewissensspiegel. Hrsg. von St. N. Werbow. Berlin 1958 (Texte des späten Mittelalters 7).
15. [Marquarts von Lindau »Dekalogtraktat«] Ein Epheukranz, oder Erklärung der zehn Gebote Gottes. Nach den Originalausgaben vom Jahre 1483 und 1516 hrsg. von P. V. Hasak. Augsburg 1889.
16. Redentiner Osterspiel. Nebst Einleitung und Anmerkungen hrsg. von C. Schröder. Niederdeutsche Denkmäler V. Norden und Leipzig 1893.
17. Rittertreue. Hrsg. von H. Thoma. Heidelberg 1923 (Germ. Bibliothek III, 5).
18. Der große Seelentrost. Ein niederdeutsches Erbauungsbuch des 14. Jahrhunderts. Hrsg. von M. Schmitt. Köln und Graz 1959 (Niederdeutsche Studien 5).
19. Des Teufels Netz. Hrsg. von K. A. Barack. Stuttgart 1863 (StLV 70). Unv. Nachdr.: Amsterdam 1968.
20. Tiroler Vorspiel. Vgl. Nr. 1.
21. Der wälsche Gast des Thomasin von Zirclaria. Hrsg. von H. Rückert. Mit einer Einleitung und einem Register von F. Neumann. Berlin 1965 (Deutsche Neudrucke. Reihe: Texte des Mittelalters).
22. Heinrich Wittenwilers Ring. Nach der Meininger Handschrift hrsg. von E. Wiessner. Leipzig 1931. Kommentar zu Heinrich Wittenwilers Ring von E. Wiessner. Leipzig

1936 (DLE Reihe: Realistik des Spätmittelalters 3 und Ergänzungsband). Unv. Nachdruck Darmstadt 1964.
23. Mittelalterliche Bibliothekskataloge. Hrsg. von der Bayerischen Akademie der Wissenschaften in München. Bd. III, 1. Bearb. von P. Ruf. München 1932.
24. Repertorium Bibliographicum. 4 Bde. Hrsg. von L. Hain. Reprogr. Abdr. Mailand 1966.

II. Allgemeine Literatur

1. Baechtold, Jakob:
Geschichte der deutschen Literatur in der Schweiz. Frauenfeld 1892.
2. Banz, Richard:
Christus und die minnende Seele. Breslau 1908.
3. Berg, Klaus:
Der tugenden bůch. Untersuchungen zu mittelhochdeutschen Prosatexten nach Werken des Thomas von Aquin. München 1964 (MTU 7).
4. Boor, Helmut de, und Newald, Richard:
Geschichte der deutschen Literatur. Bd. 1: München ^{5}1962; Bd. 2: München ^{6}1964; Bd. 3,1: München 1962; Bd. 4,1 (bearbeitet von H. Rupprich): München 1970.
5. Brandis, Tilo:
Mittelhochdeutsche, mittelniederdeutsche und mittelniederländische Minnereden. München 1968 (MTU 25).
6. Closs, August:
Weltlohn, Teufelsbeichte, Waldbruder. Beitrag zur Bearbeitung lateinischer Exempla in mhd. Gewande. Heidelberg 1934.
7. Cosacchi, Stephan:
Makabertanz. Der Totentanz in Kunst, Poesie und Brauchtum des Mittelalters. Meisenheim (Glan) 1965.
8. Curschmann, Michael:
Des Teufels Netz. Ein Handschriftenfragment aus St. Pölten. ZfdA 100, 1971. S. 445–450.
9. Ehrismann, Gustav:
Geschichte der deutschen Literatur bis zum Ausgang des Mittelalters (Schlußband). München 1935.
10. Franz, Gerda:
Tugenden und Laster der Stände in der didaktischen Literatur des späten Mittelalters. Diss. (masch.) Bonn 1957.
11. Friebertshäuser, Gudrun:
Untersuchungen zu ›Des Tüfels Segi‹. Diss. Freiburg (Breisgau) 1966.
12. Gaier, Ulrich:
Satire. Studien zu Neidhart, Wittenwiler, Brant und zur satirischen Schreibart. Tübingen 1967.
13. Geffcken, Johannes:
Der Bilderkatechismus des funfzehnten Jahrhunderts und die catechetischen Hauptstücke in dieser Zeit bis auf Luther. Leipzig 1855.
14. Göbl, Peter:
Geschichte der Katechese im Abendlande vom Verfalle des Katechumenats bis zum Ende des Mittelalters. Kempten 1880.
15. Heinemann, Wolfgang:
Zur Ständedidaxe in der deutschen Literatur des 13.–15. Jahrhunderts. A. Die hochmittelalterliche Ständeideologie. PBB (ost) 88, 1967. S. 1–90. B. Deutsche Ständedichtungen des 13.–15. Jahrhunderts. PBB (ost) 89, 1967. S. 290–403. C. Ständische Elemente in Werken der didaktischen, erzählenden und dramatischen Literatur des ausgehenden Mittelalters. PBB (ost) 92, 1970. S. 388–437. (wird fortgesetzt.)

16. Hermand, Jost:
Probleme der heutigen Gattungsgeschichte. JbfiG 2, 1970. S. 85–94.
17. Hoffmann, Hubert:
Die geistigen Bindungen an Diesseits und Jenseits in der spätmittelalterlichen Didaktik. Vergleichende Untersuchungen zu Gesellschaft, Sittlichkeit und Glauben im ›Schachzabelbuch‹, im ›Ring‹ und in ›Des Teufels Netz‹. Freiburg (Breisgau) 1969 (FsOL XXII).
18. Jauss, Hans Robert:
Entstehung und Strukturwandel der allegorischen Dichtung. Heidelberg 1968 (GRLMA IV). S. 146–244.
19. Ders.:
Form und Auffassung der Allegorie in der Tradition der *Psychomachia* (von Prudentius zum ersten *Romanz de la Rose*). Medium Aevum Vivum. Fs. f. W. Bulst. Hrsg. von H. R. Jauss und D. Schaller. Heidelberg 1960. S. 179–206.
20. Ders.:
Littérature médiévale et Théorie des genres. Poétique I, 1970. S. 79–101.
21. Ders.:
Literaturgeschichte als Provokation. Frankfurt 1970 (edition suhrkamp 418).
22. Ders.:
Theorie der Gattungen und Literatur des Mittelalters (erscheint demnächst in GRLMA I).
23. Jungmann, Josef Andreas SJ.:
Katechetik. Aufgabe und Methode der religiösen Unterweisung. Freiburg/Basel/Wien ³1965.
24. Kirchner, Joachim:
Germanistische Handschriftenpraxis. Ein Lehrbuch für die Studierenden der deutschen Philologie. München 1950.
25. Kuhn, Hugo:
Aspekte des 13. Jahrhunderts in der deutschen Literatur. München 1968.
26. Ders.:
Versuch einer Literaturtypologie des deutschen 14. Jahrhunderts. Typologia litterarum. Festschrift für M. Wehrli. Hrsg. von St. Sonderegger, A. M. Haas, H. Burger. Freiburg (Breisgau) 1969. S. 261–280.
27. Kulli, Rolf Max:
Die Ständesatire in den deutschen geistlichen Schauspielen des ausgehenden Mittelalters. Bern 1966 (Basler Studien 31).
28. Lämmert, Eberhard:
Reimsprecherkunst im Spätmittelalter. Eine Untersuchung der Teichnerreden. Stuttgart 1970.
29. Lehmann-Haupt, Hellmut:
Schwäbische Federzeichnungen. Studien zur Buchillustration Augsburgs im XV. Jahrhundert. Berlin/Leipzig 1929.
30. Linke, Hansjürgen:
Die Teufelsszenen des Redentiner Osterspiels. Jahrbuch des Vereins für niederdeutsche Sprachforschung 90, 1967. S. 89–105.
31. Müller, Günther:
Deutsche Dichtung von der Renaissance bis zum Ausgang des Barock. Handbuch der Literaturwissenschaft. Hrsg. von O. Walzel. Wildpark-Potsdam 1927.
32. Newald, Richard:
Vgl. Nr. 4.
33. Osborn, Max:
Die Teufelliteratur des 16. Jahrhunderts. Berlin 1893. Reprographischer Abdruck: Hildesheim 1965.
34. Perjus, Edit:
›Des Teufels Netz‹. VL 4. Sp. 402–411.

35. Pfannmüller, Ludwig:
Die Straßburger Handschrift der Rittertreue. PBB 40, 1915. S. 381–395.
36. Rosenfeld, Hellmut:
Die Entwicklung der Ständesatire im Mittelalter. ZfdPh 71/72, 1951/52. S. 196 ff.
37. Ders.:
Der mittelalterliche Totentanz. Entstehung – Entwicklung – Bedeutung. Münster/Köln 1954 (Beihefte zum Archiv für Kulturgeschichte 3).
38. Rudwin, Maximilian Josef:
Der Teufel in den deutschen geistlichen Spielen des Mittelalters und der Reformationszeit. Göttingen 1915.
39. Rupprich, Hans:
Vgl. Nr. 4.
40. Schönbach, Anton:
Studien zur Geschichte der altdeutschen Predigt. Wien 1900 ff. 4. Stück: Die Überlieferung der Werke Bertholds von Regensburg I. SB Wien 151, 2, 1905.
41. Stapff, H.:
Der ›Meister Reuaus‹ und die Teufelsgestalt in der deutschen Dichtung des späten MA. Diss. (masch.) München 1956.
42. Strauch, Philipp:
Über R. Banz, Christus und die minnende Seele (Rez.). AfdA 34, 1910, S. 255–261.
43. Vogt, Friedrich:
Über Sibyllen Weissagung. PBB 4, 1877. S. 48–100.
44. Weidenhiller, P. Egino:
Untersuchungen zur deutschsprachigen katechetischen Literatur des späten Mittelalters. Nach den Handschriften der Bayerischen Staatsbibliothek. München 1965 (MTU 10).
45. Werner, Heinrich:
Des Teufels Netz. Überlieferung und Handschriftenverhältnisse. Diss. Halle (Saale) 1911.
46. Wolff, Ludwig:
›Der Spiegel der Sünden‹. VL 4, Sp. 245–249.